Pour Ollie, Alfie et Milly.
Vous aurez toujours
une place dans mon cœur.

Ce livre n'est pas une œuvre de fiction. Il se fonde sur la vie, les expériences et les souvenirs de Victoria Spry. Dans quelques rares cas, les noms de personnes, les lieux et l'ordre chronologique précis des événements ont été changés dans le seul but de protéger la vie privée de tiers.

Note de l'auteur

J'avais moins d'un an quand je fus placée chez Eunice Spry. J'en avais cinq quand elle m'adopta et devint légalement ma mère. Pendant dix-huit ans, je l'appelai « maman ». C'est la raison pour laquelle, dans ce livre, je l'appelle toujours ainsi.

On m'a reproché d'avoir utilisé ce terme au lieu d'Eunice, maintenant que tout le monde sait ce qu'elle a fait. Croyez-moi, je sais qu'elle ne mérite pas d'être appelée « maman ». Je sais qu'elle n'a jamais été ne serait-ce que l'ombre d'une bonne mère.

Mais certaines habitudes ont la vie dure.

Le fait est que c'est la seule maman que j'aie jamais connue.

Prologue

J'aimerais que vous fermiez les yeux et que vous vous imaginiez ceci : imaginez un monde où rien n'est ce qu'il semble être. Où les jouets ne sont pas là pour qu'on les prenne. Où les parents parfaits sont tout sauf parfaits. Où demander de l'aide à un tiers est la chose la plus dangereuse à faire.

Imaginez un monde où le claquement métallique que vous entendez quand votre mère range des conserves n'annonce pas votre repas, mais une arme en passe d'être brandie. Un monde où votre mère lève un bâton, non pour un quelconque jeu imaginaire de pirates ou d'espions, mais pour un usage bien plus sinistre. Un monde où le bruit caractéristique d'un robinet qui coule au-dessus d'une baignoire n'est pas le prélude à une agréable récréation, dans un gazouillis de rires d'enfant au milieu de canards en caoutchouc aux couleurs vives. Non, tendez l'oreille et entendez les gargouillements qui montent de la gorge d'une enfant maintenue sous la surface de l'eau, une fois, deux fois, dix fois, jusqu'à ce qu'elle apprenne à feindre la mort pour que cela cesse.

Bienvenue dans mon monde.

Première partie

VILAINE

1

– Mais à *quoi* tu joues ?

Ma main s'écarta vivement de la boîte argentée étincelante. Mon regard fila vers le sol. Je n'avais que trois ans, mais j'avais déjà appris à baisser les yeux, encore et toujours baisser les yeux.

Sous mes cils, je voyais les boîtes de conserve alignées sur le sol carrelé rouge de notre cuisine, comme des soldats au régiment : des grandes, des petites, des larges, chacune dans le même uniforme argenté. Et leurs étiquettes, éparpillées tout autour. Je les avais arrachées, une par une. Non par méchanceté ; par curiosité peut-être. Puisqu'il m'était interdit de toucher aux jouets de la maison, je trouvais mes propres distractions. Je devais être attirée par ces étiquettes colorées, qu'elles portent la livrée turquoise vif des haricots à la sauce tomate Heinz, ou le visage souriant d'un chat ou d'un chien. Assise par terre, je sentais le regard de maman me transpercer le dos.

– Je ne vais plus savoir ce qu'il y a dans les boîtes, maintenant, se fâcha-t-elle.

J'osai lui jeter un rapide coup d'œil. Ma mère, Eunice Spry, était petite, mais elle me dominait, son visage hâve aux traits tirés luisant de colère, ses yeux sombres perçants et froids. Soudain, sa main jaillit et je sentis un coup violent derrière la tête. Je baissai à nouveau les yeux, le plus vite possible, une douleur lancinante dans le crâne. Je ne criai pas.

Je ne criais jamais, plus maintenant.

– Prends une boîte, m'ordonna-t-elle avec son fort accent du Gloucestershire.

Déconcertée, mais me gardant bien de l'interroger, je tendis le bras et pris la plus proche de moi. Elle semblait lourde dans ma petite main. Elle me l'arracha et alla à la table de la cuisine pour l'ouvrir.

– Assieds-toi sur cette chaise. Tu vas manger ce qu'il y a dans cette boîte. Jusqu'à la dernière miette !

Le grincement de l'ouvre-boîte emplit la cuisine tandis que ses dents métalliques mordaient le couvercle. Sans un bruit, je m'approchai de la chaise et escaladai tant bien que mal sa haute assise en osier. Devant mes efforts, maman s'impatienta. Elle s'approcha et m'agrippa le bras, me soulevant de terre et me jetant sur le siège dur.

Je reniflai et m'essuyai le nez de la main. J'avais un rhume, encore. J'avais toujours un rhume. Encore un truc dont maman ne cessait de se plaindre ; encore un truc que je ne faisais jamais correctement. Elle me mettait au garde-à-vous, m'inclinait la tête en arrière et me versait de l'huile essentielle Olbas dans le nez, me tenant fermement pendant que je me tortillais pour échapper à cette odeur envahissante, chaque goutte heurtant mes sens. Je ne sais comment pourtant, elle avait beau y passer toute la bouteille d'huile, mon nez coulait encore plus.

Maman poussa la boîte ouverte devant moi.

– Mange ! m'ordonna-t-elle.

Je jetai un œil à l'intérieur. Des morceaux gélatineux de viande brune brillaient, et une puanteur de nourriture pour chats atteignit mes pauvres narines. La seule odeur suffisait à me soulever le cœur.

Mais je savais qu'il me faudrait manger le contenu. Ce que je mangeais, quand je mangeais, et comment je mangeais avait été contrôlé par maman dès lors qu'on m'avait placée dans ses bras sur le seuil de sa porte, à l'âge de dix mois, retirée à mes parents biologiques incompétents pour rejoindre le refuge d'une famille d'accueil. Quand j'étais bébé, me dit-on par la suite, je passais mes journées abandonnée dans mon couffin. On ne jouait jamais avec moi, on me nourrissait et m'habillait à peine, je restais couchée sur le dos dans une couche sale : placide, silencieuse, résignée au fait que jamais personne ne venait.

Je peux dire, maintenant que je suis adulte, que je ne leur en veux pas de m'avoir abandonnée. Il était évident qu'ils ne s'en sortaient pas, que ce soit avec moi ou avec mon grand frère, Tom, et que c'est pour cette raison que nous fûmes placés. Tom rejoignit une autre famille, qui aurait également souhaité m'adopter.

Mais cela ne se fit pas. J'étais plutôt allée chez Eunice.

– Mange ! siffla-t-elle entre ses dents.

Je pris la fourchette qu'elle avait jetée sur la table. Mes minuscules doigts manipulèrent gauchement le couvert, mais je veillai à ne pas le laisser tomber : je ne voulais pas que maman me donne à manger. Même si je n'en avais aucun souvenir précis, une partie de moi se rappelait instinctivement qu'elle m'avait nourrie de force à dix-huit mois, la cuillère métallique tranchante forçant mes gencives closes, du sang ruisselant sur mon visage. Elle me clouait au sol et fourrait la cuillère dans ma bouche.

– Allez, mange, crétine d'autiste !

Je baissai la tête et plongeai la fourchette dans la viande.

Je n'étais pas autiste, mais personne, pas même les médecins, ne pouvait convaincre maman du contraire. Selon elle, j'étais une crétine d'autiste, une enfant attardée ; la fille la plus stupide qu'elle ait jamais connue. Maman avait deux filles adultes, Judith et Rebekah, qu'elle avait eues de son premier mariage, et qui étaient toutes deux des lumières. Elles avaient appris à lire à deux ans. Elles étaient allées dans des écoles privées pour filles, parlaient plusieurs langues, montaient à cheval et jouaient d'un instrument de musique. Quand j'avais atterri sur son seuil en décembre 1986, peu après la fin de son second mariage (elle ne garda de ce mari que le nom de Spry, et puisqu'on ne le mentionnait jamais à la maison, je n'appris son existence que bien plus tard), j'étais un être renfermé, à l'air grave, et je ne savais pas me servir de mes petits bras et jambes parce qu'on ne m'avait jamais encouragée à ramper, à m'asseoir ou à jouer. Pourtant, maman avait aussitôt pensé que Dieu lui avait envoyé un d'enfant démoniaque qui *refusait*, tout simplement, de répondre à ses hautes attentes. Elle était convaincue que j'étais autiste. Les services sociaux l'avaient prévenue que mon développement serait retardé parce que j'avais manqué d'attention, et les médecins m'avaient déclarée parfaitement normale, mais elle refusait de l'accepter. Elle insistait pour obtenir des tests, des diagnostics, elle disait que j'étais têtue et que je refusais d'apprendre. Et quand elle me tapait dessus, elle le faisait pour me mettre du plomb dans la cervelle.

Je portai la première bouchée à mes lèvres. J'eus un nouveau haut-le-cœur, mais m'obligeai à avaler. C'était froid et gluant sur ma langue ; la gelée était glissante et humide. C'était infect. Consciente du regard de maman, je réussis à engloutir une deuxième bouchée. Avec ses cheveux teints en noir tirés en arrière en son habituelle queue de cheval stricte, son expression était facile à déchiffrer. Elle était satisfaite, dans un sens – et droite dans ses bottes. Elle croyait en ce qu'elle faisait et ne doutait pas qu'elle était dans son bon droit.

Et moi aussi, j'y croyais. Parce qu'*en effet*, je m'étais mal comportée ; j'étais une vilaine fille.

Je méritais d'être punie.

Ce qui ne rendait pas la punition plus facile à accepter, cependant. J'enfournai une nouvelle bouchée d'aliment pour chats, luttant contre les spasmes qui me serraient la gorge. Des larmes roulaient sur mes joues, mais pas un son ne sortait de ma bouche, hormis mes hoquets contre la nausée. Pendant mes trois années sur cette terre, j'avais peut-être été lente à comprendre comment construire une tour en Lego, ou à marcher sur mes deux pieds, mais s'il est une chose que j'avais comprise, c'était l'art de pleurer dans un silence absolu.

De la musique provenait d'une autre pièce de la maison. Ma sœur de cinq ans, Charlotte, regardait probablement un Disney. Charlotte était la fille adoptive de maman. Contrairement à moi, qui étais arrivée abîmée et endommagée, Charlotte avait été placée auprès d'elle dès sa naissance. En fait, maman l'avait vue naître et l'avait aussitôt entourée de couvertures et d'amour, la ramenant dans notre demeure du 24, George Dowty Drive, pour y être dorlotée, choyée et comblée. Charlotte était adorée. Elle avait des jouets, de jolies robes et sa propre chambre avec un papier peint à l'effigie de l'ours Paddington et un lit superposé que maman avait fabriqué spécialement pour elle.

Charlotte n'était jamais forcée de manger de la nourriture pour chats.

Je ne pus empêcher la suite. J'avalais une nouvelle bouchée quand le vomi remonta dans ma gorge et par mon nez et gicla partout sur la table de la cuisine. Je hoquetai, la vomissure, engluée dans mes cheveux blonds, se mêlant à mes larmes salées sur mon visage. Maman et moi observâmes l'immondice.

– C'est *incroyable* ce que tu es vilaine. Pas étonnant que Rebekah soit partie. Ma merveilleuse Becky est partie tellement tu es entêtée et vilaine depuis le jour où tu es arrivée. Tu nous as gâché la vie à tous et tu continues !

C'était à cause de moi que Becky avait quitté notre famille, maman me l'avait répété maintes fois. Juste avant que j'atterrisse chez elle, sa plus jeune fille biologique était partie à l'université et avait écrit dans le même temps une lettre à la Salle du Royaume que nous fréquentions pour dire qu'elle ne pourrait plus assister aux réunions des Témoins de Jéhovah. Elle avait gardé le contact avec nous, revenant même de temps à autre de l'université, mais j'en avais fait quelqu'un de matérialiste, de temporel, et cela signifiait qu'elle mourrait lors de l'Apocalypse. Et, de toutes les choses que maman me reprochait chaque jour, c'était peut-être celle dont je me sentais le plus coupable. Chaque jour, je vivais avec cette culpabilité. Non seulement j'avais chassé Becky de notre maison, mais je l'avais également condamnée à la damnation : elle ne nous rejoindrait pas lors de la résurrection.

Maman regarda avec dégoût le vomi sur la table, puis me fusilla des yeux.

– Tu vas manger ce vomi, et tout de suite.

J'aurais voulu secouer la tête. J'aurais voulu crier, hurler. Mais j'avais déjà mené cette bataille avant. J'abaissai donc la tête sur la table et lapai mon vomi, encore et encore, faisant ce qu'on me disait. Essayant désespérément d'entrer dans ses bonnes grâces. M'efforçant d'être une bonne petite fille.

Tel est mon premier souvenir de ma vie avec ma maman ; mon premier souvenir, point barre. La nourriture pour chats, le vomi, et son regard froid et autoritaire, surveillant mes moindres gestes.

2

Toc, toc, toc, toc !

Judith frappa à la porte de nos voisins. On vit un rideau frémir, mais personne ne vint ouvrir. Les lèvres incurvées en un mince sourire crispé, Judith m'attrapa par le poignet et me traîna dans l'allée jusqu'à la maison suivante.

Nous faisions du prosélytisme pour notre foi, allant d'une porte à l'autre dans notre quartier, essayant d'encourager les autres à rejoindre la Vérité. Il faisait très froid, et mes mains étaient rouge vif. Je n'avais ni gants ni bonnet. Tremblant dans mon manteau bleu marine, je frottais mon poing gelé contre ma sempiternelle goutte au nez. J'avais mal aux jambes. J'étais encore toute petite, et cela faisait des heures que je marchais.

– Pourquoi n'as-tu pas pris la poussette, Judith ?

C'était Sandy. Elle fréquentait la même Salle du Royaume que nous. Elle avait des cheveux roux et des yeux doux, bien que je ne fusse pas autorisée à les regarder. « Baisse les yeux, baisse les yeux », c'était ce que maman disait toujours.

– C'est une paresseuse. L'exercice lui fait du bien, répondit sèchement Judith.

Judith était très proche de maman. À vingt-cinq ans, elle vivait toujours à la maison. Elle adorait sa petite sœur Charlotte, mais je savais que je l'incommodais. Si j'étais tranquillement assise en bas de l'escalier, elle m'écartait brusquement. Elle était toujours brusque avec moi – comme maintenant, quand elle se penchait avec un mouchoir pour essuyer mes narines morveuses. Je couinais de douleur sous ses doigts qui m'écrasaient le nez.

– Comment *peux*-tu dire qu'elle est paresseuse ? Victoria n'est qu'une petite fille, protesta Sandy.

– Maman dit qu'elle est paresseuse, et maman a toujours raison, répondit Judith d'un ton serein. Elle lui fait monter et descendre l'escalier chaque soir parce qu'elle est paresseuse. Et la paresse est contraire à Jéhovah. « L'âme du paresseux a des désirs qu'il ne peut satisfaire ; mais l'âme des hommes diligents sera rassasiée. »

Elle répétait maman citant les Écritures, et la parole de Dieu, bien sûr, avait le dernier mot.

Maman me citait toujours les Écritures. Elle approchait son visage tout contre le mien et s'époumonait. Je la voyais de très près : son gros nez gras couvert de points noirs, sa peau sale et cireuse. Elle avait les dents jaunes et l'haleine fétide, et ses paroles impétueuses s'accompagnaient d'un souffle d'air toxique quand elle s'emportait à propos de la « verge de la discipline » : « N'épargne pas la correction à l'enfant. Si tu le frappes de la verge, il ne mourra point. »

Maman voulait coûte que coûte que nous soyons les Témoins de Jéhovah parfaits, en tant que famille. Nous devions donc tous étudier *La Tour de garde* et répéter les réponses que nous pourrions donner lors des groupes d'étude hebdomadaires dans notre lieu de culte. Si d'aventure je prononçais mal un mot, j'étais frappée sur la bouche jusqu'à ce que mes lèvres enflent comme deux grosses saucisses. Les groupes d'étude mêmes, qui se déroulaient chez différents membres de la congrégation, étaient des moments très intenses – pour moi du moins. Maman ne me quittait pas de son regard perçant, au cas où je donnerais une mauvaise réponse, ce qui était fréquent tant j'étais nerveuse. J'étais alors punie plus tard, à la maison : jetée à terre dans le salon, dont les rideaux verts étaient toujours fermés sur le monde, frappée pendant qu'elle se mettait sur ma gorge pour qu'on ne puisse pas m'entendre crier.

En revanche, je crois que Charlotte appréciait les réunions. Après l'étude de la Bible, moment qu'elle passait blottie contre maman sur le canapé, sirop et biscuits attendaient les enfants. Mais je n'avais pas droit au sirop ; maman estimait que je ne le méritais pas.

Nous participions à un groupe d'étude un soir avec Sandy. En règle générale, vous deviez rester dans le même groupe, ce que ne faisait pas maman. On passait d'un groupe à l'autre, peut-être pour empêcher quiconque de devenir trop proche. J'étais assise par terre, et Sandy me sourit, son regard doux captant mes yeux bleus. Je les baissai vite..., trop tard ; maman avait remarqué. Je sentis sa grande main maigre peser sur mon épaule, ses ongles noirs de crasse pressant fermement mon manteau. Elle serra : premier avertissement.

Maman s'était déjà accrochée avec Sandy à la Salle du Royaume, notre lieu de culte. Quand j'étais toute petite, trop petite pour en garder un souvenir, Sandy m'avait souri dans ma poussette. Maman avait attrapé une couverture et en avait drapé la poussette pour que de tels sourires ne m'atteignent pas et que mon monde ne soit qu'obscurité. Elle gardait Sandy à l'œil ; pour elle, elle était synonyme de problèmes.

Il faisait très chaud dans la pièce, mais maman ne voulait pas que j'enlève mon manteau. Elle m'avait frappée la veille et j'avais des bleus sur le bras. J'avais de plus en plus chaud et le visage de plus en plus rouge. Je n'avais pas le droit de boire et pas le droit de regarder les gens. Soudain, maman me prit dans ses bras et me serra très fort. Je devins encore plus rouge pendant qu'elle chassait l'air de ma poitrine. Maman était une femme menue, mais dotée d'une grande force physique, et elle m'écrasait contre elle avec chacun de ses muscles. Des larmes me piquaient les yeux et roulaient en silence sur mes joues.

– Mais que fais-tu à cette enfant ? finit par dire Sandy, l'unique voix à s'élever dans une pièce remplie de Témoins.

– On l'a diagnostiquée comme autiste, mentit maman

avec un bel aplomb sans relâcher un instant la pression. C'est ce qu'on doit faire avec eux : les serrer très fort.

Je ne disais rien, mais je suppliais secrètement Sandy de se taire. *Je vous en prie, ne dites rien, sinon, elle va me faire du mal ; plus encore que maintenant.* Parce que chaque fois que quelqu'un la contredisait (non que cela fût fréquent), j'étais tenue responsable des problèmes qu'elle avait eus.

Mais le fait est que quasiment personne ne la contredisait, car ma mère était une femme intimidante, dure à satisfaire, au visage sévère. Elle n'hésitait pas à manipuler, à jouer le rôle adapté à la situation, en se montrant agressive ou martyre, ou gentille et innocente. Et donc, malgré l'inquiétude – chose que j'ignorais – de la garderie (à laquelle j'allai huit fois seulement avant que maman ne m'en retire) quant à la « sévérité » de ma mère envers moi, malgré l'avis des médecins sur son inadéquation comme mère d'accueil pour moi, les rapports médicaux indiquant que je ne souriais jamais, l'interdiction de séjour des visiteurs de santé dans la maison, un bleu inexpliqué visible sur mon visage..., malgré tout cela, le panel d'experts approuva en janvier 1990, juste après mon quatrième anniversaire, sa demande d'adoption. Les rouages de la machine bureaucratique se mirent alors en branle pour que je lui sois confiée de manière permanente.

En aurais-je été informée que je ne m'y serais pas vraiment opposée. Maman m'avait tout raconté sur mes vrais parents : que mon papa était un meurtrier et que ma maman était une psychopathe et une droguée – et qu'ils n'avaient jamais voulu de moi. (Tout n'était que mensonges, mais je l'ignorais, à l'époque.)

Où pourrais-je donc aller ? Qui donc voudrait d'une enfant aussi vilaine, aussi crasseuse et diabolique ?

– Torrie, viens jouer avec moi ! m'appela Charlotte depuis le jardin.

Il avait neigé, et la fenêtre de la cuisine montrait une pelouse recouverte d'un givre parfait.

J'hésitai sur le seuil. Il gelait, et je n'avais ni vêtements chauds, ni gants, ni encore d'écharpe pour me tenir au chaud. Charlotte, en revanche, était emmitouflée comme le bonhomme Michelin avec des couches et des couches de laine rose.

– *Tout de suite, Torrie !* hurla-t-elle.

Chez nous, ce que Charlotte voulait, Charlotte l'obtenait. Tout le monde l'adorait, y compris moi. C'était ma sœur, ma compagne de jeu parfois : la fille que je suivais partout, dans l'espoir fou d'apprendre ainsi son secret. Je l'admirais. Après tout, Charlotte faisait toujours tout comme il faut ; elle était toujours dans les bonnes grâces de maman. Peut-être que, si je pouvais apprendre à lui ressembler, je ferais alors les choses bien, moi aussi.

– Viens jouer dehors !

Je courus la rejoindre, sur commande. Et on fit les folles dans la neige, deux petites filles s'amusant à construire des bonshommes de neige et à faire des anges. Charlotte dirigeait le jeu et me donnait des ordres, mais j'en avais l'habitude. Elle était autoritaire et tyrannique, mais les seules fois où je pouvais jouer étaient celles où elle me le demandait ; alors, je lui obéissais. Même si j'étais toujours la méchante face à son héroïne angélique, il valait mieux avoir un peu de temps de jeu que pas du tout.

Mais la neige froide avec laquelle on jouait ne tarda pas à rougir et brûler mes mains nues, et je me mis à pleurer tant j'avais les doigts gelés. Je ne voulais plus jouer.

– Maman !

Charlotte était parfaitement immobile dans le jardin, sa voix impérieuse portant jusque dans la maison, incitant notre mère à se précipiter à son aide.

– Maman, Torrie ne joue pas avec moi. Elle ne joue pas avec moi !

Maman me saisit par le bras et me tira dans la maison, jusque dans la cuisine. Je lui jetai un regard déconcerté : pourquoi ne m'obligeait-elle pas à rester dans le jardin ?

Je ne tardai pas à le découvrir. Elle ouvrit la porte du grand congélateur et fourra mes mains dans la glace.

– Tu ne bouges pas d'ici. Tu vas voir ce que c'est d'avoir les doigts gelés.

Et je fis ce qu'elle me dit. Quand on est petit, on ne répond pas. J'avais été méchante, je n'avais pas joué avec Charlotte, j'avais été une vilaine fille. Je savais que c'était vrai parce que les preuves ne manquaient pas autour de moi, impossibles à ignorer. Je voyais comment maman traitait Judith et Charlotte : elle les couvrait de cadeaux, les saupoudrait de sourires, de câlins et d'affection. Qui était l'intruse ? Moi. C'était ma faute. Alors, j'acceptais docilement que je ne méritais pas son amour. J'essayais toujours d'être bien gentille, espérant, *peut-être cette fois-ci*..., mais non, jamais. Et ainsi, cet après-midi-là, quand maman m'ôta mes chaussures et mes chaussettes et me dit de courir pieds nus dans le jardin enneigé, c'est exactement ce que je fis.

– Tu te réchaufferas si tu bouges, me dit-elle avec une logique parfaite, comme elle claquait la porte de derrière et partait retrouver Charlotte et Judith au salon, où elles regardaient les feuilletons adorés de maman qu'elles avaient manqués.

Je levai donc mes pauvres pieds gelés et me mis à courir, à courir encore et encore, essayant de puiser de l'énergie quelque part en moi pour continuer à courir dans la nuit hivernale, essayant d'ignorer la faim qui me tenaillait.

J'avais faim en permanence. Maman me disait qu'il fallait affamer un rhume, et j'étais toujours enrhumée. Et, donc, toujours affamée. Je ne parle pas de sauter un repas ici ou là, je parle de semaines d'affilée sans manger.

Bien sûr, on ne peut pas survivre aussi longtemps sans voler des bouchées ici et là, piquer un croûton de pain ou soutirer un trophée dans les placards les plus bas de la cuisine, les seuls à ma portée. Ainsi, en plus d'être autiste, et paresseuse, j'étais aussi voleuse.

Je vous ai dit que j'étais vilaine.

Rendons justice à maman : elle essayait d'adapter la punition au crime. Si elle me surprenait à voler de la nourriture, elle me racontait dans le détail comment, dans les pays islamiques, on punissait les voleurs en leur coupant les mains. Pourtant, même maman, malgré ses talents de manipulatrice, aurait eu du mal à expliquer comment une enfant de quatre ans avait perdu une main ; alors, elle interpréta cette règle à sa manière.

Quand elle me vit voler de la nourriture, elle me fit venir dans la cuisine et alluma la plaque chauffante. Elle me sermonna :

– En Arabie, on te tranche un doigt si tu voles de la nourriture, me disait-elle. On les tranche un par un. Puis, on te tranche la main et enfin, on te coupe le bras. Si tu continues à voler de la nourriture, c'est ce qui va se passer.

La plaque finit par être chaude – me laissant le temps de comprendre ce qu'elle mijotait –, d'une couleur rouge vif synonyme de danger. Maman prit ma main et écarta mon index des autres doigts. Avec une précision clinique, elle l'appuya fermement contre la plaque incandescente et l'y maintint.

Des élancements de douleur me transpercèrent. Instinctivement, je me débattis pour libérer ma main et l'éloigner de la chaleur cuisante qui brûlait, brûlait, brûlait.

– Bien, dit maman, on va te le laisser là une minute. Arrête de gesticuler !

Maman ne comprenait pas que, si j'avais bougé, c'était parce que je souffrais ; elle croyait que ma réaction la visait personnellement, que je me rebellais, que je ne filais pas droit. Elle m'agrippa le doigt et le ramena contre la plaque luisante.

Une fois encore, je ne pus m'empêcher de m'écarter.

Maman me jeta un regard dégoûté et déçu.

– Deux minutes, dit-elle d'un ton sans équivoque.

Quand on s'insurgeait contre ses punitions, elle doublait toujours la mise.

Elle prit ma main une troisième fois et pressa mon doigt sur la plaque brûlante.

– Un, deux, trois..., commença-t-elle à compter.

La plaque chauffante n'était pas l'unique punition pour avoir volé de la nourriture. Elle m'affamait si souvent, et j'avais si souvent recours au vol, qu'elle me frappait avec ce qui lui tombait sous la main. Elle me martelait le visage avec une boîte de fayots. Elle me faisait régurgiter ce que j'avais mangé, afin qu'elle puisse voir les preuves à moitié digérées dans mes vomissures. Puis, elle désignait le morceau de pain rassis, ou ce que j'avais réussi à dérober, et elle disait :

– Tu veux le manger, n'est-ce pas, madame ? Tu veux le manger ? Eh bien, tu le prends et tu le manges.

J'avais des haut-le-cœur, la nausée, et elle me traitait de faible d'esprit à vouloir vomir devant mon propre vomi. Je pleurais, je crachais, et elle disait que l'esprit doit primer la matière et que j'étais faible, faible, si faible.

Un après-midi, cependant, elle inventa un stratagème complètement différent des précédents. Elle m'avait enfermée dans la chambre de Charlotte, deux jours sur une punition de trois semaines sans manger. Je ne me rappelle pas ce que j'avais fait de mal ; ça aurait pu être tout ou n'importe quoi. J'étais assise par terre, les yeux rivés sur le magnifique cheval pommelé à bascule sur lequel Charlotte aimait jouer, mais que je n'avais jamais le droit de chevaucher. Mon regard absorbait les montagnes de jouets dans la chambre. Mes préférés étaient les poupées. J'avais le cœur sur la main, et j'aimais l'idée d'emmitoufler une poupée dans une couverture, de l'embrasser, de la serrer dans mes bras et de la couvrir de mon amour. Mais je n'avais pas le droit de toucher aux jouets. Maman nous offrait parfois à Charlotte et à moi des cadeaux magnifiquement enveloppés. On les ouvrait et, alors que Charlotte pouvait jouer avec les siens, les miens étaient confisqués. Je les mériterais peut-être un jour, me disait maman, si j'étais sage.

Mon ventre grondait et, incapable de m'intéresser aux trésors interdits de cette chambre, je ne pensais qu'à manger. Je tendis l'oreille. La maison était plongée dans le silence. Avec un peu de chance, maman aurait oublié de verrouiller la porte, et je pourrais descendre en catimini trouver à manger.

Je me faufilai jusqu'à la porte et écoutai. Rien. Je tournai la poignée, et la porte s'ouvrit. Je galopai jusqu'en bas le plus vite possible, attrapai le bout du pain – que maman appelait le « quignon » – dans le coffre à pain, et retournai à l'étage en vitesse, brûlant de l'envie d'y goûter. Je le fourrai dans ma bouche, ma petite main déchirant plusieurs bouts à la fois et me bourrant.

Maman ne tarda pas à découvrir mon crime. Elle monta lentement jusqu'à la chambre de Charlotte. J'entendais chacun de ses pas sur chacune des marches de l'escalier, et je savais qu'elle venait pour moi. Je me redressai et essayai de prendre un air innocent.

La porte s'ouvrit.

– Où est le quignon ? me demanda-t-elle d'un calme olympien.

– Je ne l'ai pas, maman, répondis-je.

– « Mère », m'ordonna-t-elle d'un ton glacial. Je te l'ai déjà dit : « maman » fait vulgaire. Appelle-moi « mère ».

– Je ne l'ai pas, mère, répétai-je, obéissante.

Brusquement, elle me saisit et me jeta au sol. Je me mis à hurler, mais cela ne se faisait pas dans un lieu tel que George Dowty Drive, une rue de banlieue bordée de jolies maisons de briques rouges. On pourrait m'entendre.

– Judith ! cria-t-elle.

Ma sœur se précipita. J'essayai de m'enfuir, mais maman m'attrapa et me projeta dans l'angle comme une vulgaire poupée de chiffon. J'avais quatre ans et je n'étais en aucun cas de taille à lui faire face.

– Judith, mets-toi sur sa gorge et fais cesser ses hurlements, ordonna maman.

Judith, comme n'importe qui quand il s'agissait des

ordres de maman, fit ce qu'on lui disait. Elle me cloua au sol et appuya son pied, dur dans sa grosse chaussure verte, contre ma trachée. Le hurlement se transforma en glapissements et mourut dans ma gorge.

Alors que j'étais à plat dos, maman souleva mes jambes et me mit les pieds en l'air. Elle disparut un instant. À son retour, elle tenait un morceau de bois. Comme Judith faisait de la menuiserie – un de ses nombreux talents –, il y avait toujours des bouts de bois qui traînaient. En fait, il y avait tout et n'importe quoi dans la maison : maman avait la manie du stockage, et la maison regorgeait d'objets entassés dans chaque pièce contre les rideaux tirés en permanence.

– J'ai été infirmière, me disait maman d'une voix glaciale, et j'ai appris des choses quand je travaillais à l'hôpital. Tu sais ce que j'ai appris ?

J'essayai de secouer la tête, mais le grand pied de Judith sur mon cou m'empêchait de bouger.

– J'ai appris que les pieds ne marquent pas. Alors, si je te frappe à cet endroit, personne ne pourra dire ce que j'ai fait. Personne ne pourra le *voir*. Personne ne découvrira jamais ce qui se passe.

Je lui jetai un regard horrifié. Puis elle tint mes petits pieds nus et abaissa fermement le morceau de bois.

– N'épargne pas la correction à l'enfant. Si tu le frappes de la verge, il ne mourra point, psalmodia-t-elle.

La douleur me transperça : une douleur sourde, anesthésiante, lancinante, qui alla de mes pieds à mon cerveau et retour. J'essayai de crier, mais le pied de Judith bloqua le cri en moi. Son pied poussait ma tête d'un côté, enfonçant ma joue dans la moquette et m'empêchant de respirer, faisant naître une peur panique au fond de moi. Maman abaissa à nouveau le bout de bois, encore et encore. C'était la pire punition qu'elle m'ait réservée. C'était la première fois qu'elle me frappait les pieds.

Mais pas la dernière.

3

J'étais assise près de la fenêtre, et les larmes ruisselaient sur mon visage. Mais je ne pleurais pas à cause des coups, du froid ou de la faim.

Je pleurais parce que ma maman me manquait.

Elle avait emmené Charlotte à Disneyland – sans moi, bien sûr. Je n'étais pas le genre d'enfant qui méritait qu'on l'emmène en Amérique rencontrer Mickey. Et, après tout, puisque j'étais autiste, comment diable pourrais-je goûter ou apprécier une telle expérience ?

Pendant son absence, je m'asseyais chaque jour à la fenêtre chez mamie et réclamais en pleurant que ma maman rentre à la maison.

– Allons, allons, Torrie, me dit ma mamie.

Quand je me détournai de la fenêtre, je la vis venir vers moi avec une toute nouvelle poupée dans les bras.

J'adorais ma mamie. Le temps que je passais avec elle était l'unique rayon de soleil dans ma vie. Elle avait le cœur sur la main, elle était douce et simple, tout le contraire de sa fille. Mon grand-père et elle vivaient à dix portes de nous sur George Dowty Drive, dans une modeste maison de briques rouges. À peine le seuil franchi, on sentait l'odeur de mamie. C'était la meilleure odeur au monde, un parfum de linge propre et de tarte aux pommes : sain, accueillant et chaud.

Chez ma mamie, j'avais le droit de jouer avec les poupées. Et elle m'en achetait : toutes les deux semaines, elle recevait sa retraite et allait à la poste acheter ces poupées de porcelaine en costumes du monde entier, qu'elle me montrait. Elles restaient dans une valise en haut de son armoire, et elle me les montrait chaque fois que je venais, espérant qu'un jour ma maman me laisserait les garder, ce jour où on jugerait que j'avais été assez sage pour bénéficier de cette récompense. Sachant que maman était stricte avec moi, ma mamie se gardait bien de me laisser la collection. Elle ne me donnait pas les poupées pour que je les rapporte à la maison. Chaque fois que je jouais avec elles, elle me faisait un clin d'œil secret et chuchotait :

– Ne le dis pas à ta maman.

Mamie ne savait pas vraiment ce qui se passait. Elle n'en connaissait pas la gravité. Elle savait que sa fille avait des croyances fortes et qu'elle était stricte, et elle le lui faisait même remarquer parfois. Elle prenait ma défense. Charlotte n'avait jamais de corvées à faire et ma mamie demandait :

– Pourquoi est-ce toujours à Victoria de faire toutes les tâches ménagères ? Ce n'est pas juste, elle a deux ans de moins. Pourquoi ne laisses-tu pas Charlotte en faire quelques-unes ?

Ma maman sortait alors une excuse quelconque, ou disait à mamie que j'avais été vilaine et que j'étais punie, ou se disputait violemment avec elle à ce propos. À notre retour à la maison, j'étais battue parce que j'avais été source de tension dans la famille ; j'avais tourné sa propre mère contre elle.

Mon grand-père était aussi adorable que ma mamie. Il pouvait être assez sévère, mais il me prenait sur ses genoux et m'appelait son petit canard. Il ôtait le bouchon de sa flasque et, pour plaisanter, me mettait au défi de la sentir. L'odeur désagréable qui émanait de la flasque d'argent me faisait froncer le nez, et il se mettait à rire, un vrai rire qui me faisait tressauter sur ses genoux alors qu'il me serrait dans ses bras.

Maman détestait que son père aime la petite fille qu'elle méprisait tant. Pire encore, ils semblaient me préférer à

Charlotte ; du moins, ils ne la considéraient pas comme l'enfant angélique que maman voyait en elle. Ayant grandi dans la croyance qu'elle était spéciale, qu'elle devait obtenir tout ce qu'elle voulait, Charlotte était souvent exigeante et autoritaire, la rendant difficile aux yeux de mes grands-parents, même si, avec leur si grand cœur, ils l'aimaient malgré tout.

Quand maman me voyait sur les genoux de papi, elle m'en faisait descendre avec un « Non, elle ne le mérite pas ». Elle m'ordonnait d'aller m'asseoir dans le coin.

– Tourne-toi et regarde le mur.

Mamie, bénie soit-elle, prenait ma défense et disait :

– Elle n'a rien fait ! Eunice, tu es trop dure avec elle.

Et il s'ensuivait une autre dispute et d'autres coups.

Mais maman n'était pas là pour le moment. Et ma mamie avait une surprise très spéciale pour moi.

– C'est pour toi, Torrie, dit-elle en me tendant la poupée.

J'osais à peine tendre la main et la toucher, mais j'avais confiance en mamie. Je levai sur elle mes yeux bleus, arrondis par l'émerveillement, et elle me rassura d'un signe de tête. Alors, je pris la poupée dans mes mains et l'observai, buvant chaque détail.

Ce n'était pas une poupée de porcelaine comme celles de la collection que je n'étais jamais autorisée à conserver. C'était une poupée de chiffon, douce et molle. Elle avait de longues tresses de laine jaune, et un haut et une jupe roses à pois. Je l'aimai aussitôt.

– Comment vas-tu l'appeler ?

Je n'hésitai pas :

– Katie.

C'était le prénom de ma mamie.

– Je t'ai aussi tricoté ça pour elle, dit mamie en me tendant une petite couverture faite de carrés blancs et pêche.

Jamais encore on ne m'avait offert un si joli cadeau. J'enveloppai délicatement la couverture autour de Katie et la serrai contre ma poitrine.

– Merci, mamie, dis-je, et elle déposa un baiser sur mon crâne.

À compter de cette nuit-là, je dormis avec Katie près de moi. Je me gardais bien de laisser maman comprendre ce qu'elle représentait pour moi. J'appris à la cacher, sous l'escalier ou entortillée dans les draps, et j'essayai de ne pas montrer que j'y tenais.

Bien sûr, maman remarqua cette nouvelle venue dans notre famille. Rien n'échappait à ce regard. Quand je lui dis que je l'avais appelée comme mamie, elle me répondit d'un ton désobligeant et sec :

– Mon Dieu, ce que tu peux être bête, crétine d'autiste ! Pourquoi faut-il que tu répètes des noms que tu as déjà entendus ? Pourquoi ne peux-tu pas penser par toi-même ?

Je baissai la tête et me tus, comme toujours. Bientôt, toutefois, j'aurais l'occasion de penser par moi-même : je commençais l'école en septembre.

L'école d'Overbury était une école de village typique, abritée dans un bâtiment en pierre des Cotswold sur les pentes sud de Bredon Hill dans le Gloucestershire. En septembre 1990, maman m'accompagna dans ma classe d'un pas militaire, me donnant pour instructions strictes de ne parler à personne. Les autres enfants étaient matérialistes, et la Bible nous enseignait que les « mauvaises compagnies ruinent les habitudes utiles ».

Elle me donna un pique-nique à emporter, composé de sandwichs tartinés d'une épaisse couche de pâte Marmite[1]. Je détestais ces épais sandwichs, mais c'était ainsi que maman fonctionnait. C'était comme un jeu pour elle, comme une guerre : une question de contrôle. Maman devait toujours avoir le contrôle.

Pourtant, en ce mois de septembre, je crus pour la première fois qu'il m'était possible d'échapper à ce contrôle,

1. Pâte à tartiner à base d'extrait de levure. (NDT)

ne serait-ce qu'un tout petit peu. Je me faisais toujours toute petite, essayant de lui obéir tant je la craignais. Mais à l'occasion pendant la récréation, une petite fille venait me dire bonjour, ou une maîtresse me disait un mot gentil alors que j'étais assise seule sur un banc. Je retournais à un enfant son sourire, ou j'osais lever les yeux pour regarder les plus grands jouer.

Un jour, peu après la rentrée scolaire, maman m'attendait à mon retour à la maison.

– Monte, me dit-elle. Enlève tes chaussures et tes chaussettes.

Je filai obéir. Une moquette verte crasseuse, qui n'arrivait pas tout à fait jusqu'au palier, recouvrait l'escalier dans la maison de George Dowty ; il y avait une petite bande de bois dégarni en haut, où maman me dit de me tenir. Elle s'assit plus bas sur les marches, mes pieds nus devant son visage.

– Tu as parlé à quelqu'un à l'école aujourd'hui ?

Sa voix était calme et inquisitrice.

Je repensai à la petite fille aux cheveux bruns qui avait voulu m'entraîner dans un jeu à l'heure du repas. Mais maman n'était pas à l'école, elle ne pouvait pas être au courant, c'était impossible.

– Non, mentis-je. À personne.

Elle leva les yeux vers moi.

– Ne mens pas, m'avertit-elle.

– À personne, couinai-je.

– Menteuse ! rugit-elle.

Elle leva le bras et je vis qu'elle tenait un pied de chaise en bois. Elle l'abaissa sur mes orteils, fort. Je me mordis la langue pour m'empêcher de crier, le choc de la douleur me réduisant presque au silence.

– *Celui qui dit des mensonges ne subsistera pas en ma présence*, dit-elle, citant la Bible.

Elle me frappa à nouveau, des dizaines de coups brefs et durs sur mes orteils, jusqu'à ce que mes ongles, rouges et en sang, enflent. Je regardai le sang qui formait des bulles sous mes ongles. Soudain, j'étais contente d'être sur la bande de bois : ça bardait toujours s'il y avait du sang sur la moquette.

– Descends, espèce de menteuse. On va laver cette bouche qui profère des mensonges aussi éhontés.

Je marchai avec précaution jusqu'à la cuisine, des palpitations dans les pieds à chaque pas. Elle me mit près de l'évier et attrapa le liquide vaisselle.

– Tête en arrière, ordonna-t-elle.

Je penchai ma tête en arrière, mais gardai les lèvres scellées.

– Bouche ouverte, ordonna-t-elle.

Comme je m'entêtais à fermer la bouche, mon corps refusant la punition alors que mon esprit succombait, elle me pinça le nez jusqu'à ce que je sois obligée de l'ouvrir pour happer de l'air. Elle enfonça aussitôt la bouteille en plastique entre mes lèvres, l'embout appuyant brusquement sur mes dents. Elle pressa fermement la bouteille et le liquide gélatineux aromatisé au citron gicla au fond de ma gorge. Je m'étranglai.

– Ne sois pas aussi faible d'esprit ! me hurla-t-elle. *Bois !*

Je ne pus qu'avaler, encore et encore. Elle vida toute la bouteille dans ma gorge. Quand je vomis dans l'évier, elle m'obligea à manger mon propre vomi et m'avertit que, si je renvoyais à nouveau, elle recommencerait avec une bouteille d'eau de Javel.

– Ne me mens plus jamais, me prévint-elle. J'ai une vue magique ; je peux voir ce que tu fais. J'ai une vue magique ; je sais *exactement* ce que tu fais.

Et c'était le cas chaque jour d'école. D'une manière ou d'une autre, elle savait avec qui j'avais été, si on m'avait parlé. Je n'osai plus jamais adresser la parole à quelqu'un. L'adulte que je suis a compris qu'elle m'espionnait. Mais l'enfant ne pouvait que supposer qu'elle disait la vérité : elle avait une vue magique et elle pouvait me voir chaque minute de chaque heure, chaque jour. C'était un être tout-puissant qui voyait tout. Je ne pouvais jamais, jamais échapper à son regard.

L'école continua. Bientôt, l'air fraîchit, et les salles de classe se mirent à résonner des bavardages excités des enfants dans l'attente de Noël et de la venue imminente d'une personne appelée père Noël.

En tant que Témoins de Jéhovah, on ne fêtait pas Noël, ni les anniversaires, d'ailleurs. Maman m'avait maintes fois chapitrée sur les festivités à venir.

– Tu es un Témoin de Jéhovah, tu dois rester forte, me disait-elle. Tu n'es digne que si tu ne participes pas.

Ce décembre-là, tous les élèves furent rassemblés pour parler de Noël. Les maîtresses nous conduisirent dans le hall, et je suivis docilement. Maman m'avait pour le moins appris à obéir aux adultes et à faire ce qu'on me disait. Je me joignis donc aux autres et, quand on fit des décorations festives l'après-midi, je peignis même une boule de Noël.

Lorsque je sortis de l'école, serrant ma décoration de Noël contre moi, je sus aussitôt que ce que j'avais fait était mal. Les yeux de maman... Elle était si en colère. Et je savais ce qui m'attendait à la maison.

Elle me propulsa à l'intérieur à peine la porte ouverte, et je fendis l'air du couloir, à la manière de ma poupée de chiffon, Katie. Alors que j'étais au sol, elle me frappa, chaque coup soulignant ses mots :

– Tu… es… le… Mal. Le Dieu Jéhovah désapprouve tout ce qui a trait à Noël. Et toi, tu as peint… une… boule.

Elle était folle de rage.

Si furieuse, en fait, que, cinq jours avant Noël 1990, les archives indiquent qu'elle me retira d'Overbury pour une scolarisation à domicile.

Qui mieux qu'elle pouvait me donner une bonne leçon ?

Pour une raison que j'ignore, cependant, je retrouvai une éducation normale, pendant un temps du moins. J'allai dans une école différente, la maternelle Northway de Tewkesbury, maman réitérant ses instructions de ne parler à personne et de garder les yeux baissés. Non que j'eusse vraiment besoin qu'on me le rappelle, plus maintenant.

À mon insu, Northway affûta davantage la vue magique de maman, car la cour de récréation donnait sur le parking d'un supermarché. Maman se garait là chaque jour et me surveillait. Je n'en avais aucune idée. En tout cas, elle savait toujours exactement ce que j'avais fait.

Maman continuait à me priver de nourriture. À l'école, les paniers-repas des autres enfants étaient si tentants que je me mis à piquer en douce tant j'avais faim. Bien sûr, maman fut appelée. Et je fus punie, non seulement pour avoir volé des fruits, mais aussi parce que je l'avais fait passer pour une mauvaise mère ; je l'avais humiliée. Pour maman, qui s'efforçait toujours de paraître meilleure que n'importe quelle autre mère, n'importe quelle autre famille, c'était là un péché impardonnable.

Elle m'ordonna dès lors de revenir manger à la maison, mais un jour que je rentrais à George Dowty Drive, je ne trouvai personne : elle m'avait oubliée. J'attendis un bon moment assise sur le seuil, ne sachant si j'aurais des problèmes si elle revenait et ne me trouvait pas. Finalement, je filai chez ma mamie, mais elle était pareillement absente. Je finis par retourner à l'école, avec beaucoup de retard, et expliquai innocemment :

– Maman n'est pas à la maison.

Quand on me demanda si j'avais mangé, je répondis que non et on me donna un repas de la cantine.

Elle me roua alors de coups de pied dans l'entrée.

– Comment *oses-tu* dire aux gens que je suis une mauvaise mère ! fulmina-t-elle.

Mes lèvres enflèrent au contact de ses chaussures. Elle ne m'envoya pas à l'école le lendemain, tout comme chaque fois que les contusions étaient trop visibles. C'était une maline, ma maman ; elle savait toujours jusqu'où elle pouvait aller.

Un matin, nous étions en retard pour l'école. C'était, comme toujours, ma faute : j'avais mouillé mon lit. Tourmentée par des cauchemars où Satan venait me prendre, je faisais toujours pipi au lit. Il remontait l'allée, pénétrait dans l'entrée et montait jusqu'au palier pour m'enlever et m'emporter par la fenêtre. À chaque orage, je croyais que c'était l'Apocalypse. D'autant plus que maman, surtout maintenant que j'étais plus âgée, me montrait des films d'horreur où des gens mouraient, l'un après l'autre, dans des scènes sanglantes et violentes, et disait :

– Pense à bien faire tes prières parce que tu as été très vilaine aujourd'hui et tu pourrais bien ne plus être là demain matin.

Ce matin-là, maman m'escorta à l'école avec le drap dégoulinant d'urine et le montra à toute ma classe.

– Voici pourquoi nous sommes en retard. Voici ce que cette enfant répugnante a fait, annonça-t-elle.

Je baissai la tête, honteuse et humiliée, mais je ne pouvais m'en prendre qu'à moi. D'aussi loin que je me souvienne, maman essayait de me faire perdre cette habitude de mouiller mon lit. Comme pour tout ce qui concernait mon développement, j'étais lente à apprendre. Lente à apprendre la propreté, même si elle m'attachait toute la journée sur le pot, et malgré tous ses efforts dans ce domaine. Au moindre accident, elle me mettait le nez dans mon pipi par terre, puis m'essuyait le visage de ma culotte mouillée avant de la fourrer dans la bouche. Je devais rester assise là avec ma culotte trempée dans la bouche, en punition.

Alors que j'avançais en âge et continuais à mouiller mon lit, elle me fit boire son urine pour me punir de mon crime. Elle urinait dans les toilettes, une urine très, très sombre, puis m'ordonnait de la boire. Elle prenait une tasse, que je devais plonger dans la cuvette et avaler. La bile me remontait dans la gorge et je pleurais, je crachais, mais plus je crachais, plus elle disait que ce devait être fait, qu'il n'y avait pas à tortiller.

Cela ne m'empêcha pas de continuer à mouiller mon lit. Au contraire, j'eus encore plus de cauchemars, et je me réveillais de plus en plus souvent le matin avec un sentiment d'angoisse en découvrant cette humidité révélatrice derrière mes cuisses. Maman fulminait et pestait, m'accusait de tout faire pour attirer l'attention. Puis, un dimanche, elle en eut assez.

On s'habilla comme d'habitude pour aller à la Salle du Royaume. Judith et Charlotte étaient sur leur trente-et-un, en élégantes robes à nœuds, avec même un joli bonnet encadrant leur visage souriant. On aurait dit des jumelles : deux petites bergères. J'enfilai tant bien que mal mes habits achetés au Secours populaire, sales et déchirés, et toujours trop petits ou trop grands, généralement trop grands parce que les privations de nourriture avaient fait de moi une petite fille décharnée, n'ayant plus que la peau sur les os à mettre dans un manteau de seconde main.

Quand nous fûmes prêtes, maman me fit me retourner et accrocha dans mon dos un message écrit de sa main. Puis, nous partîmes ensemble à la Salle du Royaume. Nous arrivâmes en retard et nous assîmes vers le fond. Sandy se trouvait dans la rangée derrière moi. Je m'assis sagement, tête baissée, et elle voyait chacun des mots écrits en grandes lettres lisibles.

CETTE ENFANT EST MALÉFIQUE. ELLE CHERCHE L'ATTENTION.
NE LA REGARDEZ PAS, NE LUI PARLEZ PAS.

Ce fut la goutte d'eau pour Sandy : elle appela les services sociaux. *Il fallait,* se disait-elle, *faire quelque chose à propos de cette femme.*

4

Les services sociaux rappelèrent Sandy deux semaines plus tard. Ils avaient enquêté, mais estimaient qu'il n'y avait pas de problème.

– Que voulez-vous qu'on fasse ? On manque de familles d'accueil, ajoutèrent-ils.

Je me rappelle bien les visites que les services sociaux nous rendaient, à maman et à moi (pas nécessairement à cause de Sandy). Ils venaient assez souvent. Une assistante sociale frappait à la porte de George Dowty Drive, et je restais assise dans la cuisine froide, écoutant l'échange qui avait lieu sur le seuil ; ou quelqu'un appelait, et j'entendais ce que disait ma mère. Je redoutais leurs visites, parce que maman me reprochait de lui avoir causé des problèmes en les amenant chez elle et me frappait en représailles.

Les assistantes sociales ne venaient jamais au bon moment. « Je suis en vacances cette semaine », disait maman, n'admettant aucune discussion, si elles appelaient à l'avance pour planifier une visite. Ou, « Non, je suis désolée, je ne peux pas, là. Revenez plus tard », si elles se présentaient sans prévenir. Elle leur parlait à travers la porte entrebâillée, ne leur montrant rien de notre monde. Bien sûr, il y avait toujours une raison pour que « plus tard » n'aille jamais non plus. J'écoutais ces échanges, le corps couvert de bleus, et je me demandais pourquoi elles n'entraient pas..., mais en fait, je savais pourquoi : ma mère. Ma mère et sa manipulation. Elles étaient intimidées et subtilement influencées. Nul mieux que ma mère d'accueil n'était capable de mener les assistantes sociales par le bout du nez.

Mère d'accueil, elle ne le resterait plus longtemps, pourtant. Sa demande d'adoption progressait. Ses plans essuyèrent toutefois un gros revers en décembre 1991, quand mon assistante sociale lui dit soudain qu'elle ne soutiendrait pas l'adoption, car elle « s'inquiétait » de sa façon de s'occuper de moi – et qu'elle entamait d'ailleurs une enquête de six mois sur ce sujet. Mais c'était à ma mère qu'ils avaient affaire. Elle refusa tout simplement (une fois encore) de voir l'assistante sociale pour que l'enquête ait lieu. Je découvris aussi, bien plus tard, que les services sociaux tardèrent à rendre leur dossier me concernant au juge qui supervisait la procédure d'adoption : ils le remirent trop tard. Ainsi, à peine un mois après que cette crainte des autorités avait été soulevée, mon adoption fut officiellement approuvée. Eunice Spry était maintenant ma mère, et j'étais toute seule.

Tic, tac, tic, tac, tic, tac.

Le bruit de l'horloge résonnait dans la Volvo moutarde surchauffée. J'étais toute seule dans la voiture, regardant par la vitre la ferme où des familles étaient venues cueillir leurs fruits pour des repas d'été frugaux. Je les voyais sourire et rire en déambulant dans la grange ouverte où le fermier, John Drake, pesait leurs produits et leur souhaitait une bonne journée. Nous étions à Eckington, une exploitation de cinq hectares à la limite du Worcestershire, à une quinzaine de kilomètres de George Dowty Drive. À regarder les familles courir gaiement dans le doux air estival, je me sentais à des milliers de kilomètres de la maison.

Maman et Charlotte étaient allées cueillir des fraises, mais on m'avait laissée dans la voiture fermée à clé. Je transpirais au soleil. Tic, tac, tic, tac, tic, tac. Soudain, j'entendis le bruit de succion de la portière qui s'ouvrait : maman était revenue. Elle avait un drôle d'air sur le visage. J'appris bientôt qu'elle s'était fait un nouvel ami en John Drake.

Par la suite, on se rendit très régulièrement à la ferme, Charlotte, maman et moi. Maman allait préparer le dîner de John. C'était un homme bien plus vieux qu'elle, à qui on avait diagnostiqué un cancer du poumon. Il n'était pas marié et vivait tout seul dans cette belle et grande ferme, sur ces hectares et ces hectares de terre, avec tout cet argent à la banque. Maman s'immisça insidieusement dans sa vie. J'en garde le souvenir d'un homme bourru mais généreux. Il y avait un bac à sable devant la grande grange, et il y cachait des Mars pour nous, les enfants. Bien sûr, si je trouvais une barre chocolatée, maman me l'arrachait et me disait :

– Ce n'est pas pour toi, c'est pour Charlotte.

Et Charlotte, ignorante du fait, rejetait ses cheveux foncés sur ses épaules dodues et gloussait en prenant la confiserie. Elle avait le droit de grimper sur le tracteur avec John Drake, pas moi. Je n'étais cependant pas jalouse, je l'acceptais : je croyais sincèrement que, quand maman disait que je ne le méritais pas, chacun de ses mots était vrai.

La ferme était une très vieille maison victorienne de briques rouges située légèrement en retrait de la route principale. Si les terres s'étendaient dans un paysage vallonné, la demeure même était en bordure de village, en face d'une garderie et d'une autre maison ; elle n'était pas au milieu de nulle part. Très haute, avec cinq chambres, elle avait des fenêtres à guillotine à l'ancienne qui tapaient dans le vent. Elle dégageait une odeur de vieil homme, il y faisait toujours très froid et il n'y avait pas de chauffage.

Seule la cuisine était chaude, John Drake veillant à ce que son fourneau Rayburn crème soit toujours alimenté par des charbons rougeoyants. Le soir, il s'asseyait à côté avec son journal et conservait toujours un beurrier traditionnel sur la table. On entrait, maman lui préparait son repas, et je regardais son petit Jack Russell couché sur le sol de pierre rouge à ses pieds. J'aimais les chiens. On avait un petit terrier appelé Meggie, une petite chose qui aboyait sans cesse, mais étonnamment, je ne m'étais jamais prise d'affection pour elle. Or j'adorais purement et simplement les autres chiens. J'aimais leur manière de me regarder dans les yeux quand je les baissais, de ne jamais juger, semblait-il. Mes préférés étaient les labradors. Mon plus cher désir, plus que toute autre chose au monde, était d'avoir un labrador à moi.

Un soir, alors que je regardais John attaquer son dîner, mon ventre affamé et bruyant parla pour moi :

– Maman, j'ai faim, dis-je avant même de me rendre compte que j'avais ouvert la bouche.

John Drake voulut me donner quelque chose à manger.

– Non, non, s'interposa maman. Il ne faut rien lui donner.

– Allons, elle est encore petite, protesta-t-il.

– Non, répéta fermement maman. Il ne faut rien lui donner.

John regarda dans ses yeux froids et insistants, et dut se ratatiner sur sa chaise et céder. Une toux sèche, symptôme de son cancer, ébranla ses poumons ravagés alors qu'il laissait tomber le sujet.

Quand on rentra à George Dowty Drive ce soir-là, maman m'agrippa par les cheveux et me cogna la tête sur la porte.

– C'est quoi, ça, demander à manger à des étrangers ? me postillonna-t-elle au visage. Tu es vraiment extrêmement malpolie.

J'étais si petite que je ne savais pas que cela ne se faisait pas de demander à manger chez quelqu'un d'autre. Comme d'habitude, elle n'aima pas que j'aie donné une mauvaise image d'elle, que je l'aie fait passer pour une mauvaise mère. Elle n'avait pas du tout apprécié d'être mise dans l'embarras et humiliée. Les apparences comptaient beaucoup pour maman. Pas les apparences physiques – elle ne portait jamais de maquillage, considéré comme matériel, et elle n'était jamais propre ou pimpante –, mais il lui importait tellement d'être perçue comme la meilleure : la meilleure Témoin de Jéhovah ; la meilleure mère, élevant sa charmante fille adoptive et cette enfant autiste et maladroite. Quelle femme généreuse elle était !

Les fêtes étaient rares chez les Témoins de Jéhovah, puisqu'on ne célébrait jamais les anniversaires, mais un jour, quand nous étions petites, une fille de la Salle du Royaume organisa une fête pour les enfants. Elle s'appelait Jo. Elle était plus âgée que nous de quelques années et elle avait des cheveux noirs frisés ; elle était très jolie. Charlotte et moi fûmes toutes deux invitées, et Charlotte entra pour jouer tandis que je restais dehors dans la voiture. Ann, la maman de Jo, vint me remettre un cadeau par la vitre. Je la remerciai mollement, sachant que maman serait furieuse. En effet. Elle s'emporta contre Ann, contre moi, et les autres Témoins la regardèrent, horrifiés. Tout le monde savait qu'elle était bizarre, qu'elle était cinglée, mais elle avait un tel franc-parler, une telle suffisance et elle était si intimidante qu'en fait, jamais personne ne s'élevait contre elle. Ni les Témoins, ni les services sociaux, ni les médecins, ni même l'école.

J'ignore ce qui me prit, moi qui avais toujours été l'obéissance même, qui croyais réellement que maman agissait avec les meilleures intentions, qu'elle voulait faire de moi quelqu'un de bien. Quoi qu'il en soit, je décidai un jour de prendre les choses en main. À l'école, j'avais appris à tenir un crayon et à écrire l'alphabet. C'était un gribouillage très rudimentaire, mais j'arrivais à écrire en grandes majuscules enfantines. Et j'utilisai mon savoir nouvellement acquis pour demander de l'aide. Je ramassai quelques enveloppes du stock de trucs empilés dans chaque pièce de George Dowty Drive et m'appliquai pour former mes lettres.

Veux-tu être ma nouvelle maman ?

Je comptais les déposer dans les fentes des portes de mes voisins, par les boîtes aux lettres des maisons mitoyennes de briques rouges de George Dowty Drive.

Mais je n'en eus pas l'occasion.

Je les avais cachées sous un pan de moquette décollée dans l'escalier, mais maman les trouva. Je ne le sus pas tout de suite. Dans les premiers temps de notre vie commune, les punitions de maman survenaient sous le coup de la colère. Elle s'emportait, me frappait derrière la tête ou sur les pieds avec une fureur à peine contrôlée, mais à présent, elle se faisait plus calme. Elle trouva les enveloppes et elle rumina ; elle réfléchit longuement à ma punition. Quand elle fut prête, et uniquement alors, elle vint me trouver. Elle était très calme. D'un calme qui faisait froid dans le dos. Elle me souleva par mes cheveux blonds, jusqu'à m'arracher les racines, puis elle me projeta par terre.

– Espèce de pourriture déloyale et perfide, dit-elle d'une voix tranquille.

Alors, je sus qu'elle avait trouvé les messages.

Elle me jeta dans la cuisine, puis se mit à me rouer de coups. Sur la tête. Dans le ventre. Le dos. Sur le visage. Je levai instinctivement les bras pour me protéger, mais elle les rabaissa brusquement et redoubla de violence.

– Arrête de vouloir marquer des points contre moi, me dit-elle. Arrête de riposter. Tu ne peux t'en prendre qu'à toi ; alors, accepte ta punition. Crétine d'autiste.

Vlan, vlan, vlan !

– Même tes parents biologiques ne voulaient pas de toi. Ils ne supportaient pas ta vue ; voilà pourquoi ils t'ont donnée à moi. Une « nouvelle maman » ? Ne me fais pas rire. Personne d'autre ne voudrait de toi. Si tes propres parents n'ont pas voulu de toi, personne d'autre ne le fera. Debout !

L'arrêt brusque de ses coups me désarçonna.

– J'ai dit : *debout !*

Elle me tira sèchement par le bras et me traîna jusqu'à l'évier. Une fois encore, ses doigts sales s'entortillèrent dans mes cheveux et les tirèrent, amenant ma tête en arrière, pendant que, de l'autre main, elle attrapait le liquide vaisselle toujours disponible près de l'évier.

– Ouvre la bouche.

Elle se mit à vider la bouteille dans ma gorge. J'avais des haut-le-cœur, je m'étouffais, des larmes roulaient sur mon visage, des bulles moussaient sur mes lèvres. Je hoquetai de plus belle, attendant la sensation familière du vomi refluant de mon estomac, mais elle plaqua son visage contre le mien et me hurla que, si je vomissais, elle recommencerait. Je déglutis avec effort, écœurée par le goût chimique de citron sur ma langue, mais je réussis à tout garder. Tout juste.

– Tout ça, c'est dans ta tête, ce truc de vomir. Sois plus forte. C'est l'esprit sur la matière. Et maintenant, avale le reste.

Elle porta la bouteille à mes lèvres et la vida.

J'avalai, une gorgée, deux gorgées, tout. Puis elle jeta le flacon dans l'évier et me projeta au sol. Vlan, vlan, vlan ! Cette fois-ci, elle se concentra sur ma bouche. Elle me la cogna encore et encore, m'ébréchant une dent et réduisant mes lèvres en une bouillie sanglante et douloureuse, enflée et difforme.

Elle n'en avait cependant pas terminé. C'était une grosse punition, parce que j'avais été très, très vilaine. Oser demander de l'aide ? Oser suggérer que j'avais *besoin* d'une nouvelle maman ? Elle était la meilleure maman qui soit pour moi, elle essayait de m'aider ; personne d'autre ne m'aiderait comme elle pouvait le faire. Après tout, comme elle me le répétait inlassablement :

– *Celui qui ménage sa verge hait son fils, mais celui qui l'aime cherche à le corriger*.

Elle me donna l'ordre de courir dans l'escalier. Je courbai la tête et filai devant elle, traînant mon corps battu, ensanglanté, de bas en haut et de haut en bas des marches. Elle m'observa un moment depuis l'entrée. Mes sœurs étaient probablement dans leurs chambres ; dans leur propre monde. Pas une fois elles ne vinrent voir ce qui se passait. Chez nous, il était normal que je sois corrigée ; auraient-elles entendu maman être gentille avec moi, là, on aurait vu leur tête jaillir par la porte, des expressions choquées sur le visage.

– Plus vite, me dit-elle alors.

Elle se tourna, passa dans le salon et alluma la télé.

Je savais que c'était mal agir, mais quand la télé fut allumée depuis un moment avec le volume très fort, je m'assis en haut des marches pour me reposer. J'étais si épuisée qu'il m'était impossible de continuer.

Mais ce ne fut pas ma plus grande erreur. Non, ma plus grande erreur fut de m'endormir. Je me réveillai avec l'impression de tomber, de tomber..., de tomber dans l'escalier.

– Enfant perfide et maléfique, me dit-elle d'un ton glacial en me projetant au bas des marches.

J'atterris en tas, un enchevêtrement de bras et de jambes douloureux, mais cela ne faisait pas aussi mal que les corrections précédentes. Je m'estimais heureuse (pour l'instant).

Pour le restant de la soirée, elle me fit m'asseoir sur la « chaise invisible » contre la porte intérieure du salon, où elle pouvait me voir, dit-elle, parce qu'elle ne me faisait pas confiance, sinon, pour que je le fasse.

La position de la chaise invisible est une véritable torture. Je ne sais d'où maman l'a sortie (elle lit souvent des livres sur le régime nazi et les tueurs en série, alors peut-être l'a-t-elle découverte dans l'un d'eux). Je devais me tenir dos contre le mur, les pieds un peu avancés, et glisser le long du mur jusqu'à ce que mes cuisses soient parallèles au sol. Après quelques minûtes à peine, mes muscles se mettaient à brûler. Mes pieds glissaient avec la sueur qui s'amoncelait dessous. Bien sûr, il m'était interdit de bouger ; elle me frappait au moindre mouvement.

Je restai là pour le restant de la soirée, conformément à ses ordres.

– Tu restes ici. Comme ça, je peux te voir, te voir avec ma vue magique.

Ma mère était toute-puissante, voyait tout. Et je ne connaissais pas d'autre vie que celle-ci.

Je n'essayai plus de trouver une nouvelle maman.

Que me restait-il, d'ailleurs, dont une mère voudrait ?

5

J'entendais au loin les accords d'un groupe de folk, la musique portant dans l'air paisible du soir jusqu'à mon matelas en plastique dans la caravane de ma mère. De temps à autre, la pièce sombre était illuminée par les faisceaux des torches des fêtards qui retournaient à leurs tentes pendant le festival de musique folk, leurs voix gaies s'unissant à celles des chanteurs. Maman et Judith assistaient périodiquement aux festivals de folk et aux bals de campagne. Maman se vantait que personne ne dansait aussi bien qu'elle. Il lui arrivait de me laisser chez ma mamie quand elles allaient camper, mais cette activité étant régulière, je grimpais souvent les marches de la caravane, pénétrant dans cette ossature étroite et fine, essayant de me faire aussi petite que possible.

Malheureusement, mon corps endormi ne comprenait pas mon désir de passer inaperçue. Je ronflais : un ronflement sonore et rauque, une agitation des végétations qui n'en était que plus bruyante dans l'espace confiné de la caravane. Alors, chaque nuit, la même scène se répétait.

– Maman, Torrie ronfle, je ne peux pas dormir, se plaignait Charlotte.

Les doigts de ma maman me pinçant le nez me réveillaient. Elle me traînait hors du lit et m'obligeait à rester éveillée toute la nuit, sur un matelas en plastique transparent. J'avais mal aux jambes, mes mollets brûlaient, mais si je trichais et m'appuyais contre la paroi branlante de la caravane pour ôter un peu de pression à mes jambes épuisées, maman aboyait depuis son sac de couchage dans son lit douillet :

– Lève-toi, je sens que tu t'appuies ! Lève-toi ou je viens…

Je dormais debout pendant la journée et piquais du nez, exténuée de ne pas avoir fermé l'œil de la nuit.

– Mon Dieu, ôte cette paresseuse de ma vue ! Qu'elle se couche, disait Judith.

Maman me laissait me mettre au lit, mais restait au-dessus de moi et m'observait.

– Si tu ne dors pas dans une minute, disait-elle, tu te relèves et tu restes debout puisque, visiblement, tu n'es pas assez fatiguée.

Je fermais les yeux et priais pour m'endormir, et vite. Mais j'avais beau essayer de me convaincre de perdre conscience, mon cerveau ne savait que trop qu'elle me surplombait, et, au lieu de se détendre, mon corps semblait se crisper de plus en plus.

– Tu es vilaine, disait-elle, quand soixante lentes secondes s'étaient écoulées sans que je m'endorme. Je t'ai dit de dormir et tu as désobéi. Maintenant, tu te lèves et tu restes debout.

Je passais alors mes petites jambes sur le côté et, obéissante, retournais me tenir debout sur le matelas, mes pieds nus froids et gelés, mes jambes protestant déjà face à la longue nuit qui s'annonçait. Mais c'était dans mon cœur que je souffrais le plus : parce qu'une fois encore j'avais été vilaine et j'avais désobéi à ma mère. Elle m'avait dit de dormir, et je ne l'avais pas fait. Comme elle le disait toujours, j'étais une très, très vilaine fille et, le sachant, je baissai la tête de honte.

Dans la maison de George Dowty Drive, maman faisait une fixation sur mon sommeil. Ici aussi, je ronflais et j'empêchais Charlotte de dormir. C'était inadmissible. Maman me déshabillait et m'obligeait à rester debout toute la nuit, parfois dehors dans la remise, bourrée de bric-à-brac, ou juste devant la porte de sa chambre, où elle pouvait garder un œil sur moi. Elle s'endormait, et je restais là sur la moquette verte du palier, écoutant la maison sombrer dans l'obscurité, entendant ses propres ronflements alors qu'elle dormait et imaginant que Satan, caché derrière chaque pile de trucs qui jonchait la maison, venait me prendre. J'étais si fatiguée. Je passais mes journées à faire mes corvées : m'occuper de Meggie le terrier et de nos cinq chats, faire la lessive, apprendre à cuire des spaghettis bolognaise exactement comme maman les aimait. Et j'avais faim. Les gargouillis de mon ventre se joignaient à la berceuse de ses ronflements. J'avais beau essayer de lutter, je n'y parvenais pas : sur le palier, je sentais ma tête dodeliner... avant de se redresser brusquement ; dodeliner... et hop ! se redresser à nouveau.

Je finissais par m'effondrer sur la moquette verte puante et sale, et nichais mon petit corps entre les piles d'objets divers et variés. Mes yeux se fermaient et, finalement, je les laissais faire. Je savais ce qu'il m'en coûterait si elle me surprenait endormie, mais j'étais si fatiguée que je m'en moquais.

Un soir, en plein milieu de la nuit, je fus tirée d'un profond sommeil sur le seuil de la chambre, me sentant traînée par les cheveux sur le palier. D'un coup de pied brutal, maman m'envoya valdinguer depuis le haut de l'escalier : je n'avais pas respecté son ordre de rester éveillée. Je dévalai les marches jusqu'en bas, bras et jambes enchevêtrés. Elle me punissait ainsi fréquemment, si violemment que, lorsque je heurtais le mur, les cadres s'en détachaient.

Cette fois-ci cependant, c'était différent. Cette fois-ci, j'atterris en roulé-boulé dans un grand miroir en pied.

Il se fracassa, répandant sur moi un kaléidoscope de couteaux argentés qui découpèrent ma chair nue et s'éparpillèrent sur mes cheveux comme des confettis. J'étais sonnée, n'osant pas bouger de peur d'être encore coupée, plus profondément, plus durement. Maman, en haut de l'escalier, semblait atterrée. Puis elle se précipita sur moi, me projeta dans l'entrée, me poursuivit de ses coups de pied jusqu'à ce que ma bouche soit enflée et en sang.

– C'était mon miroir préféré ! hurla-t-elle. Crétine d'autiste, tu as cassé mon miroir préféré ! Si c'était un autre enfant, il se serait arrêté au lieu de tomber jusqu'en bas, mais non…

Elle me donna un coup encore plus violent.

– … tu n'es pas *normale.* Crétine d'*autiste.* Un autre enfant ne serait pas tombé.

Quand je faisais quelque chose de travers, mon « autisme » en était très souvent rendu responsable. Comme Judith l'avait révélé à Sandy, quand elle lui dit comment maman punissait ma paresse (et je savais que j'étais une paresseuse, parce que je bâillais souvent dans la journée), une autre de mes activités quotidiennes consistait à faire des va-et-vient en courant dans l'entrée ou dans l'escalier. Un après-midi, maman me dit que je ne le faisais pas comme il faut.

– Cours *correctement* dans l'entrée ! hurla-t-elle. Toute l'entrée ! Ne t'arrête pas.

Et donc, je filai dans l'entrée et je ne m'arrêtai pas, comme elle l'avait dit. Je traversai la porte vitrée et continuai à courir sur la route. Le verre brisé m'avait lacéré la peau, et mon visage, mes jambes, mes bras suintaient de perles écarlates brillantes.

– Crétine d'autiste ! avait-elle craché après avoir couru dans la rue pour m'attraper.

La déception pesait lourdement dans sa voix grave.

– Seuls les enfants autistes agissent ainsi, parce qu'ils prennent les choses au pied de la lettre.

Elle ne voyait pas que, si je l'avais fait, c'était parce que je voulais plus que tout lui faire plaisir. Je voulais faire tout ce qu'elle me disait, si cela pouvait m'éviter une rossée ; je détestais prendre des coups. Bientôt, je montai et descendis l'escalier au pas de course tous les soirs. Je m'étais endormie sur le seuil de sa chambre une fois de trop ; elle avait donc décidé qu'il fallait me tenir occupée pendant ces longues heures de nuit noire. Elle ne me faisait pas confiance pour que je reste debout toute la nuit ; j'étais une enfant perfide et maléfique, une menteuse et une voleuse.

Et cette enfant perfide, j'ai honte de le dire, lui donna une fois de plus raison. À l'origine, je respectais la punition, mes pieds martelant les marches, en haut, en bas, sans interruption, mes jambes alourdies par la fatigue et la faim.

Je l'entendais s'endormir, et mon cerveau s'affolait en se posant la question effrayante habituelle : *Dort-elle ou fait-elle seulement* semblant *de dormir ?* Parce que j'avais déjà été surprise ainsi.

Avec le temps, une fois que j'étais aussi sûre qu'on peut l'être qu'elle dormait vraiment, je m'asseyais en bas des marches et les frappais des poings pour donner l'impression que je continuais à courir. J'étais vilaine – *si* vilaine, je le savais –, mais je n'avais tout simplement plus l'énergie de continuer à courir, pas pendant des heures et des heures d'affilée. Alors, je m'asseyais et je tapais, pendant toute la nuit, alors même qu'elle ronflait, parce qu'elle pouvait très bien faire semblant. Si je l'entendais bouger, frapper me donnait au moins la possibilité de me lever et de me remettre à courir, encore et toujours courir. J'étais si fatiguée ; c'était peut-être une bonne chose, finalement, que maman m'ait retirée de l'école pour de bon, pour être « instruite à domicile ». Je ne vois pas comment j'aurais pu rester éveillée en classe ou me concentrer pour apprendre à lire et à écrire mieux que je ne le pouvais déjà. Mon instruction à domicile, ainsi que celle de Charlotte, ne dépendait à présent plus que d'elle. Mon monde s'était rétréci aux murs de briques rouges de George Dowty Drive, et je n'avais plus aucun contact avec d'autres en dehors de la famille, en dehors de la Salle du Royaume.

Maman nous fit effectivement la classe pendant une période. Elle nous faisait venir dans le salon et essayait de m'enseigner les maths et l'anglais. Le pire était les maths.

– Les maths ne posent pas de problème aux personnes intelligentes, disait-elle.

Elle était bien décidée à ce que je les comprenne. C'était retors : elle me jetait ces divisions extrêmement longues à la figure et je devais calculer, puis multiplier, puis faire tout un tas de choses, mais cela me dépassait complètement ; je n'y arrivais tout simplement pas. Alors, elle frappait cette tête stupide qu'était la mienne, des coups violents sur les oreilles, le nez et la bouche, puis disait :

– Désolée, mais tu m'y forces ; je dois te fourrer un peu de bon sens dans le crâne.

Mes cours d'anglais ne se passaient pas beaucoup mieux.

– Décris ta sœur Charlotte.

– Heu…, elle est jolie.

– Décris sa robe.

– Ben, elle est jolie.

Ce n'était pas assez bien pour une fillette de six ans, en tout cas, pas une fillette de six ans confiée à ma mère. Mon manque d'imagination et la pauvreté de mes descriptions provoquaient une attaque acerbe :

– Tu es tellement autiste et débile qu'Hitler t'aurait tuée s'il vivait encore !

Elle fulminait, pestait, éructait, mais plus elle criait, moins j'arrivais à apprendre. Mon cerveau s'était recouvert de glace, j'étais devenue une forteresse gelée impénétrable, dans laquelle aucun de ses mots, qu'ils soient constructifs ou haineux, ne pouvait m'atteindre dans notre « classe ».

– Tu es débile, mais *débile* ! Regarde Charlotte : elle comprend. Regarde Judith et Becky : elles sont allées dans des écoles privées, elles ont *excellé.* Mais toi, crétine d'autiste, tu n'arrives même pas à trouver un autre mot que « jolie » ?

Sa main s'envolait et me frappait l'arrière de la tête.

– Tu es si *stupide* !

Je savais qu'elle avait raison. La preuve était juste là devant moi : dans les yeux brillants de Charlotte et sa tête qui opinait, Charlotte qu'on félicitait toujours ; dans les succès de Judith comme menuisier ; même dans l'absence de Becky, partie à l'université se construire sa propre vie indépendante. Je n'arrivais à la cheville d'aucune des trois, je ne pigeais jamais assez vite ; j'étais toujours trop lente. J'étais convaincue d'être à mettre au rebut, de ne même pas arriver en deuxième position.

Maman aimait me frapper derrière la tête ; elle le faisait souvent, quand l'envie lui prenait.

Le lieu que je préférais entre tous à la maison de George Dowty était un petit recoin dans la cuisine, où les grosses briques de parpaing du mur m'entouraient et me protégeaient quand je me blottissais entre la table et la porte de la cuisine, notre grand four industriel pendu au-dessus de ma tête en une sécurité supplémentaire. La cuisine était à moitié rénovée, de sorte que les parpaings étaient froids et exposés, mais je me sentais plus en sécurité à cet endroit que nulle part ailleurs. Dos au four, il était impossible à maman d'arriver derrière moi et de me frapper le crâne, ce qu'elle faisait souvent en passant à côté de moi ailleurs dans la maison.

Je passais une grande partie de mon temps dans ce recoin, une fois les tentatives de leçons finies. Ou alors, on m'ordonnait de m'asseoir en haut de l'escalier ou dans la chambre de Charlotte, tant que je ne touchais pas aux jouets. N'importe où pourvu que ce soit hors du passage. Avec ma goutte au nez permanente, mon rhume me valait d'être traitée de mauviette par maman et de ne pas pouvoir participer aux activités des autres. Je m'asseyais alors et écoutais leurs voix aimantes provenant d'un lieu dont j'avais été bannie. Maman bavardait affectueusement avec Charlotte ou l'autorisait à descendre ses jouets. La gaîté du rire de Charlotte soulignait combien j'étais vilaine par rapport à elle. Maman ne semblait s'intéresser à moi que quand elle me frappait ou quand elle me mettait devant le miroir, mes cheveux enroulés autour de son poignet pour pouvoir utiliser ma propre tête comme arme, et me demandait qui j'étais.

– Qu'est-ce que tu es ? disait-elle.

– Une crétine d'autiste, répliquais-je automatiquement, une salope perfide. Je suis attardée. Je suis débile. Je suis maléfique.

Même en lui répétant ses propres mots tel un perroquet, je me trompais souvent..., je ne sais comment. Alors, elle envoyait sa main agrippée à mes cheveux vers l'avant, brutalement, et mon front cognait le miroir avec un clonk ! sonore.

– *Qu'est*-ce que tu es ? répétait-elle.

Je regardais mon reflet, mais je n'y voyais pas de grands yeux bleus, des cheveux blonds brillants et le visage d'une petite fille de six ans. J'y voyais la lie de la terre.

Un jour, dans mon monde intemporel et immuable, quelque chose changea pourtant. Une de mes dents, que maman avait déchaussée en me donnant un coup de pied, se mit à branler dans ma bouche. Je la triturais encore et encore, goûtant la sensation étrange de son mouvement dans ma bouche, un mouvement parfaitement naturel. Plus elle bougeait, plus j'étais excitée. Parce que je savais que, quand on perd une dent, les fées[1] vous rendent visite.

J'aimais les fées. J'étais une vraie petite fille, emplie d'amour pour Katie et les poupées de ma mamie, entichée des jolies robes et des pinces à cheveux de Charlotte, et l'idée de créatures magiques virevoltant sur des ailes aux pointes argentées, au visage d'elfe, généreuses, vêtues de robes en rosée du matin et fleurs printanières était la chose la plus formidable qui soit. Charlotte, qui avait deux ans de plus que moi, avait plusieurs fois reçu la visite des fées, et je la regardais, émerveillée, quand elle couinait de plaisir devant les présents et l'argent qui apparaissaient par magie sous son oreiller quand elle perdait une dent. Je croyais aux fées dur comme fer, et savoir qu'elles pourraient me rendre visite à moi aussi amenait mon doigt à ma bouche pour faire vaciller encore plus ma dent sur ma gencive.

Enfin, elle tomba, et je la montrai à maman avec un sentiment de fierté dont je n'avais pas l'habitude, mes yeux bleus brillant légèrement de plaisir. J'aimais tant les fées ; j'étais *si* excitée. Maman sourit, un mince sourire qui n'atteignait pas son regard.

– Eh bien, tu peux la laisser sous ton oreiller, mais je doute que ta fée soit très contente de toi.

Mon ventre se serra. Bien sûr, maman avait raison : j'étais une vilaine fille, une menteuse, une voleuse, si

---

1. Dans les pays anglo-saxons, ce sont des fées qui viennent lorsqu'un enfant perd une dent, et non la petite souris. (NDT)

désobéissante que j'étais punie chaque jour. J'avais espéré que les fées, ces entités magiques elles-mêmes si bonnes, que j'adorais qui plus est, verraient combien je voulais être gentille et qu'elles me récompenseraient, mais ce que disait maman était parfaitement logique.

Ce soir-là, cependant, je plaçai la petite dent blanche sous mon oreiller et espérai. Maman me laissa dormir cette nuit-là, et le matin, à mon réveil, je soulevai l'oreiller avec appréhension et avec une confiance hésitante. Les fées étaient-elles passées ? Avaient-elles volé autour de moi pendant que je dormais, leurs ailes soyeuses claquant au-dessus de mon visage, la brise agitant mes cheveux blonds ? Mon amour avait-il été entendu ?

Mon souffle se bloqua dans ma gorge. Là, sur le matelas, se trouvait une petite enveloppe bleue. Je tendis la main et la touchai, le bout de mes doigts cherchant de la poudre de fée à sa surface. *Cela vient des fées,* me disais-je. *C'est un message spécial juste pour moi.*

Je l'ouvris.

On a pris ta dent, avaient écrit les fées.

Je regardai à nouveau le matelas. C'était vrai ! Elles l'avaient prise : la dent avait disparu, emportée par des douzaines d'ailes de fées, portant leur lourde charge jusqu'à leur demeure dans les bois.

Le message continuait : *On a pris ta dent, mais tu es si vilaine que tu n'as rien en échange.*

Mon ventre ne se noua même pas ; je n'étais même pas déçue. Non, je hochai la tête en silence, tristement. Je comprenais. Je remis la petite carte bleue dans son enveloppe et la rangeai avec Katie et sa couverture, mes objets précieux. Le message venait des fées, après tout. Cela restait passionnant, et magique, et je savais que ce n'était pas leur faute si elles ne pouvaient rien me laisser de plus : c'était *ma* faute.

Plus que jamais auparavant, je savais que je devais faire encore plus d'efforts pour être une gentille petite fille.

6

Je vécus un autre changement à six ans ; un autre signe que je grandissais. Nous étions chez ma mamie et je me délectais du plaisir d'être dans cette maison au doux parfum, et aussi de pouvoir m'asseoir sur son canapé et non par terre. Maman me disait toujours que je ne méritais pas une chaise, mais mamie me laissait grimper sur le canapé moelleux sans la moindre désapprobation.

Nous regardions même un film. C'était *Merlin l'enchanteur,* et j'étais subjuguée par les pitreries de Merlin et l'héroïsme courageux du jeune Arthur.

Un rot sonore interrompit le déroulement de l'action sur l'écran. C'était mon oncle Phil, le frère de maman, assis à côté de moi sur le canapé. Il lui ressemblait un peu, mais il avait un visage très large, alors que celui de maman était mince et crispé. Il avait des yeux bleus injectés de sang, des cheveux noirs courts et une barbe de quelques jours qui hérissait ses joues d'une ombre permanente.

– Viens me faire un câlin, Torrie, bafouilla-t-il.

Oncle Phil bafouillait toujours. Mamie et maman n'en parlaient pas, mais je l'avais vu boire sans discontinuer un truc qui puait, un truc qui avait la même odeur que ce que contenait la flasque de mon papi, mais en pire. Lui-même sentait mauvais. Comme maman, il se douchait ou se baignait rarement, voire jamais, et donc chaque fois qu'il me faisait venir pour un câlin, je devais me préparer à la puanteur de mauvais alcool et de son odeur corporelle qui n'avait pas connu de lavage depuis des semaines.

Obéissante, les yeux toujours rivés à l'écran, je me traînais jusqu'à lui, répondant à l'ordre de l'adulte. Oncle Phil voulait toujours des câlins. Bizarrement, pour une petite fille en mal d'amour et d'affection, je n'aimais pas ces câlins. Ils semblaient déplacés ; comme si ce n'étaient pas de vrais câlins. Pas comme ceux de mamie et papi, qui me prenaient avec insouciance dans leurs bras et me serraient fort contre eux.

Oncle Phil s'éclaircit la gorge, et je sentis son haleine nauséabonde, chaude et pesante sur mon épaule.

– Brave fille, dit-il en passant un bras autour de mon épaule et en frottant ma peau de ses grandes mains.

Oncle Phil avait des mains absolument immenses, avec de gros doigts épais au bout, dodus et larges. Ses mains étaient calleuses et horriblement sèches. Quand il faisait courir ses doigts sur ma peau, c'était comme si j'étais frottée avec du papier de verre. J'essayai de l'ignorer et d'être tout à mon bonheur de regarder le dessin animé de Disney (j'adorais les Disney, que je ne pouvais voir que chez mamie).

Tout d'un coup, je sentis oncle Phil me soulever. Charlotte, le nez à quelques centimètres de l'écran, la meilleure place de la maison, ne bougea pas d'un pouce quand il me prit et m'emmena hors de la pièce. Je ne fis pas un bruit, non plus. J'étais une petite fille très silencieuse. Je n'avais ni la confiance ni le courage de parler et, de toute façon, je ne dirais jamais rien à un adulte, notamment un adulte que maman écoutait.

Oncle Phil m'emmena dans la salle de bains. Il me posa sur le sol carrelé et se retourna pour verrouiller la porte. Quand il revint vers moi, il avait une grosse bosse dans le pantalon. Je levai les yeux vers lui, et il baissa les siens vers moi. Sa respiration était saccadée. Je voyais sa poitrine qui se soulevait rapidement.

Oncle Phil me fit signe de m'approcher, puis il tendit la main et se mit à me frotter entre les jambes. Je ne comprenais plus rien. Cela ne me paraissait pas normal, mais j'ignorais de quoi il s'agissait, ce qui se passait. Je ne comprenais vraiment pas. Oncle Phil mit ses mains dans mon pantalon et gémit. Il essayait de pousser ses doigts à l'intérieur de moi. Ce n'était pas douloureux, si je me souviens bien, seulement humiliant et déroutant. Que faisait-il ? Cela faisait vraiment une sensation bizarre.

Soudain, il me relâcha pour passer sa main dans son pantalon. Il le baissa, ainsi que son slip, et me montra son zizi rose et sale, qui se dressait sur son corps et frémissait.

– Touche-le, dit-il.

Il ne bafouillait plus. En fait, il n'avait jamais semblé plus alerte, ses yeux bleus brûlant d'une étrange intensité.

– Touche-le, répéta-t-il avec plus d'insistance.

Mais avant que je le fasse, il poussa un cri, et un truc blanc jaillit de son extrémité et tomba en une masse gluante sur le sol.

Oncle Phil resta ainsi un moment, haletant, puis il m'adressa à nouveau la parole :

– Nettoie.

Enfin un ordre que je pouvais comprendre. Je déroulai du papier près des toilettes et revins vite essuyer la tache collante par terre.

– Brave fille, répéta oncle Phil.

Il rentra son zizi et referma son pantalon. On retourna regarder la fin de *Merlin l'enchanteur*.

Par la suite, chaque fois que je le voyais, il essayait d'être seul avec moi pour me toucher ou se branler violemment devant moi. Mes grands yeux bleus tout ronds ne comprenaient pas pendant qu'il me montrait son zizi avec une fierté évidente. Ce n'était pas toujours possible, car il y avait souvent des gens. Quand il me coinçait, il me demandait d'ôter mon haut, puis, les vapeurs de cidre ou de whisky sur son haleine, il me touchait, ses grandes mains sèches sur ma peau blanche, puantes et sales. Mais je ne comprenais pas vraiment ce qui se passait. J'avais de la chance dans un sens : oncle Phil n'était pas souvent présent dans nos vies. Il entrait et sortait, comme un second rôle maléfique dans le film d'horreur de mon enfance ; un croque-mitaine par trop réel.

C'était après ces contacts avec oncle Phil, avec ses doigts répugnants, que je désirais plus que tout pouvoir me laver et chasser la puanteur qu'il avait laissée sur moi. Mais la toilette n'était pas une chose très fréquente à George Dowty Drive. Même si ma mère voulait être la meilleure, l'hygiène intime ne figurait pas en tête de ses priorités. Si elle s'estimait spirituellement propre, la propreté physique n'allait pas forcément de pair pour elle. Elle ne prenait un bain que tous les trois mois environ, et je n'y avais pas droit.

On pourrait croire que du fait de leur rareté, ces bains auraient l'attrait de la nouveauté, des moments où le parfum naturel et la mauvaise odeur corporelle de ma mère seraient remplacés par des fragrances et des huiles de bain aux douces senteurs, ou au moins par une odeur de propre et non de crasse, mais la vision de la baignoire pleine d'eau lui donna manifestement une idée. Elle était, après tout, d'une inventivité sans fin dans ses punitions. Ainsi, l'heure du bain devint l'une des expériences les plus terrifiantes de toute mon enfance.

J'étais sur le palier, je me souviens, sur cette moquette verte, et j'entendais la baignoire se remplir. Il n'y avait rien de pire : rester là, entendre cette eau, prête à vous recevoir. C'était tout bonnement atroce. Je pleurais, les larmes roulant sans bruit sur mes joues, sachant ce qui allait se passer, sachant que je ne pouvais rien faire pour l'empêcher.

Je devais attendre dehors. Une fois la baignoire remplie, maman me faisait venir.

– Déshabille-toi, disait-elle posément, d'un ton quasi militaire, comme si on faisait un exercice et qu'elle me mît à l'épreuve.

J'ôtais les haillons que je portais ce jour-là et restais docilement à côté d'elle, les larmes coulant toujours, mouillant mon visage.

Quelle importance, en fait, parce qu'il ne tarderait pas à être bien plus mouillé ? Lorsque j'étais nue, maman m'agrippait et me mettait la tête sous l'eau. Si elle avait pris un bain, de l'écume sale surnageait dans l'eau tiède. Mais le plus souvent, elle faisait couler le bain délibérément pour me noyer, et alors l'eau était froide. Elle me tenait là, le visage sous la surface, sa main impitoyable sur ma tête, ses doigts emmêlés dans mes cheveux.

Très vite, mes poumons brûlaient du besoin de respirer et mon corps se mettait à ruer, à lutter pour échapper à sa poigne implacable. Il va sans dire qu'agir ainsi était se défendre, être désobéissante. Ma mère m'immobilisait sous l'eau pendant que mes mains s'agitaient en tous sens avec la force du désespoir et mettaient de l'eau partout. En fin de compte, trop vite, toujours trop vite, ma bouche s'ouvrait automatiquement tant elle avait besoin d'air, et l'eau du bain affluait dans ma gorge. Elle inondait ma bouche, mes gencives et mes dents, et pénétrait dans mes voies aériennes, me coupant le souffle. Mon cerveau semblait sur le point d'exploser. Au moment où j'allais m'évanouir, quand mes bras et mes jambes avaient cessé de s'agiter et mon corps s'était affaissé, cédant, abandonnant la lutte, ma mère me sortait et me projetait sur le sol de la salle de bains pendant que j'aspirais l'air, les poumons en feu, n'ayant jamais rien goûté de plus agréable que l'air fétide de cette pièce.

Tout cela se déroulait en silence, hormis les bruits d'éclaboussures qu'un enfant enthousiaste s'amusant un peu trop dans l'eau aurait pu faire. Raison pour laquelle c'était un châtiment idéal pour la maison mitoyenne de George Dowty Drive : personne ne peut entendre vos cris quand vous avez le visage sous l'eau.

On me demande toujours ce que j'avais bien pu faire. Les gens veulent croire qu'une bourde l'avait mise en colère, qu'un acte odieux l'avait poussée à de telles extrémités. Non pas que ce soit ma faute ou que je méritais d'être punie ainsi, bien sûr, mais les gens veulent donner un sens aux événements. Une cause, un effet : tu as fait ça ; alors, elle a fait ça...

Mais cela pouvait être tout et n'importe quoi. Je sais que c'est difficile à admettre ; les gens aiment croire qu'il avait dû se passer quelque chose d'épouvantable. J'avais mal nettoyé les animaux peut-être. Ou pas préparé son dîner tel qu'elle le voulait. Ou je m'étais endormie. Ou je n'avais pas joué au jeu décidé par Charlotte. Ou j'avais mis trop de temps à apprendre un truc. Cela aurait pu être n'importe laquelle de ces choses – ou tout simplement parce que j'étais là, sur son chemin.

Cependant, j'avais six ans quand un bain fut totalement différent des autres. Il se démarque parce qu'il n'y eut pas de noyade. Non, ma mère baigna ses filles dans de l'eau parfaitement tiède, pas assez chaude pour nous brûler, pas assez froide pour nous faire frissonner, puis nous sécha et nous revêtit de chemises de nuit en flanelle que je n'avais encore jamais vues. La mienne était crème avec des dessins de Winnie l'ourson. Je me rappelle être restée sur le palier avec Charlotte, pendant que maman nous souhaitait bonne nuit, et avoir regardé avec perplexité ma chemise de nuit douillette, mon corps qui me semblait si étranger : chaud, propre, dans un vêtement à sa taille.

Il y avait cependant une raison à ce que maman mette soudain en scène un cérémonial du coucher parfait : une autre petite fille était alignée avec nous sur le palier ce soir-là. Elle avait de grandes boucles noires qui tombaient en cascade dans son dos, des yeux verts étincelants de personnalité, et elle portait une chemise de nuit assortie à celle de Charlotte et à la mienne.

Maman avait trouvé une nouvelle petite âme à sauver.

7

La petite fille s'appelait Alloma. Nous l'accueillîmes tout d'abord temporairement. Quand sa mère entra à l'hôpital pour une opération et qu'elle eut besoin d'une famille d'accueil pour sa fille, ce fut Eunice Spry qui s'engouffra dans la brèche. Ce premier séjour fut bref, et Eunice se comporta à la perfection.

Mais maman n'oublia jamais sa nouvelle petite recrue. Ainsi, quand peu après la mère d'Alloma eut une méningite alors qu'elle était enceinte de cinq mois de son troisième enfant et qu'elle repartit à l'hôpital, cette fois-ci en soins intensifs, maman dut y voir un don du ciel.

Et pour la mère d'Alloma, maman semblait elle-même envoyée par la providence. Voilà une femme qui avait déjà quatre filles sous sa houlette, dont deux étaient adultes et volaient de leurs propres ailes ; une femme qui avait suivi une formation d'infirmière et une mère d'accueil approuvée par les services sociaux ; une femme capable d'entrer en coup de vent dans sa famille et de rendre tout possible par la seule force de sa personnalité. La grand-mère d'Alloma était tombée sur Judith au supermarché peu après l'épisode de la méningite, au moment où la situation devenait critique : le père d'Alloma veillait au chevet de sa femme et trouvait bien trop difficile de s'occuper des enfants. La grand-mère d'Alloma demanda si Eunice accueillait encore des enfants, et Judith répondit par l'affirmative. Aussitôt dit, aussitôt fait, maman arriva, et, après un arrangement privé, accueillit à nouveau Alloma à la maison de George Dowty Drive. Son petit frère, Damon, alla dans une autre famille d'accueil – pour l'instant.

Je me rappelle l'arrivée d'Alloma parmi nous. Elle n'avait qu'un an de plus que moi et, pourtant, je n'avais jamais connu de petite fille comme elle. Elle pétillait, elle avait une assurance qui lui venait d'avoir des parents qui l'aimaient profondément ; elle était spontanée et pleine de vivacité. J'étais trop timide et réservée pour lui parler vraiment, mais je la regardais de mes grands yeux bleus émerveillés bavarder avec confiance. J'aimais être avec elle, entre autres parce que nous allions souvent toutes les trois en excursion, car, chose que j'ignorais, Eunice avait lancé une offensive de charme contre ses parents. Puisque nous étions plus souvent en contact avec d'autres personnes, maman devait faire plus attention quand elle me frappait. Les punitions ne cessèrent pas pour autant.

Je nous revois aller nager toutes les trois. Mon corps était couvert de bleus, et mes ongles de pied étaient noirs des coups qu'ils avaient reçus, mais j'étais si heureuse d'être autorisée à venir. Alloma et Charlotte filèrent jouer ensemble ; maman voulait qu'Alloma s'adapte à son nouveau foyer, et Charlotte était un acteur involontaire dans cette campagne pour la mettre à l'aise. Puisque toutes deux trouvaient normal de crouler sous les surprises, elles s'attachèrent naturellement l'une à l'autre. Je n'en étais pas jalouse. À dire vrai, c'était une chose si exceptionnelle pour moi d'aller à la piscine que je n'en profitais pas vraiment. Au contraire, je ne savais plus sur quel pied danser.

Alloma dormait dans la chambre de Charlotte, dans la chambre au papier peint à l'effigie de l'ours Paddington et au lit superposé fait sur mesure. Certains des plus beaux moments de mon enfance datent de ces quelques mois après l'arrivée d'Alloma. Maman se rendait toujours régulièrement à la ferme pour s'occuper de John Drake, dont la santé déclinait. Parfois, elle nous laissait à la maison de George

Dowty Drive pendant qu'elle faisait les quinze kilomètres pour lui rendre visite. Charlotte, Alloma et moi sortions alors la malle de déguisements de Charlotte pleine de vieux vêtements de maman, nous mettions *Don't Cry for Me, Argentina*, nous revêtions ces drôles de tenues et dansions. D'autres fois, nous allions chez ma mamie et regardions un Disney. Nous avions toutes nos films préférés. Le mien était *La Belle et la Bête*, même si je ne parvenais jamais à regarder la scène où Gaston et la Bête se battent sur le toit : elle me faisait bien trop peur. J'adorais Belle, cependant, avec ses yeux doux et son bon cœur, et je pense que le scénario m'interpellait. Si une princesse aussi merveilleuse que Belle pouvait voir la beauté à l'intérieur de l'horrible Bête, peut-être qu'un jour quelqu'un pourrait entrapercevoir un éclair de beauté dans une enfant aussi horrible que moi.

Alloma, quant à elle, aimait la Jasmine d'*Aladin,* avec sa robe décolletée et ses yeux très maquillés. Ce n'était qu'une des différences entre nous, et elles étaient nombreuses. Alloma avait sept ans, et elle avait vraiment vécu en société : elle était allée à l'école, avait eu une vraie vie de famille. Elle était certainement ce que ma mère appellerait « matérialiste ». Cela me faisait bizarre de l'avoir près de moi, parce que je ne savais pas vraiment comment me faire des amis. Je me sentais simplement heureuse d'avoir quelqu'un d'autre dans la maison, et bientôt notre petit monde s'agrandit.

La maman d'Alloma était toujours hospitalisée, et la situation avait empiré. Après une ponction lombaire qui s'était mal déroulée, elle devait rester plus longtemps à l'hôpital pour recevoir des soins et faire face également à la possibilité de passer le restant de ses jours en fauteuil roulant. J'ignore qui suggéra que Damon nous rejoigne à la maison de George Dowty Drive, mais je peux deviner. En tout cas, peu de temps après, cet insouciant garçonnet de trois ans se faufilait dans les pièces jonchées d'objets hétéroclites de notre maison, et on gagna un petit frère.

Damon était un petit garçon turbulent. À l'instar de sa sœur, il était très assuré et même effronté, mais il était adorable. Il avait également hérité des boucles noires de la famille, et Alloma et lui se ressemblaient comme deux gouttes d'eau.

Maintenant qu'elle avait la mainmise sur ces deux enfants, maman intensifia sa campagne auprès de leurs parents (Alloma dira plus tard qu'elle les avait manipulés). Elle laissait entendre qu'ils n'étaient pas compétents, qu'elle pouvait offrir aux enfants une vie meilleure. Elle mentait sur les occasions qu'elle pouvait leur offrir ; elle manipulait, charmait et exploitait. Elle jouait sur leurs émotions (leur culpabilité, leur espoir, leur peur) et elle gardait un œil sur la récompense suprême : le bébé qui grandissait dans le ventre de la maman d'Alloma. Quand Adam naquit, en septembre 1992, il fut aussitôt remis à maman. Elle avait si bien manœuvré pour s'insérer dans la vie de cette famille qu'elle le vit même venir au monde.

Je me rappelle lui avoir rendu visite à l'hôpital. C'était un bébé maladif avec un bec-de-lièvre, et la grossesse n'avait pas dû être facile avec une mère aussi malade. Maman nous dit que ses parents étaient des drogués et des dealers, et que le bébé était né accro aux drogues : de nouveaux mensonges qu'on avala sans discuter. On peut alors comprendre que Damon commença à redouter ses vrais parents. Maman lui dit qu'ils étaient mauvais, et il n'avait que trois ans. Il ne voulait plus leur faire de câlins quand il allait les voir, de plus en plus rarement. Il s'agrippait à maman, et elle souriait par-dessus sa tête, regardant sa vraie mère dans les yeux comme pour dire : « Vous voyez ? Vos enfants sont bien mieux avec moi. »

Ma première image d'Adam fut ce minuscule nouveau-né dans une couveuse à l'hôpital. Il était nu, recouvert d'une simple couverture. Je fus particulièrement frappée par tous les tubes qui serpentaient sur lui. Il avait l'air si vulnérable et effrayé, ses mains et ses pieds miniatures s'agitant dans l'air et les tubes le maintenant en place, les machines auxquelles ils étaient connectés produisant des bips mécaniques tout autour de lui. Je voulais le prendre dans mes bras et m'occuper de lui. Je l'aimai aussitôt ; je le trouvais incroyable. Je regardais son corps parfaitement formé dans la couveuse, et tout mon amour des poupées revint avec force. *C'est un vrai*, me dis-je.

Plus tard, de retour à la maison de George Dowty Drive, maman nous dit qu'il venait vivre avec nous. Et je me souviens qu'elle nous dit :

– Vous devez vous laver les mains si vous le touchez, parce qu'il est très malade.

Peu après, Judith arriva avec lui dans un porte-bébé. Il était habillé d'une grenouillère et enveloppé d'une couverture crème. Quel amour !

M'occuper d'Adam devint vite mon occupation principale à la maison. Pas juste le surveiller : je lui changeais ses couches, le baignais, le mettais au lit dans un berceau dans la chambre de maman, stérilisais ses biberons, vérifiais la température de son lait et le lui donnais à boire. À cause de son bec-de-lièvre, le lait lui sortait souvent par le nez et j'avais de la peine pour lui. Mes petits bras de six ans le serraient contre moi et je lui disais que je l'aimais.

Pour maman, la famille idéale lui était tombée dans les bras et elle se donnait beaucoup de mal pour montrer à tous combien elle était une mère impeccable. Elle nous fit des vêtements assortis pour que nous les portions à la Salle du Royaume, comme si nous étions la famille von Trapp de *La Mélodie du bonheur*, ou les Walton ou je ne sais quoi, faits main sur sa machine à coudre. Je me rappelle être dans la chambre de Charlotte, prête à être mesurée. Les paroles coupantes de maman sont aussi acérées que ses ciseaux :

– Tu ne ressembles à rien. Tu ne seras vraiment pas jolie quand tu seras grande. Tu ne seras jamais capable de porter de beaux vêtements comme Charlotte. Un haricot d'Espagne, voilà ce que tu es. Tu ne seras jamais une vraie femme.

Et elle avait raison : je ressemblais à un haricot ; très, très fine, sans fesses ni rondeurs sur ma personne. Les privations de nourriture y avaient veillé. Pourtant, pour une fois, ses mots ne me gênèrent pas vraiment ; j'étais encore une petite fille innocente et, avec la vie que je menais, mon apparence était le cadet de mes soucis.

Nos visites à la Salle du Royaume exigeaient de nous à présent, plus que jamais, de nous conduire du mieux possible – mieux même. Une semaine, maman décida qu'on devait tous apprendre par cœur le chant *La Mort de Jésus-Christ* pour que tout le monde voie bien, lors des réunions à la salle, que ses enfants n'avaient pas besoin de livre. Que notre famille était si pieuse, et maman, une si bonne mère, que nous chantions de tout notre cœur et par cœur, que nous étions les meilleurs.

Elle nous fit tous mettre en rang dans la cuisine et on dut chanter : une répétition afin d'être les petits Témoins de Jéhovah parfaits qu'elle s'imaginait. Charlotte et Alloma retinrent aussitôt le chant ; je ne me rappelle pas que Damon était là. Mais en dépit de tous mes efforts, je n'y arrivais pas. Peut-être étais-je un peu plus stupide que les autres (en tout cas, je le croyais à l'époque) ou peut-être était-ce la différence d'âge. Peut-être aussi, et surtout, était-ce mon habitude de me fermer mentalement dès que j'essayais d'apprendre quelque chose de nouveau, tant la peur me paralysait. Quoi qu'il en soit, les paroles refusaient de rester dans ma tête.

– Chantez, ordonna maman, ses yeux noirs nous observant tous très attentivement.

Charlotte et Alloma entonnèrent la mélodie à côté de moi, leurs voix aiguës fredonnant les paroles. J'ouvrais la bouche près d'elle, souhaitant désespérément qu'elle ne remarquerait pas que je n'avais rien retenu. Tu parles.

– Victoria, chante-le seule, ordonna-t-elle.

Bien sûr, c'était impossible ; alors, elle envoya les autres dehors et alla chercher une conserve de fayots dans le placard. Elle l'écrasa sur ma bouche, encore et encore, me martela le crâne avec, matraquant mes oreilles. Je restai là, recevant mon châtiment, des larmes roulant sur mes joues. J'étais si triste de l'avoir déçue ; j'étais toujours une telle source de déception pour elle, et cela me brisait le cœur.

Elle me regarda quand elle eut fini. Elle avait complètement perdu son sang-froid, furieuse que je ne retienne rien, et elle ne s'était pas contrôlée. Je baissai les yeux, des élancements dans mes lèvres ensanglantées, des bourdonnements dans les oreilles.

– Comment va-t-on faire pour la réunion ? dit-elle, la déception transparaissant dans chacun de ses mots. Tes lèvres vont être toutes gonflées ; les gens vont demander ce qui se passe.

Il n'empêche qu'on se rendit quand même à la salle. Maman avait toujours une excuse, sa préférée étant mon autisme : ça me rendait maladroite, disait-elle, et je m'emportais dans une colère sans fondement, poussée par ma maladie, et je me blessais. Maman pouvait toujours expliquer n'importe quoi à n'importe qui.

Elle n'avait toujours pas abandonné l'idée de me faire officiellement diagnostiquer comme autiste. Dans un rapport médical de cette époque, les médecins se demandaient si elle ne me donnait pas du Valium obtenu auprès d'un voisin afin de pouvoir m'emmener chez le médecin et de faire passer mon état comateux pour de l'autisme. Mais les docteurs, à la grande frustration de maman, ne jouèrent jamais le jeu. Personne ne donna suite aux allégations concernant le Valium, toutefois. Ou s'ils le firent, maman réussit certainement à s'en sortir à coups de manipulations, comme toujours.

En tout cas, elle menait les services sociaux par le bout du nez. Elle avait joué le rôle d'une mère d'accueil attentionnée de manière admirable – pour eux, pour les parents d'Alloma, d'Adam et de Damon, et même pour les enfants eux-mêmes. Il lui était parfois arrivé de punir les deux plus âgés d'un coup de chausson sur les fesses, ou en leur tordant les bras, mais les châtiments corporels ne sont pas un crime. Mes nouveaux frères et sœur n'avaient aucune idée des autres punitions qu'elle avait en réserve ; pas comme moi. Pendant des mois, puis des années, maman joua son rôle, aussi patiente que les saints qu'elle vénérait si pieusement, attendant son heure, attendant..., attendant..., attendant.

En décembre 1993, sa mission était accomplie. Les parents de mes frères et sœur signèrent l'abandon de leurs droits, et maman eut enfin la charge parentale légale de nous cinq. Dès lors, les services sociaux n'intervinrent plus.

La famille parfaite était bel et bien sous le contrôle de maman. Pour de bon.

8

Adam était la prunelle des yeux de ma mère. Vous n'avez pas oublié qu'elle l'avait vu venir au monde (tout comme Charlotte). Comme ma grande sœur avant lui, cet enfant blanc comme neige, que la crasse du monde n'avait pas terni, fut adoré. Maman le gâta à l'excès et le garda près d'elle, le faisant dormir avec elle dans son lit chaque soir, lui donnant tout ce que l'argent pouvait acheter et le laissant faire absolument tout ce qu'il voulait.

Quand Adam se comportait mal, ce n'était jamais sa faute. C'était la mienne puisque je m'occupais de lui. Il n'affrontait jamais les conséquences de ses actes. S'il me jetait quelque chose à la figure, ou cassait ses jouets, ou brisait une vitre en projetant violemment une petite voiture, elle me frappait.

– Tu es un enfant de Satan, crétine d'autiste ! hurlait-elle. Tout autre enfant aurait attrapé le jouet avant qu'il abîme quoi que ce soit.

Quand je lui donnais son bain le soir, il balançait des tonnes d'eau par-dessus la baignoire. Plus je lui disais de ne pas le faire, plus il en rajoutait. Il sentait déjà, tout petit qu'il était, que je n'étais pas de ceux à qui on obéit. Et comme il trouvait cela drôle, il continuait, jusqu'à ce que la moquette fauve de la salle de bains devienne d'un noir immonde et que, sous la salle de bains, le plafond et les luminaires soient couverts d'humidité. Pourtant, on devint extrêmement proches, Adam et moi. Je l'aimais de tout mon cœur. Je devinais chez lui un être honnête et généreux, et il n'y était pour rien si maman l'éduquait pour en faire un enfant roi, au-dessus des lois, régnant sur le reste de la maisonnée (sur tous sauf Charlotte, qui restait la préférée). Je le trouvais adorable, et nous passions presque chaque minute de chaque jour en compagnie l'un de l'autre. Pendant qu'Adam jouait à ce qu'il voulait, je le surveillais.

Un épisode nous rapprocha davantage en 1994, quand on partagea la même chambre d'hôpital. Adam se faisait opérer pour réparer son bec-de-lièvre, une opération que maman prépara soigneusement ; on était bien loin de l'époque où elle ne se donnait pas la peine de respecter mes rendez-vous de vaccination quand j'étais bébé. Maman réserva le séjour d'Adam à l'hôpital et demanda aux médecins s'ils pouvaient jeter un œil à mes oreilles pendant qu'on y était. Non par inquiétude maternelle, bien entendu, mais parce que j'avais souffert récemment d'une grave perte d'audition et que je saignais des deux oreilles. Elle avait peur d'en subir les conséquences si c'était un problème sérieux ou létal. Elle leur dit que Damon m'avait frappé à la tête (« Vous connaissez les garçons... ») alors qu'en fait, je le devais à ses propres chaussures, à ses chaussures et aux coups réguliers qu'elle me donnait sur la tête avec la boîte de conserve étincelante.

Les médecins m'examinèrent et convinrent d'opérer mon « oreille en chou-fleur ». Je n'adressai la parole à personne pendant mon séjour à l'hôpital, ni à aucun des rendez-vous chez le médecin. Mère m'avait bien dressée. Elle me disait toujours de baisser les yeux quand on allait chez le médecin, pour étayer ses dires que j'étais autiste, et menaçait de me rouer de coups si je n'obéissais pas. Elle parlait à ma place, et la maman qu'ils voyaient était une créature que je n'avais jamais rencontrée, qui avait une sorte de ronronnement dans la voix quand elle parlait de moi en roucoulant et feignait d'être inquiète, et qui étirait ses fines lèvres en un semblant de sourire.

La vie reprit son cours après les opérations. Alloma allait encore à l'école, et je la regardais parfois par la fenêtre quand elle rejoignait l'école primaire, dont la cour de récréation donnait sur George Dowty Drive. Je me demandais quel effet cela faisait. J'aurais pu le lui demander, si j'en avais eu le courage, parce que nous étions de plus en plus souvent ensemble, ces temps-ci. Elle avait été bannie de la chambre de Charlotte pour une faute ou une autre, probablement parce qu'elle avait répondu. À présent, Damon, Alloma et moi partagions une chambre, minuscule, équipée d'un unique lit superposé en aggloméré de mauvaise qualité. L'un de nous devait dormir par terre, sous une couette sale. Cela tenait plus du placard que de la chambre (maman avait simplement érigé une cloison pour la faire), et il n'y avait rien d'autre que le lit et les draps. J'appelais cette pièce sombre, froide et petite, la « chambre brune ». Il n'y avait pas de jouets dans la chambre brune ; mais, bon, maman avait dit qu'on n'en méritait pas.

Alloma était de plus en plus souvent mal vue de maman. En général, parce qu'elle osait défier l'autorité de maman avec sa formidable et pétulante confiance en elle. Je ne comprenais pas. Maman lui disait de faire quelque chose. Alloma répondait ouvertement par la négative ; à l'inverse, maman lui disait de ne pas faire quelque chose, et elle le faisait quand même. C'était tout elle, ça : elle était combative. Du coup, maman la corrigeait d'une gifle ou en plaquant brutalement ses lèvres sur ses dents, qui coupaient alors ses gencives tendres et les faisait saigner. Je n'arrivais pas à comprendre pourquoi elle répondait : elle aurait deux fois plus mal alors, et je ne voyais pas pour quelle raison elle voudrait souffrir.

Pour ma part, je n'ai jamais envisagé de répondre. J'avais été élevée pour n'avoir aucun avis, aucune option, aucun caractère. Je pensais que j'étais une moins que rien et que, quoi que les autres disent, ils avaient raison, et je ferais mieux d'obéir ; je ne connaissais rien d'autre. À voir

Alloma, bagarreuse et déterminée, essayant de résister mais recevant quand même une correction..., eh bien, cela me montrait clairement qu'il était impossible de gagner. Mieux valait baisser la tête et faire avec.

C'était justement ce que je faisais un après-midi à la maison de George Dowty, avançant dans mes tâches ménagères et nourrissant les cinq chats. J'alignais les bols pour chacun d'eux, et ils s'enroulaient autour de mes jambes, veloutés et doux. Je pris une fourchette propre dans le tiroir et transvasai la nourriture des boîtes dans les bols, puis me penchai pour les poser par terre. Les chats se mirent à manger.

Vlan ! La main de maman claqua sur l'arrière de ma tête alors que j'étais accroupie par terre près des chats. Je me recroquevillai, gardant les mains tout contre moi pour ne pas qu'elle m'accuse de « me défendre » si elle les voyait bouger.

– Tu ne te sers jamais de ton cerveau, dis ? hurla-t-elle. Pourquoi prends-tu une fourchette propre pour nourrir les chats ? Tu aurais pu en prendre une sale dans la machine à laver. Ça suffit ! Tu es trop stupide, tu ne mérites pas d'avoir à manger. Privée de nourriture pendant six semaines.

J'en avais l'habitude, bien sûr. Alors, je repris mon train-train : faire mes corvées et m'occuper d'Adam en attendant d'être soumise à la torture de regarder tous les autres dîner pendant qu'on m'interdisait d'avaler quoi que ce soit. Elle prévint tout le monde que j'avais été vilaine et que je n'avais pas le droit de dîner, et je restai là, la tête basse tant j'avais honte. Je regardais maman manger, sa bouche s'ouvrant grand en enfournant une pleine fourchetée de spaghettis bolognaise, les pâtes blanches claquant contre ses lèvres et l'épais jus rouge dégoulinant sur son menton. Je la regardais et je me voyais manger chaque bouchée, j'essayais de m'imaginer la texture de la farce sur ma langue, et les serpentins glissants des spaghettis... L'eau me vint à la bouche et j'avalai ma salive vierge de nourriture.

J'appliquais également mes techniques de survie habituelles : voler un croûton de pain ici et là, piquer une boîte de thon ou quelque chose dans le congélateur… Je devins experte dans l'art de vider des yaourts par le coin de l'emballage, apprenant à soulever l'opercule sans laisser voir qu'il avait été ouvert, à tel point que maman se plaignait au magasin (et non à moi) qu'il manquait du yaourt.

Puis, un après-midi que j'avais été exilée dans la chambre de Charlotte, je gagnai le gros lot. Je trouvai plusieurs boîtes de chocolats empilées parmi les jouets. En très vilaine fille que j'étais, je mangeai tout un étage de chocolats. Un étage entier ! Enfant perfide, je mis la couche vide au fond de la boîte et la couche pleine, intacte, sur le dessus, pour donner l'impression que je n'y avais pas touché.

Qu'est-ce que je m'imaginais ? J'avais huit ans, mais j'étais aussi stupide qu'avant. Une maman avec une vue magique n'allait jamais tomber dans le panneau ! Bien entendu, elle ne tarda pas à découvrir les chocolats manquants. C'était en octobre 1994, et c'était le soir de la Mop Fair.

La Mop Fair était toujours un grand événement chez nous, dans toute la ville de Tewkesbury, d'ailleurs. C'était une fête qui durait deux jours, avec des manèges et des jeux traditionnels, et des stands vendant toutes sortes d'objets. On y allait souvent avant la venue des autres, et je me souvenais avec bonheur d'être hors de la maison, de profiter des jolies lumières et des bonnes odeurs. La fête avait lieu ce soir-là, et nous attendions tous cet événement avec impatience.

– Victoria, Harriet, Christopher ! appela ma mère, et Alloma, Damon et moi nous précipitâmes.

Car c'était là une autre des transformations de maman, depuis que la famille parfaite était devenue sienne : elle avait changé les prénoms d'Alloma et de Damon. Elle faisait table rase du passé, essayant d'effacer toute trace de la vie qu'ils avaient connue avant. Pour elle, c'était simple :

On va changer ce nom. Comme si les enfants étaient des chiens, des animaux. Elle l'avait fait pour moi, même si j'étais trop jeune à l'époque pour me rappeler. Mes vrais parents m'appelèrent Sarah à ma naissance, mais quand j'arrivai chez maman, elle m'appela Victoria, et je n'ai pas connu un autre prénom que celui-ci. Puisque Damon se fait toujours appeler Christopher aujourd'hui, je le désignerai par ce nom. Alloma fut toujours « Harriet » pour moi pendant notre enfance, mais comme elle préfère Alloma, je le conserverai pour parler d'elle.

Alloma, Christopher et moi arrivâmes en courant et nous alignâmes devant mère, trois petits soldats au garde-à-vous. Maman tenait un épais pied de chaise en bois.

– Enlevez vos chaussures et vos chaussettes, nous dit-elle, ce qu'on se dépêcha de faire.

Christopher et Alloma n'y avaient pas encore eu droit jusqu'à maintenant, mais ils savaient déjà que, quand mère vous disait de faire quelque chose, si vous n'obtempériez pas, c'était à vos risques et périls. Ils furent plus rapides que moi à se défaire de leurs chaussures et à ôter leurs chaussettes. Peut-être renâclais-je parce que je savais ce qui nous attendait : maman et moi étions passées par là des centaines de fois auparavant.

Quand on fut tous pieds nus et bien alignés devant à elle, elle commença son interrogatoire.

Elle commença par moi.

– C'est toi qui as fait ça ? C'est toi qui as mangé les chocolats ?

Sachant que je serais punie quoi que je dise, je mentis. J'ai honte de dire que je mentis.

– Non, mère, dis-je à voix basse, ce n'est pas moi.

Maman me jeta un regard noir, de ses yeux qui semblaient pénétrer jusqu'à mon âme malhonnête, et elle abaissa posément le lourd pied en bois sur mes orteils. Il y eut un claquement sourd comme l'arme entrait en contact avec ma chair.

Je hurlai ; je ne pouvais m'en empêcher, mais je fis tout mon possible pour que mon cri ne soit pas trop sonore.

Puis elle passa au suivant. Cela peut sembler naïf, stupide, mais je jure que je ne savais pas ce qui allait se passer, je n'en avais vraiment aucune idée. Elle n'avait jamais fait autant de mal à mon frère et à ma sœur, et je ne pensais vraiment pas qu'elle le leur en ferait cette fois-ci.

Mais j'avais tort.

– C'est toi ? demanda-t-elle à ma sœur.

– Non, mère, répondit Alloma, disant la vérité.

Maman abaissa le pied de chaise sur son pied, et le sang se mit à s'amonceler sous les ongles de ses orteils.

– C'est toi ? demanda-t-elle à Christopher.

– Non, mère, répondit mon petit frère, qui n'avait que cinq ans.

Ses pieds furent eux aussi martelés avec le bâton. Une fois, deux fois.

Je sais que j'aurais dû avouer ; oui, je le sais. Je le sais bien. Mais j'étais morte de peur et sous le choc, et les coups faisaient si mal que je ne pensais qu'à tenir debout pour qu'elle ne me frappe pas davantage parce que je fuyais la punition, et à essayer d'étouffer mes cris pour que le silence règne dans cette rue de banlieue.

Je ne me pardonnerai jamais, jamais, de ne pas avoir avoué.

Car c'est ma faute si elle les frappa, cette première et horrible fois, et je devrai emporter cette vérité dans ma tombe.

Ensuite, elle nous obligea à glisser nos pieds ensanglantés, enflés et noirs, dans nos chaussures, et on rejoignit la fête. J'arrivais à peine à marcher, le moindre pas se répercutant douloureusement dans ma colonne vertébrale. Alloma et Christopher boitillaient à mes côtés pendant que maman nous faisait défiler dans les allées de la foire. On suivait Adam et Charlotte faisant le tour des manèges et mangeant de la barbe à papa aussi rose que la jolie robe de Charlotte, et on se mordait la langue pour retenir nos cris de douleur.

Pourtant, mon cœur souffrait plus que mes pieds. Je me rappelai quelque chose que ma mère m'avait dit. À propos de Judith et de Rebekah qui étaient parfaites, et de Charlotte qui était purement et simplement un ange. Et que ce n'était que quand *moi* j'étais arrivée que les choses avaient changé – qu'*elle* avait changé. Que c'était moi qui l'avais fait devenir ainsi.

Le film inexorable de la correction ne cessait de passer et de repasser dans mon esprit. Le petit visage de Christopher chiffonné et noyé de larmes. Les yeux verts enflammés d'Alloma écarquillés sous le choc et la douleur, avant de s'éteindre, de perdre leur étincelle comme le morceau de bois s'abattait encore et encore sur ses pieds. Et sachant, à chaque cri, à chaque coup, que c'était ma faute. Pas simplement parce que j'avais menti, ou pas avoué, mais parce que je l'avais changée. J'avais rendu maman telle qu'elle était.

Je ne m'étais jamais sentie aussi coupable ou une aussi vilaine fille.

9

– Sortez, dit maman.

On se dépêcha tous les trois de descendre du minivan que maman utilisait à présent pour nous véhiculer. Je fis descendre Adam, âgé de deux ans, de son siège-auto.

– Charlotte, viens avec moi.

Maman entra dans la ferme avec Charlotte. Quant à nous, nous restâmes dehors, sur cette exploitation tentaculaire où plusieurs dépendances étaient éparpillées. Ce que la ferme avait de bien, c'était que, du fait de son immensité, on pouvait parfois disparaître du champ de vision de maman. On ne se perdait jamais, en partie parce qu'on avait trop peur de ne pas pouvoir revenir à temps quand maman nous hurlait après pour qu'on rentre, mais surtout parce qu'on connaissait désormais le terrain comme notre poche. Nous venions souvent à la ferme, maintenant, y demeurant plusieurs semaines ou mois d'affilée, pendant que maman s'occupait de John Drake au stade terminal de sa vie.

Si elle avait emmené Charlotte à l'intérieur, c'était qu'elle était résolue à ce qu'il en fasse sa préférée. Ne l'avait-il pas connue depuis qu'elle était toute petite ? Ne l'avait-il pas toujours chouchoutée, avec des tours de tracteur et des barres Mars cachées dans le bac à sable ? N'était-elle pas absolument adorable ? Maman avait un plan et ne ratait jamais une occasion d'exhiber sa fille adoptive devant lui.

Pour nous autres, la ferme représentait une existence étrange et chaotique. Comme maman nous considérait à présent comme trois enfants diaboliques, associés en une trinité de scélératesse profane, nous n'avions pas de chambre et dormions par terre. Maman avait de drôles d'heures, et nous voguions entre la ferme et George Dowty Drive, créatures sans racine et sans programme préétabli. Je me rappelle avoir patienté jusqu'à deux ou trois heures du matin dans le minivan, attendant qu'elle soit prête à partir. Nous rentrions alors à George Dowty, où elle exigeait qu'on lui fasse un sandwich au bacon avant qu'elle aille se coucher.

Alloma était en permanence avec nous, maintenant. Peu après la soirée de la Mop Fair, maman l'avait retirée de l'école normale afin de pouvoir « l'instruire » à domicile avec nous. De plus, nous passions tant de temps à la ferme qu'on cessa d'aller régulièrement à la Salle du Royaume. Mais maman ne perdit rien de sa ferveur religieuse. Quand elle nous frappait, elle citait souvent les Écritures qu'elle aimait tant. Elle me disait toujours qu'il ne faisait aucun doute que je serais tuée lors de l'Apocalypse ; elle décrivait l'arrivée des oiseaux qui viendraient me piquer et m'arracher les yeux.

Mes yeux étaient quelque chose que maman intégrait maintenant dans son répertoire de punitions. Elle s'approchait de moi et enfonçait le doigt dans mes yeux bleus effrayés. Je fermais mes paupières au moment où elle pointait son doigt sur moi, une réaction involontaire, mais cela ne se faisait pas ; c'était mal ; c'était désobéir.

Elle se mit également à me pincer la trachée, la serrant entre son index et son pouce. Je luttais pour respirer et elle disait d'un ton dégoûté :

– Comme tu es faible ! Respire, calme-toi et respire. Tu peux respirer, tu peux respirer.

Sa guerre psychologique était pire que jamais.

Parce qu'avec trois « vilains » enfants à sa disposition, elle se mit à nous dresser les uns contre les autres. Je me sentais déjà comme extérieure au trio. Alloma et Christopher étaient frère et sœur biologiques, après tout, et leur lien était en béton ; du moins, il le paraissait ainsi au début. Pour deux raisons, je n'étais pas jalouse de leur proximité. La première : quelqu'un d'aussi nul que moi ne méritait aucune sorte d'amitié. Je ne plaisante pas, je le croyais. La deuxième, et la plus importante : ils étaient traités ainsi à cause de moi.

Il ne fallut pas longtemps à maman pour nous diviser, pour nous monter les uns contre les autres. Quand on crève de faim, comme c'était souvent le cas, on succombe à la pression et on dénonce l'autre. Pour éviter les coups, il est facile d'accuser l'autre d'être coupable du crime qu'elle s'était imaginé. Si mère vous avait à la bonne, vous faisiez n'importe quoi (littéralement) pour que cela continue, même s'il fallait trahir votre frère. Aucun de nous n'en est fier, mais nous l'avons tous fait, et pas qu'une fois.

Nous ne nous aidions mutuellement que quand il n'y avait aucun risque de se faire prendre : filer un bout de pain à Christopher s'il était privé de nourriture ; se panser après une correction cruelle ; ne pas dire que j'avais fait pipi au lit ; échanger un regard qui signifiait « Je comprends ». Quand c'était vraiment important, on essayait d'être là les uns pour les autres. Mais, la plupart du temps, nous étions dans des camps opposés : physiquement parfois, psychologiquement toujours. Maman habillait Christopher avec des vêtements de fille, et nous l'encerclions et nous moquions de lui, sous la menace constante de recevoir une correction si nous ne le faisions pas.

J'étais à la maison de George Dowty avec Judith et Adam un après-midi quand le téléphone sonna. À cette époque, maman n'aimait pas qu'Adam soit trop souvent à la ferme : John Drake était mourant, et elle ne voulait pas de sa présence dans cette maison anormalement silencieuse, son air vicié par la maladie sporadiquement déchiré par les quintes de toux sèche de John. Puisque j'avais pour mission principale de suivre Adam où qu'il aille, je passai quelques semaines avec lui à la maison de George Dowty Drive. Adam s'était même mis à m'appeler sa « petite maman », signe à quel point nous étions proches.

Le téléphone sonna, et Judith répondit. C'était mère, qui appelait pour nous informer que John avait fini par mourir.

Lors de la lecture du testament peu après, il s'avéra qu'il avait tout laissé – la maison, l'exploitation, l'argent en banque – à Charlotte, et donc, bien sûr, que tout était habilement tombé dans les griffes de maman. Elle pouvait s'enorgueillir de posséder un tout nouveau domaine, et elle ne perdit pas de temps à affirmer son autorité.

La porte de la grange claqua et on resta tous les trois dans une profonde obscurité, entendant le cliquetis du cadenas dehors alors que maman nous enfermait. C'était l'heure du coucher, telle qu'on la connaissait.

Ces temps-ci, nous n'avions même pas le droit de dormir dans la maison, enveloppés par terre dans une couverture crasseuse. Maman rénovait les lieux : elle construisait une chambre mansardée pour Adam et elle, créait une immense salle de jeux pour lui, qui déborderait bientôt de Lego, de voitures et de jouets, et également une jolie chambre de princesse rose pour Charlotte, plus adaptée à une enfant de cinq ans qu'à une jeune fille aux portes de l'adolescence. Maman maltraitait Charlotte et Adam d'une manière très différente, en les gardant petits, puérils et résolument dépendants. Quant à nous, les enfants diaboliques, elle nous lâchait dans la nuit. Avec tant d'annexes à sa disposition, elle n'hésitait pas à nous faire dormir dehors, dans le froid et le noir – et avec les rats.

Je détestais les rats, leurs petites moustaches frétillantes et leurs dents si acérées. La grange était immense, et l'écho de leurs petites pattes griffues se répercutait tout là-haut sur le plafond quand ils couraient ici et là dans le noir. Un rat a une odeur très particulière, et je mourais de peur quand mon nez flairait leur puanteur caractéristique. Je ne voyais rien, mais je les entendais, et la peur faisait battre mon cœur. On avait des poules à la ferme : combien de fois en avais-je découvert une à moitié morte, à moitié rongée par les rats, ses entrailles sanglantes maculant la terre ? Ces viles créatures grouillaient dans tout le domaine et les annexes comme l'invasion de rats tout droit sortie de l'Apocalypse que maman nous décrivait.

Les poules n'étaient pas la seule addition à notre ménagerie en perpétuelle augmentation. Nous avions toujours eu des chats à la maison de George Dowty Drive, et un terrier insipide appelé Meggie, mais notre collection d'« animaux domestiques » avait explosé depuis. À présent, nous avions des lapins, des hamsters et des cochons d'Inde. Sans oublier un canard appelé Queenie, un serpent appelé Sequin *et* un perroquet appelé Oakie.

La plupart des animaux vivaient dans des cages ; on les gardait dans la cuisine, sous la table, et leurs déjections empuantissaient la maison. À la ferme, on avait aussi pris deux cochons : Bessie et Bunty. Alloma les aimait, et je pense que, d'une certaine manière, elle avait une relation plus étroite avec ces cochons qu'avec nous. On avait tous besoin de se raccrocher à quelque chose pour ne pas devenir fous. J'avais Adam, avec la perfection de ses boucles blondes de bébé et de ses bras dodus de petit garçon, et puis, j'avais toujours Katie : cette poupée adorée que ma mamie m'avait offerte tant d'années plus tôt.

Mais même cela n'était pas sacro-saint pour maman. Bien sûr que non. Un jour que nous étions à la maison de George Dowty (car nous continuions à faire la navette entre les deux propriétés, sans rythme ni raison apparente), elle m'arracha Katie des bras et la jeta dans le four pour me punir d'avoir mangé quelque chose que je n'aurais pas dû. Katie s'embrasa. J'assistai, horrifiée, au spectacle de mon amie qui brûlait « vive ». Maman – plus pour sauver le four que Katie, je crois – la ressortit et fit couler de l'eau froide du robinet sur ses vêtements à pois noircis et ses tresses jaunes roussies. Elle jeta l'horreur détrempée et puante dans le jardin de derrière et claqua la porte.

Plus tard, je me faufilai dehors et la retrouvai, jetée sur la pelouse en un tas de cendres mouillées. Elle me souriait à demi avec ce qui lui restait de visage, une amie jusqu'au bout. Je lavai les marques de brûlure du mieux possible, la séchai et la ramenai à l'intérieur. Le monde nous avait abandonnés, nous les enfants, mais j'étais résolue à ne jamais abandonner tout être que j'aimais. Je ne connaissais que trop bien ce qu'était la solitude.

De temps à autre, le monde s'intéressait quand même un peu à nous. Ma mamie venait parfois à la ferme, mais pour des visites soumises à l'étroite surveillance de maman qui les avait planifiées, et notre « instruction à domicile » s'accompagnait parfois d'inspections (dont maman était avisée bien à l'avance, lui laissant ainsi largement le temps de se préparer). Ma mère était une experte en tromperie ; elle avait un diplôme de manipulation. Son plan était d'éblouir l'inspectrice dès qu'elle franchissait le seuil, et c'était efficace.

Elle nous occupait pendant des semaines à préparer ce subterfuge : non pas avec du travail scolaire, mais en nettoyant les chambres crasseuses, en accrochant des cartes de géographie aux murs et en exposant des modèles réduits de bateaux et d'autres témoignages de ce que ma mère appelait « éducation alternative ». Mais surtout, elle nous enfonçait dans le crâne ce qu'elle appelait le mode « protéger maman ». Que faire si on nous interrogeait sur notre vie ?

En tout premier lieu, nous devions éviter tout contact visuel et regarder nos pieds. Pourtant, à d'autres moments, nous devions la regarder parce que, sinon, ils pourraient soupçonner quelque chose. Elle disait parfois :

– Soyez convaincants, regardez les gens dans les yeux.

Les instructions étaient déroutantes, et je ne cessais de me demander : *Vais-je mal comprendre ? Vais-je tout gâcher ?*

Mais surtout, surtout, si on nous interrogeait sur les punitions, nous devions dire un truc du genre qu'elle ne nous donnait que des fessées, et uniquement si on avait été très vilains. Ou qu'on était punis de dessert, de notre revue hebdomadaire ou encore de bonbons. Maman était maline : si nous n'étions jamais punis, selon nos réponses bien répétées, alors, cela semblerait bizarre. Elle faisait tout cela à la perfection.

L'inspectrice arrivait. Et maman lui en mettait aussitôt plein la vue, à tel point que l'inspectrice ne se donnait presque pas la peine de regarder les cahiers d'exercices. Rien de ce qu'elle disait ou faisait pendant son « inspection » n'égratignait le fin vernis du décor de façade de cette instruction à domicile. On n'avait aucun examen, on ne suivait aucun programme ; pourtant, rien de tout cela ne semblait la perturber. Maman et elle bavardaient, de vraies pipelettes. On pouvait presque voir les ficelles de la marionnette qu'était devenue l'inspectrice pendant que maman la manipulait en tous sens. Un échec total. Ce n'était pas une inspection, c'était un cours magistral sur l'art du détournement d'attention digne d'un magicien et, année après année, maman étalait ses multiples techniques scéniques et paillettes. Je regardais par terre, jouant le rôle de l'enfant autiste que j'avais si longtemps joué. J'avais cette voix en moi et je voulais parler, mais je ne le pouvais pas.

L'inspectrice hochait la tête, souriait, lâchait des oh ! et des ah ! et nous disait au revoir, et nous, les enfants parfaits (du moins, ceux qui ne feignaient pas l'autisme) lui rendions son salut, un rictus collé sur le visage, nous forçant à afficher notre plus beau sourire pour ne pas recevoir de coups après. Nous nous conduisions toujours anormalement bien en public ; on nous trouvait sages comme des images, et mère souriait, un sourire affecté, empli de fierté, comme si elle se savait entièrement responsable de nos excellentes manières.

Je ne peux le lui enlever : nos manières étaient irréprochables. L'alternative était trop terrifiante.

Les seules fois où nous lui causions un affront public étaient lorsque nos ventres criaient famine. Elle emmenait parfois Judith et Charlotte à des leçons de danse à la salle communale d'Eckington, et nous exilait tous les trois, enfants démoniaques, dans la cuisine, nous refusant le droit de nous amuser avec les autres. Il y avait là une grande boîte à biscuits, et la tentation était trop forte pour nous qui étions affamés. On en prenait (juste quelques-uns à la fois pour ne pas éveiller des soupçons) et on croyait s'en tirer, semaine après semaine.

Raté. Une des employées prit mère à part un soir : ils avaient remarqué que la quantité de biscuits diminuait et savaient que ses enfants étaient coupables. Je vous laisse imaginer sa réaction.

Personne ne s'interrogea sur ce qui nous avait poussés à voler les biscuits, mais si d'aventure quelqu'un l'avait fait, ma mère avait trouvé la parade. Elle n'emmena que Christopher et Alloma pour présenter leurs excuses à la responsable de la salle. Si elle nous prenait tous les trois, dit-elle, on pourrait croire qu'il y avait un problème à la maison, que nous avions une raison de voler. Là, on ne voyait que deux enfants adoptifs goinfres et fautifs qui se dévoyaient mutuellement, et toute inquiétude n'avait plus lieu d'être.

La vie continuait ; une vie interminable, chaotique entre George Dowty Drive et la ferme. À la maison, maman passait ses soirées dans le salon à regarder ses feuilletons dans sa grande bergère verte à oreilles et à haut dossier. Elle s'installait pour se détendre devant les enregistrements de ses émissions, des vidéos que nous autres enfants devions lui enregistrer, et Dieu nous vienne en aide si on en manquait les cinq premières minutes ou si on enregistrait les pubs ou si l'appareil bourrait...

Pendant ce temps, on devait souvent tous les trois s'asseoir sur la « chaise invisible » dans le salon, nos jambes brûlant d'une douleur qui oblitérait toute pensée. Maman avait une règle en bois à laquelle était fixée une lanière faite de cuir ou de corde, qu'elle enroulait et déroulait autour de son index tout en regardant la télé. Si nos pieds glissaient, ce qui était fréquent parce que nous transpirions sous l'effort atroce pour rester en position, elle faisait claquer la règle et nous frappait sauvagement. Puis elle se remettait à la faire tourner, encore et encore. Je n'arrivais pas à quitter cette règle des yeux, même quand mes jambes étaient en feu et mes yeux se remplissaient de larmes à cause de la douleur.

Une autre scène de notre enfance se déroulait autour de cette bergère verte, une scène paisible, qui contredisait étrangement nos autres interactions avec mère. Assise là, elle posait ses pieds sur un tabouret bas, et on l'entourait comme une équipe d'urgence d'esthéticiens miniatures. On devait ôter les peaux mortes des pieds ou brosser ses longs cheveux gras.

J'aimais ces soirées tranquilles et paisibles, mes petits doigts toilettant ma mère. Parce que, quand elle n'était pas debout, quand on travaillait dur à ôter la peau morte et calleuse de ses talons, et à nettoyer soigneusement entre ses orteils, elle ne pouvait pas se lever et nous maltraiter. Quand j'étais derrière elle et que je lui brossais les cheveux, je me sentais en sécurité. Elle ne pouvait pas se faufiler derrière moi et me frapper quand elle était étendue, les yeux fermés, goûtant aux attentions de ses petits esclaves. Alors, je ne faisais pas la grimace au contact de ses cheveux sales sur mes doigts. Non, je m'estimais chanceuse.

C'était là toute notre vie : nous tentions de faire plaisir à cette femme qui n'était jamais, au grand jamais, satisfaite. Nous trouvions notre vie difficile. Nous ne pouvions pas imaginer qu'elle allait devenir pire encore.

10

– Tenez, les enfants. Des bonbons pour vous !

Mamie tendit ses mains pleines de trésors, et chacun de nous choisit quelques bonbons dans ses paumes offertes. Je lui souris et elle ébouriffa mes cheveux blonds.

– Bien, maintenant, laissez-moi m'occuper de cette vaisselle. Allez jouer.

Mamie était passée nous voir en allant faire ses courses au Coop. Maman était sortie, à la ferme ou peut-être au Morrisons, où elle retrouvait souvent une amie Témoin de Jéhovah pour de longs déjeuners. Il lui arrivait de nous emmener et de nous laisser dehors dans la voiture des heures durant pendant qu'elle bavardait, le minivan placé de manière à ce qu'elle puisse le voir depuis sa table dans la cafétéria du supermarché. Mais aujourd'hui, elle nous avait laissés à la maison.

Nous aimions beaucoup les visites de mamie. C'était à nous de faire la vaisselle, bien sûr, mais si mamie la voyait, elle s'activait et la faisait. J'ignore ce qu'elle pensait de la maison de sa fille, truffée de déjections d'animaux et de monceaux de trucs inutiles, mais, dès qu'elle le pouvait, elle passait et cherchait à en faire un lieu propre pour nous. Qu'il nous était agréable, à nous les enfants, qu'une adulte intervienne pour nous soulager quelque peu de ce dur labeur !

Sa générosité avec les bonbons nous posait toutefois un dilemme, à nous autres enfants démoniaques : manger ou ne pas manger ? Telle était la question. C'était un pari qui avait des conséquences douloureuses si on se trompait. Si mamie ne parlait pas des sucreries à maman, on était tirés d'affaire. Mais si elle disait par inadvertance qu'elle nous avait donné des bonbons, il y aurait une dispute virulente si nous les avions mangés et ne pouvions les montrer sur commande. Maman se déchaînait.

– Sales menteurs, voleurs, et perfides avec ça ! hurlait-elle.

Elle nous faisait dévaler l'escalier à coups de pied au derrière, ou boire du liquide vaisselle, puis manger notre vomi, ou asseoir sur la chaise invisible parce que nous savions que les bonbons nous étaient interdits, qu'ils étaient réservés à Adam et à Charlotte, et que c'était le summum de la désobéissance de les avoir engloutis avec un abandon licencieux, sachant pertinemment que nous ne les méritions pas.

Après, elle nous interrogerait sur la visite de mamie. Ce qu'elle avait dit, ce qu'on avait dit, ce qui s'était passé, et quand, ce qui s'était passé ensuite : chaque seconde de la visite devait être expliquée, toutes les phrases, répétées. Maman voulait connaître dans le détail ce qui s'était passé. Elle avait un besoin maladif de tout contrôler.

Et ce désir de contrôler s'étendait à tous – absolument *tous* – les domaines de notre vie. Maman et moi avions longtemps bataillé sur la propreté, et elle aimait à réutiliser la technique d'apprentissage qu'elle appliquait quand j'étais petite, à savoir m'attacher au pot jusqu'à ce que je « fasse ». Chaque matin, nous avions droit à des inspections aux toilettes. Nous devions faire une selle chaque jour, sur commande. Allez donc essayer de faire caca quand vous n'avez rien mangé depuis trois semaines : une sacrée gageure.

On devait rester assis là toute la journée, à pousser, jusqu'à ce qu'on y arrive. J'appris avec le temps à feindre une crotte, à faire comme si. Quand j'arrivais à expulser un truc ridicule, avec un peu de pipi sombre, j'y ajoutais un peu de papier toilette et de shampoing, je remuais le tout jusqu'à ce que cela prenne un aspect presque convaincant. J'essayais toutes sortes d'astuces pour contourner le problème parce que quand on ne pouvait pas faire caca, mais vraiment pas, maman avait un truc dans sa manche pour vous y *obliger*.

Elle me tirait hors des toilettes par les cheveux et se plaignait du manque de résultat dans le pot.

– Enlève tes vêtements, crachait-elle. Couche-toi par terre.

Elle me projetait dans la cuisine, et le sol carrelé était toujours froid contre ma peau nue, couverte de chair de poule. Je m'allongeais sur le dos, attendant patiemment que maman achève ses préparations à l'évier. Quand elle se retournait, elle tenait une grande et épaisse seringue en plastique, remplie à ras bord de liquide vaisselle. Elle pressait une fois pour essayer (infirmière jusqu'au bout) et un jet de liquide gélatineux jaillissait du sommet de l'énorme tétine. Ce faisant, elle ne manquait jamais de nous rappeler qu'elle avait été infirmière :

– Je sais ce que je fais.

Ensuite, maman s'approchait vivement de mon corps allongé sur le sol. Elle m'attrapait par les chevilles et soulevait fermement mes jambes. Puis, elle fourrait l'énorme seringue dans mes fesses et poussait toute la mesure de liquide vaisselle en moi. Elle se concentrait sur le geste, son regard clinique, son visage n'affichant rien d'autre qu'un froid professionnalisme.

J'avais mal au ventre après cela. Que c'était douloureux !

– Tu ne vas pas aux toilettes. Tu attends, disait-elle.

Je vous l'ai dit : c'était une question de contrôle.

Je devais attendre, attendre et encore attendre. J'avais de violentes crampes dans le ventre, et je serrais les fesses, essayant de ne rien laisser échapper tant qu'elle n'avait pas donné le feu vert. Sinon, j'étais punie ; je ne pouvais aller me vider que quand elle le disait. Après un bon moment, elle me laissait aller aux toilettes. Je souffrais le martyre et je m'asseyais délicatement, saisie de violentes crampes, jusqu'à ce qu'enfin je me libère. C'était difficile et salissant, et cela faisait un mal de chien.

Nos punitions étaient incessantes, quotidiennes. Même lors d'un « bon » jour, alors que maman semblait de bonne humeur et heureuse, je savais que cela ne durerait pas. Bien entendu, peu avant le coucher du soleil, le charme de son humeur allègre était rompu, et notre vraie maman se révélait.

Puis vint le jour où elle nous montra un nouveau tour ; le jour d'une « grande révélation » qui nous laissa sous le choc. Cinq étoiles pour la magicienne aux cheveux teints en noir et aux yeux d'un froid glacial : aucun de nous ne l'avait vu venir.

Nous étions à la maison de George Dowty Drive. Je ne sais plus aujourd'hui ce qui s'était passé, ce que j'avais fait de travers. Je devais avoir neuf ans. Maman péta un câble.

– Montez dans la voiture, dit-elle posément.

Maman hurlait toujours, fulminant après nous, mais de plus en plus souvent ces temps-ci, elle était froide, calme, mesurée. Elle prenait plus d'assurance, et cela se voyait.

Je filai vers la voiture et y montai aussi vite que possible. Maman démarra et on partit. J'ignorais où nous allions. Depuis mon siège à l'arrière, je voyais ses mains serrées autour du volant, les jointures blanches et tendues. On roula dans un silence de mort.

Ce silence était terrifiant. J'avais l'impression d'attendre une explosion… qui ne venait pas. La tension n'en finissait pas de croître ; la colère de maman bouillonnait, la dynamite était de plus en plus sèche alors que nous avancions.

On continua à rouler. On sortit de Tewkesbury, en direction du nord. On dépassa le parc aquatique, roulant pendant quinze kilomètres avant de passer devant la poste et l'épicerie du village, puis le cimetière où était enterré John Drake. Juste à la sortie du village, on quitta la route principale, et maman se gara dans l'allée de la ferme, près du portail pour que personne d'autre ne puisse entrer.

Maman coupa le moteur, et ce fut le silence, pas même le vrombissement du moteur de la voiture pour le remplir.

– Descendez.

Tout le monde descendit. Charlotte et Adam filèrent jouer.

– À l'intérieur.

J'entrai par la porte de derrière, une vieille porte blanche avec une poignée métallique. Le froid me saisit immédiatement. Il faisait toujours froid à la ferme et il y régnait toujours cette odeur rance de vieil homme caractéristique de John Drake. Par la laverie, par la cuisine avec son sol de pierre rouge, puis à droite. Maman ouvrait la marche, et je suivais. Je savais que je devais suivre.

Maman s'arrêta devant le salon.

– Entrez.

J'avançais trop lentement à son goût, et elle me frappa les reins, me poussant à l'intérieur. Elle entra à ma suite et alla directement vers les épais rideaux verts qui pendaient aux fenêtres à guillotine et les ferma. La lumière du jour disparut, et la pièce fut plongée dans un noir d'encre, mais pas sans me laisser le temps de voir sa collection de bâtons, alignés contre le gros buffet gallois qui dominait la pièce.

– Enlève tes chaussures et tes chaussettes.

Je me penchai pour obéir, prenant appui sur le canapé.

– Ôte-toi du canapé, dégage !

Elle me poussa, et je tombai.

– Plus vite.

Je ne pouvais perdre plus de temps à ôter mes chaussures et mes chaussettes. Bien trop vite, je me tenais devant elle, mes petits pieds nus et vulnérables.

– Couche-toi.

Je me mis à plat dos, tandis que maman détaillait sa collection de bâtons, choisissant son arme. Du fait des rénovations, elle avait un large choix. Il y avait des bouts de bois dans toute la maison : certains étroits et pointus ; d'autres épais, comme une batte de cricket.

Quand elle fut prête, elle se retourna avec le bâton de son choix dans la main : une mince tige. Elle tapota sa paume avec, la jaugeant, sentant son poids et sa circonférence.

– Je vais te taper sur les pieds cent fois. Si tu cries, je reprends à zéro. Rappelle-toi : les pieds ne marquent pas. Personne ne saura ce que j'ai fait.

Sans plus de cérémonie, elle souleva mes jambes, tint le bas de mon pantalon aux chevilles, mettant mes pieds à nu et les immobilisant. Puis elle abaissa violemment le bâton sur la plante de mes pieds.

J'essayai de ne pas crier, vraiment, j'essayai. Mais la douleur était si intense, le mince bâton comme un véritable fouet sur ma peau tendre, qu'un cri fendit ma gorge et jaillit dans la pièce enténébrée, encore et encore tandis qu'elle me frappait plus fort.

Brusquement, maman cessa son décompte régulier et me toisa du regard.

J'avais déjà crié pendant les punitions, notamment les coups sur les pieds. Je pleurais, je la suppliais d'arrêter, je hurlais tant j'avais mal. Parce que, de toutes les punitions, c'était celle contre laquelle que je me débattais le plus. Je la détestais ; c'était tellement, *tellement* douloureux. Maman considérait toujours mes cris et mes gigotements comme une tentative de lui en remontrer ; elle le prenait personnellement. Elle me frappait avec les meilleures intentions du monde, et que je lutte ne faisait que souligner quelle méchante fille j'étais. Elle demandait parfois à Judith de se mettre sur ma trachée pour me faire taire.

Mais là, elle eut une autre idée.

Maman retourna tranquillement à sa collection de bâtons. Elle en choisit un deuxième et revint vers moi. Je lui jetai un regard méfiant.

Puis, elle voulut m'enfoncer le bâton dans la gorge.

Mes lèvres et mes dents se serrèrent automatiquement, pour l'empêcher de pénétrer. Elle me frappa la bouche, encore et encore, alors que moi, je voulais désespérément la fermer. Mais, comme elle l'avait fait quand, bébé, elle me nourrissait de force, la cuillère métallique faisant saigner mes jeunes gencives, maman obtenait toujours ce qu'elle voulait. Ses coups furieux avec le bâton martelaient ma bouche, cassaient mes dents, brisaient les moindres barrières que mon corps tentait d'ériger. Je m'étouffais et crachais, mais elle ne cessa de pousser le bâton que quand il fut au fond de ma gorge. Voilà, j'étais silencieuse.

Je ne pouvais pas avaler ; je pouvais tout juste respirer. Je sentais le bord tranchant du bâton enfoncé loin, je le sentais sur ma langue. Un goût de bois, et aussi de sang : un goût brutal, métallique, ferrique. Ma bouche se remplissait en continu de salive, et je voulais que ça s'arrête parce qu'il me faudrait avaler, et, plus j'essayais d'avaler, plus cela faisait mal, si mal. Des larmes coulaient sur mes joues, mais je n'avais aucun moyen de pleurer tout haut. Je souffrais le martyre, mais pas le moindre chuchotement ne passait mes lèvres. Il régnait un silence de mort dans le salon de la ferme.

Maman hocha la tête, satisfaite, puis se remit à me frapper.

– Un, deux, trois...

Si je bougeais, ne serait-ce qu'un peu, elle recommençait. Et donc, au bout du compte, je finis par accepter passivement les coups. C'était en quelque sorte mieux avec le bâton dans la gorge : puisqu'il m'obligeait à ne pas crier, la correction finit plus vite. Sinon, je suis sûre qu'elle aurait continué encore et encore ; le bâton offrait comme une liberté. Dans un sens, j'abandonnai la lutte à ce stade. Je ne pouvais rien faire d'autre. Je ne pouvais pas respirer ; je ne pouvais rien faire. Mais j'étais capable de ressentir. La douleur était si intense que mon esprit ne fonctionnait plus. Je ne me rappelle pas avoir regardé le plafond, ou elle, ou mes frère et sœur diaboliques alignés pour assister à la correction de la touche comme elle le leur avait ordonné. J'étais si absorbée par ma douleur que mes yeux roulaient dans leurs orbites, versant des larmes sans les accompagner du moindre son, mon corps souffrant un martyre muet, priant pour qu'il cesse.

Finalement, comme pour tout, ce fut le cas. Elle rejeta mes pieds détruits par terre, saisit le bâton qui était dans ma gorge et le retira brutalement. Il lacéra ce faisant la fine muqueuse qui tapissait ma gorge, et sang et salive sortirent en longs fils mouillés collés au bâton. Il sortit en bloc, une épaisse corde de bois dans ma gorge, et je fus prise de haut-le-cœur quand elle le retira. Elle le jeta nonchalamment dans le coin, prêt pour la prochaine occasion.

– Debout !

Je me hissai debout, et plaçai mon poids sur mes pieds, marchant délicatement sur le côté pour tenter d'atténuer la douleur. Mes pieds n'étaient peut-être pas contusionnés, mais je devais me tenir sur des plaies ensanglantées.

– Marche *normalement*, crétine d'autiste.

Puis elle me fit assister à cette même punition sur mon frère, puis sur ma sœur. Elle ne pouvait frapper qu'un seul de nous à la fois. Comme ils l'avaient fait avec moi, je restai là et regardai, la gorge en feu alors que j'essayais d'avaler ma salive et ma culpabilité.

D'une certaine manière, c'était pire encore de regarder quelqu'un d'autre se faire battre que de recevoir soi-même les coups. Je voulais les sauver…, mais je ne le pouvais pas. Rien de ce que je pourrais faire ne les sauverait. Parmi toutes les horreurs avec lesquelles je dois vivre aujourd'hui, c'est la pire. Car pas une fois, je n'essayai d'écarter ma mère. Cela paraissait impossible : elle semblait trop forte et intouchable, son pouvoir, trop grand.

– Dégagez de ma vue.

Nous étions renvoyés. Je sortis du salon en boitant, jusqu'à la cuisine, en essayant de marcher normalement. Quand j'atteignis le sol de pierre, sa surface fraîche fut comme un baume sur la plante lacérée de mes pieds. Mais nous n'avions pas le droit de rester dans la cuisine ; comme d'habitude, nous étions bannis à l'extérieur, sans chaussures. Les graviers piquèrent mes pieds douloureux, me faisant grimacer et pleurer derechef.

– Petite maman !

Adam vint en courant, mais il pila net, regardant mon visage mouillé, ma bouche ensanglantée, mes dents brisées. Il éclata en sanglots.

Je me penchai et le pris dans mes bras.

– Là, là, murmurai-je. Tout va bien.

Je lui souris, gardant closes mes lèvres ravagées pour ne pas l'effrayer avec mes dents cassées. Puis, je le serrai fort dans mes bras, chacun de ses pleurs déchirants me brisant le cœur et rendant la situation plus dure qu'elle ne l'était déjà. Mais, avec un effort surhumain, je séchai mes larmes et lui chuchotai :

– Tout va bien. Petite maman va bien.

Que pouvais-je dire d'autre ?

11

Les rossées à la ferme devinrent régulières. Parfois quotidiennes, parfois bihebdomadaires. Et parfois deux fois par jour (elle vous ramenait brutalement si vous ne sortiez pas de la pièce en marchant normalement après la première trempe). Le nombre de coups de chaque dérouillée s'additionnait, surtout si nous n'étions pas à la ferme lorsque l'écart de conduite s'était produit.

– Ça fera cent cinquante coups, maintenant, disait-elle.

Ou encore :

– Ça fera deux cents coups.

Elle en prenait note dans sa tête, et la punition pendait au-dessus de nous comme une guillotine.

J'espérais toujours qu'elle oublie, mais non, jamais. Si elle annonçait qu'on devait être punis plus tard, ce n'était qu'une question de temps avant que ces rideaux verts soient tirés et le bâton enfoncé dans notre gorge. Ce n'était qu'une question de temps avant qu'elle nous dise de monter dans la voiture et de faire les quinze kilomètres jusqu'en enfer. On priait pour qu'il y ait du courrier à la ferme, parce qu'elle regardait la boîte quand on se garait : n'importe quoi pour la retarder, pour repousser de quelques minutes encore l'insoutenable douleur.

On devint experts ès tortures. Maman avait un bâton favori pour nous frapper et, par chance, il se trouve que c'était aussi mon préféré. Elle utilisait un bout de bois large. C'était une horreur si elle vous l'enfonçait dans la gorge, puisque sa largeur vous laissait des échardes en travers du gosier, mais si elle s'en servait pour vous frapper les pieds. Sa surface large et plate était moins douloureuse, moins intense que certains des bâtons plus minces. J'étais toujours, dirons-nous, plus heureuse quand elle me frappait avec ce bâton.

Pendant ce temps-là, ses autres châtiments n'avaient pas cessé. Nous étions toujours affamés pendant des semaines d'affilée, et tabassés si nous volions de la nourriture. Elle nous lavait toujours la bouche au liquide vaisselle ou à l'eau de Javel, ou avec n'importe quel produit ménager à portée de main. On devait toujours rester éveillés toute la nuit, à monter et descendre l'escalier en courant. On était toujours noyés dans la baignoire.

Adam n'était pas à l'abri de ce qui se passait ; bien sûr que non. Maman les préservait, Charlotte et lui, des pires corrections, mais elle me frappait si souvent le visage, ou me pinçait la trachée, ou me donnait des coups dans les tibias, qu'il lui était impossible de ne pas voir une partie de cette violence. Et cet ange était le seul d'entre nous à se dresser contre elle. Il se mettait derrière elle quand elle me frappait, hurlant à s'en arracher sa petite tête blonde, la suppliant, presque hystérique, d'arrêter, de ne pas me faire de mal.

– Mère, laisse-la tranquille, laisse-la *tranquille* ! pleurait-il.

Elle interrompait la correction un moment pour appeler Charlotte et lui demander d'emmener Adam hors de la pièce..., puis elle reprenait, plus furieusement encore. Elle ne devait pas supporter qu'Adam m'aime alors qu'elle voulait que tout le monde me déteste. Toutefois, comme c'était avec moi qu'il passait le plus clair de son temps, il était presque inévitable qu'il s'attache un peu à moi, du moins quand il était petit.

Je fus estomaquée la première fois qu'il prit ma défense, brave comme tout. Hormis ma mamie, personne ne m'avait encore défendue, et mamie ne voyait jamais la violence physique ; ainsi, il était le seul qui ait eu le courage de tenir tête à maman quand elle brandissait ses poings et se servait de moi comme d'un punching-ball. Je ne l'en aimais que plus. Il avait un cœur d'or, mon petit Adam, et je ne l'oublierai jamais.

Mais c'était aussi un petit garçon très turbulent ; il était littéralement épuisant. À l'instar de tous les petits, il prenait exemple sur le monde qui l'entourait, et le nôtre était violent, physiquement agressif. Il jetait en permanence ses jouets, ou tout ce qui lui tombait sous la main, conserves comprises, qui nous ouvraient la tête parce qu'il nous visait. Et comme maman ne lui disait jamais non, il devint impossible à contrôler, colérique, exigeant, capricieux. Ce n'était pas sa faute, je le savais, mais la situation n'en était pas moins difficile. Je me rappelle avoir dû jouer avec lui dans le noir à la ferme parce qu'il avait expressément exigé que les lumières soient éteintes. On resta donc tous assis dans le noir, juste parce qu'il l'avait décrété. C'était de la folie.

Face à ce problème, maman décida de recourir à la médecine. Elle avait entendu parler du trouble déficitaire de l'attention avec hyperactivité (TDAH) et du médicament associé, la Ritaline, et elle s'était mis en tête que cela pourrait calmer Adam et Christopher. Car elle trouvait également Christopher insupportable, alors que, pour ma part, j'estimais qu'il n'avait plus rien du feu follet qui était arrivé à la maison de George Dowty Drive toutes ces années plus tôt. En tout état de cause, il était loin d'être aussi pénible qu'Adam. Elle ruminait aussi mon « autisme », et le fait qu'elle n'avait encore jamais réussi à obtenir ce diagnostic magique.

Ainsi, par une très chaude journée de juillet 1997, alors que j'avais onze ans, je montai dans un train vers l'est de Tewkesbury avec maman, en direction des lumières éblouissantes de Londres et de la vénérable Great Portland Street, où les cabinets privés de médecins aux tarifs exorbitants se comptaient par douzaines.

Maman m'escorta du métro jusqu'au cabinet pour notre rendez-vous. Je tremblais de peur loin de Tewkesbury. Tout était si étrange, bruyant et tapageur. Le train et le métro semblaient si compliqués. N'ayant été que brièvement à l'école, mon monde tournait autour des murs de briques rouges de la maison de George Dowty Drive, du décor rural de la ferme, parfois de la chaleur de la maison de mamie, et de l'intérieur de la voiture garée de maman. Monter dans un train et traverser le pays, vers un lieu où les bâtiments étaient agglutinés les uns aux autres et se dressaient au-dessus de ma tête, où les gens poussaient et bousculaient, où les klaxons résonnaient furieusement, revenait à être transportée dans un autre univers. Maman m'avait déjà menacée et dit de garder la tête baissée et de ne pas regarder les gens dans les yeux, et je n'eus aucun mal à lui obéir.

Le cabinet du médecin était une oasis de calme au milieu du violent orage urbain. Maman signala notre présence à l'accueil et tendit une feuille, qui serait remise au médecin. C'était un compte rendu de mes « antécédents médicaux » qu'elle avait rédigé elle-même, et c'est sur ce papier – et l'examen clinique à venir – que le docteur baserait son diagnostic.

On fut appelées un peu plus tard. Maman se leva et garda la main sur mon bras pendant que nous entrions dans le cabinet, une présence « rassurante ». Elle resta pendant que le médecin me demandait de lui montrer de quoi j'étais capable.

Je gardai mes yeux fermement rivés sur la moquette. Les paroles de maman ne cessaient de résonner dans mon esprit : « Si tu ne baisses pas les yeux, je t'arrache la tête. Si tu lèves les yeux ne serait-ce que d'un centimètre, tu sais ce qui t'attend à ton retour à la maison. »

Le docteur essaya de me faire réagir. Elle fit quelques tests, essaya de me parler, procéda à son évaluation savante. Je ne quittai pas le sol des yeux et je me disais : *Si je lève la tête, je suis morte à mon retour.*

Pour une fois dans ma vie, mère jugea ma performance satisfaisante. Une lettre arriva de Great Portland Street le 15 juillet : *Victoria présente un ensemble complexe de problèmes comprenant un possible trouble du spectre autistique et/ou une possible dyspraxie développementale en plus de son trouble déficitaire de l'attention.* Le courrier parvint à mon médecin traitant, qui avait toujours pensé que je n'entrais pas dans le spectre et, en dépit des nombreuses requêtes de maman, ne m'avait pas envoyée consulter le service spécialisé à Londres. Du coup, elle nous avait tous (pas simplement moi, mais aussi mes frères et ma sœur) adressés d'elle-même aux spécialistes. Succès sur toute la ligne, elle obtint un diagnostic ou un autre pour chacun de nous : syndrome d'Asperger, TDAH, autisme. On reçut chacun une ordonnance pour divers médicaments et, à ce que je sais, maman eut droit à une augmentation de ses prestations parce qu'elle s'occupait de cinq enfants présentant des déficits. Cela aiderait à payer les travaux de rénovation de la ferme et la collection croissante de jouets d'Adam.

C'était Alloma et moi qui devions veiller à ce que les garçons prennent leurs comprimés. Nous devions parfois leur pincer le nez pour qu'ils les avalent, et j'en étais malade. Mais maman avait raison sur un point : les médicaments calmaient les garçons. Ils devinrent dociles, et Adam ne nous jeta plus autant ses voitures au visage.

On remarqua qu'un des médicaments avait l'effet inverse sur nous : il nous maintenait éveillés, très alertes. Pour une enfant sans cesse battue pour ma paresse si je m'endormais, c'était un don du ciel.

J'étais toujours aussi épuisée. J'étais souvent malade, souffrant d'infections de la gorge et des amygdales, sans nul doute provoquées par ces affreux bâtons, mais malade ou pas, je devais m'occuper d'Adam toute la journée. Je ne tenais plus debout quand arrivait l'heure de le border dans le lit de maman et d'entreprendre mes autres tâches ménagères. Nous avions chacun nos corvées à faire : Alloma était chargée de la cuisine et des animaux ; Christopher prenait soin des poules et d'une grande partie des travaux extérieurs, traité en esclave sur une exploitation qui périclitait à toute vitesse. Je gardais Adam la majeure partie de la journée, puis je devais trier ses jouets, pas juste les ranger, mais passer des heures à séparer de minuscules fragments de Lego et de jouets-surprises d'œufs Kinder, et classer ses livres par ordre alphabétique. Ainsi, les enfants démoniaques que nous étions n'allaient pas se coucher ; nous restions éveillés toute la nuit.

Sans compter que je devais aider mon frère et ma sœur. Je me souviens d'une tâche monumentale quand les poules picorèrent et percèrent les sacs de graines que nous rangions dans les remises, en répandant partout. Maman nous obligea, Alloma et moi, à rester assises toute la nuit sur le sol de la grange pour séparer les graines pour les poules des grains de maïs. Nous ne pouvions pas nous contenter de les balayer, non, nous devions les trier. Et si nous ne finissions pas à temps, avant le lever du soleil, de nouveaux coups nous attendraient.

Prendre un médicament qui me gardait éveillée était très utile dans de tels moments. Je finis par le prendre tous les soirs. Il présentait des effets horribles – irritabilité et nervosité extrêmes, cœur cognant dans ma poitrine, impatiences dans les jambes et spasmes dans les mollets –, mais face à l'alternative, je jugeai que ces sensations insupportables en valaient largement la peine.

Alloma, bien qu'abattue par les tortures de ma mère, conservait un certain entrain, la nature fougueuse que je lui avais toujours connue. J'ignore comment elle faisait ; peut-être était-ce parce qu'elle était allée plus longtemps à l'école ou qu'elle avait passé plus de temps en compagnie de parents aimants quand elle était petite, mais, plus que nous autres, elle semblait savoir que ce que maman faisait était mal. Pour ma part, je prêtais à maman les meilleures intentions du monde, pensant que c'était *nous* qui mettions un frein à ses meilleures intentions, à son idéal de famille parfaite. Contrairement à moi qui acceptais mon sort sans discuter, Alloma cédait rarement. Elle répondait, ne mâchait pas ses mots, même s'il y avait une correction à la clé.

Un jour, elle ne se contenta pas de parler, elle *partit*. Elle s'enfuit. C'est fou ce qu'elle était courageuse.

Elle avait commis le crime de contredire Adam. Il avait regardé *Budgie le petit hélicoptère* toute la journée à la ferme, et Alloma avait suggéré de mettre *Free Willy* pour changer. Quand Adam piqua une crise et hurla qu'Alloma l'obligeait à regarder un film qu'il ne voulait pas (« Elle m'oblige et je ne *veux* pas ! »), maman hurla à Alloma de sortir du salon et d'attendre sa correction. Pour une fois, Alloma n'obtempéra pas. Elle fila hors de la ferme et dans la nuit. Il gelait dehors, mais elle ne prit pas le temps de mettre un pull ou autre chose. Elle s'enfuit avec les maigres vêtements qu'elle portait.

Quand maman découvrit son départ, elle nous ramena tous à la maison de George Dowty. Malgré les piles multiples d'objets hétéroclites, la maison était plus habitable que la ferme dont la rénovation n'était toujours pas terminée. Elle partit à la recherche d'Alloma avec Judith. Elles rentrèrent bredouilles et, d'une voix étrangement éteinte, maman nous fit un laïus sur le sujet :

– Que devez-vous répondre si on vous demande comment je vous punis ?

Ce n'est que quand elle fut assurée qu'on restait tous cohérents sur le mode « protéger maman » qu'elle appela la police, joua le rôle de la mère inquiète et que les autorités se lancèrent à la recherche de la petite fille disparue.

J'étais inquiète. Terriblement inquiète. Inquiète que le secret de maman soit éventé. S'en sortirait-elle indemne ? Inquiète pour Alloma, qu'elle se fasse renverser, voire tuer. Il faisait un froid de gueux et j'avais une peur panique qu'elle tombe malade et meure. Le même message passait en boucle dans mon esprit : *Elle n'a pas d'argent, elle n'a nulle part où aller ; que va-t-il lui arriver ? Le pire de tous : Ça va barder pour elle quand elle rentrera...*

Je n'eus pas l'ombre d'une lueur d'espoir qu'elle parvienne à ses fins, qu'elle réussisse à s'échapper. J'avais trop souvent vu ma mère charmer les médecins, les assistantes sociales et les professeurs, les manipuler à sa guise : une pléthore de professionnels, à tous les niveaux, dans tant de domaines différents. La police finirait par retrouver Alloma, me disais-je, et la ramènerait, et maman la prendrait dans ses bras et remercierait les policiers, et ils salueraient, feraient demi-tour et sortiraient illico de notre vie. Et bien qu'inquiète pour maman à l'idée qu'Alloma vende la mèche, j'étais aussi consciente de ce que maman ne cessait de nous répéter :

– Qui vous croira si vous en parlez ? Vous êtes mauvais, des enfants adoptifs venant de foyers brisés. Je suis une femme pieuse et intègre. Jamais personne ne vous croira.

Comme d'habitude, maman avait raison : Alloma souffrit d'hypothermie cette nuit-là, mais elle fut ramenée au bercail saine et sauve. Et je suis sûre, absolument certaine, que la glace qui recouvrait son âme quand elle franchit le seuil au retour était bien plus gelée que le froid qui lui engourdissait les doigts et les orteils.

12

Ce ne fut pas la dernière fugue d'Alloma. Je vous l'ai dit, elle était impétueuse. Chaque fois qu'elle revenait, ramenée par la police, les dérouillées reprenaient, nous y avions tous droit, avec les bâtons dans la gorge. Ces bâtons, ah ! ces bâtons...

Ce furent ces bâtons qui finirent par m'inciter à parler, à l'unique personne au monde en qui j'avais confiance.

J'aimais ma mamie de tout mon cœur. J'étais une petite fille très sensible, terrifiée et silencieuse. Je ne parlais que rarement, mais cela ne signifiait pas que j'étais dépourvue de cerveau, que je n'ouvrais pas les yeux, enregistrant tout, évaluant le monde qui m'entourait. Comme je devais surveiller en permanence ce que je disais et faisais, j'avais pris l'habitude de ne jamais rien dire. Et cela me valait aussi des coups :

– Tu ne parles pas ! Tu ne dis rien ! rugissait mère en me martelant le crâne.

J'étais en fait quelqu'un qui réfléchissait beaucoup. Je regardais, j'observais, je réfléchissais et je décidais. Et je voyais avec une immense clarté que mamie percevait le bien en moi et qu'elle m'aimait. C'était une âme simple, innocente, gentille et attentionnée. Alors, je réfléchis et je décidai : j'avais confiance en elle.

La situation à la ferme était exécrable. Imaginez être frappés comme nous l'étions, quotidiennement, des coups avec des bâtons durs sur nos pieds, asphyxiés par un autre morceau de bois qui nous déchirait la gorge en pressant sur notre langue, étouffant nos cris. La chaise invisible, l'étranglement, les doigts de mère nous pinçant la trachée pendant qu'elle nous hurlait au visage :

– Vous êtes la lie de la terre !

Mais ce furent ces bâtons qui m'affectèrent le plus profondément parce qu'avec eux, la souffrance ne se limitait pas au moment des coups. Pendant des semaines par la suite, le simple fait de déglutir était à lui seul une sorte de torture. Notre gorge était littéralement déchiquetée. Je ne pouvais ni manger ni avaler ; je faisais des infections de gorge à répétition. Et à cette époque, cette punition était récurrente. Incessante. Nous avions un train-train quotidien, qui passait par une violence quasi permanente. C'était terrifiant, et sans répit. Je vivais dans un monde terrible.

Nous étions chez mamie un après-midi. J'étais avec Alloma ; je ne me rappelle pas où étaient les autres. Mamie s'affairait comme de coutume, veillant à notre confort, nous préparant sur le pouce une assiette de sandwiches au jambon que nous dévorâmes comme deux loups affamés dès qu'elle la glissa vers nous sur la table, avec un clin d'œil et un message :

– N'en parlez pas à maman.

Je l'observai soigneusement tout en mangeant mon sandwich. Elle me sourit, et ses yeux pétillèrent comme toujours quand elle me souriait. Je sus très jeune que mamie était de mon côté. Je me sentais très en sécurité en sa présence, ce jour-là probablement plus que jamais auparavant : maman n'était pas dans les parages et j'avais tout bien pesé dans mon cerveau, depuis tant d'années.

Elle nous demanda quelque chose, je crois. Elle posa une question innocente certainement, rien de grave, mais la situation était si mauvaise à la ferme, et je me sentais tellement en sécurité cet après-midi-là, que le monde bougea sur son axe, et j'ouvris la bouche pour parler. J'avais l'impression de faire un bond dans l'inconnu. J'avais très peur, mais j'aimais mamie et j'avais confiance en elle.

Alors, je lui parlai des bâtons. Alloma, cet être si assuré, s'en mêla. On ne versa aucune larme. On s'y était tant habituées qu'on se contentait de raconter ce qui se passait, sans faire de drame ni montrer d'émotion ; pas pour nous, plus pour nous.

Mais mamie fut bouleversée. Je ne me rappelle pas qu'elle nous serra dans ses bras, mais elle nous regarda dans les yeux et dit :

– C'est la vérité, n'est-ce pas ?

On opina toutes les deux, plusieurs fois, oui, oui, oui, et on lui dit qu'on ne mentait pas.

– Ne vous inquiétez pas, nous dit-elle. Je vais arranger ça.

Mon regard d'enfant la vit et je me mis à m'inquiéter. Malgré ses paroles, je ne la croyais pas. Mon esprit passa en revue toutes ces années où ma maman l'avait manipulée, où mamie prenait ma défense et maman se vengeait en me frappant, et je me demandai soudain : *Qu'ai-je fait ?*

Le ciel ne nous tomba pas aussitôt sur la tête. Comme par hasard, maman et mamie ne se parlèrent pas pendant quelques jours. Quelques jours plus tard cependant, maman sortit sur George Dowty Drive pour aller voir sa mère. Je la vis par une fenêtre de l'étage revenir à la maison. Elle était d'une humeur que je ne lui avais jamais connue.

Bang !

La porte d'entrée s'ouvrit d'un coup, sortant presque de ses gonds ; sa poignée laissa une grosse marque dans le mur. Et je sus, oh oui, je sus : mamie avait parlé.

– Victoria ! Harriet !

Je me précipitai au rez-de-chaussée en entendant ses cris. Elle nous fit mettre en rang dans l'entrée.

– Qu'avez-vous dit à mamie ?

J'ignore pourquoi, mais on répondit toutes les deux :

– Rien.

Nous étions paralysées par la peur qu'elle nous inspirait, et je suppose qu'on ne voulait pas avouer ouvertement l'avoir trahie, même s'il était évident que mamie lui avait rapporté nos propos.

Elle me jeta un regard noir.

–Tu es une menteuse. Tu es une enfant perfide, malfaisante, et tu as des yeux maléfiques. Vous savez ce que vous avez fait ? À cause de vous, ma mère et moi resterons probablement fâchées jusqu'à la fin de nos jours. C'est ma *mère* ! Il n'y a rien de plus cruel au monde que de faire ça à une mère et à sa fille. Et je vais vous punir.

Ce qu'elle fit. Plutôt deux fois qu'une. On eut droit au répertoire complet : liquide vaisselle dans la gorge ; nuit après nuit à monter et descendre l'escalier en courant jusqu'à ce que notre petit corps soit épuisé. On fut noyées dans la baignoire, juste assez pour ne pas nous tuer de but en blanc. En grandissant, j'avais progressivement appris à ne pas bouger pendant qu'elle me mettait sous l'eau, parce qu'elle pensait alors que je mourais et elle me relevait pour respirer. J'avais appris à rester immobile pour qu'elle me ressorte. Mais cette fois-ci, je pense qu'elle avait compris mon stratagème, et elle me plongea la tête sous l'eau encore et encore, me maintenant sous la surface pendant des périodes de plus en plus longues. Elle nous laissa mourir de faim pendant trois mois entiers, aussi. Elle nous frappa avec des barres à mine, nous étouffa avec les bâtons. On ne pouvait pas nous faire confiance.

On n'eut plus le droit de voir mamie.

Quand on finit par la revoir, des mois plus tard, je crois, elle n'en parla pas du tout, comme si notre conversation autour des sandwiches au jambon n'avait jamais eu lieu. C'était étrange. Maman, bien sûr, lui avait dit qu'on mentait. Elle lui avait dit et répété que j'étais une très vilaine petite fille, et des années de propagande négative œuvraient contre moi. Même si ma mamie avait un faible pour moi et ne voyait jamais de ses yeux cette enfant vilaine, elle ne pouvait s'empêcher de croire sa propre fille.

Je me rappelle ma maman qui me disait, se moquant de moi en fait :

– Quand j'étais une petite fille, j'embobinais ma mère comme je le voulais.

Elle racontait comment mamie essayait de lui donner une fessée parce qu'elle avait fait une bêtise (en général à base de manipulation) et la petite Eunice tournait encore et encore autour du canapé, pourchassée par mamie, une scène digne d'un sketch de Benny Hill. Elles couraient en cercle ainsi jusqu'à ce qu'elles s'écroulent toutes deux sur le canapé, pliées en deux de rire.

– Je m'en tirais toujours, dit maman.

Alors, je rangeai au fond de mon cœur ce que j'avais appris des conséquences d'en parler à quelqu'un. Je n'en voulais pas à ma mamie de ne pas intervenir ; ma mère pouvait être très persuasive. Mamie estimait qu'elle avait vérifié notre histoire et que ma maman l'avait rassurée. Et si maman était capable de mystifier des experts, me disais-je, alors ma mamie, cette femme simple, n'avait aucune chance. Je crois que je subodorais aussi que ce que nous lui avions dit l'horrifiait tellement, en fait, qu'elle ne *voulait* pas croire que nous disions la vérité.

Pourtant, elle était mon seul espoir. Je n'avais confiance en personne d'autre ; je ne *connaissais* personne d'autre. Dès lors, je ne dis plus jamais ce que je pensais.

13

Le plus beau salon de la ferme avait été transformé en un royaume de princesse à la Disney. Mère et Judith avaient elles-mêmes fabriqué un vrai château, l'avaient rempli de cadeaux et décoré de tout un tas de guirlandes clignotantes. Il était magnifique, il était parfait.

Une illusion encore plus réussie que celle de Disney.

Je restai sur la touche, regardant en silence les autres enfants jouer : des enfants de Témoins de Jéhovah invités à cette fête en l'honneur de Charlotte. J'étais habillée en princesse. Nous étions tous déguisés : Charlotte, Alloma et moi en robes de princesse colorées et brillantes ; Christopher et Adam en petits princes. En fait, la fête avait pour thème *La Belle et la Bête,* mon préféré, mais je n'y prenais aucun plaisir : je savais que ce n'était qu'une façade. Ce n'était pas une robe de princesse qui allait me rendre soudain heureuse, pas alors qu'il y avait de grandes chances pour que je sois rouée de coups à peine les invités partis. Je regardais le plancher, comme j'en avais reçu préalablement l'ordre.

Maman tapa dans ses mains.

– Allez chercher vos cadeaux, les enfants ! cria-t-elle.

Alors, on pénétra tous dans le château noyé sous les cadeaux pour en choisir un ; nous en avions chacun un. Je défis le mien sans la moindre lueur de joie. Je savais d'expérience qu'elle cherchait à épater les Témoins (*Regardez-moi, quelle mère généreuse et prodigue je suis*), mais que, dès que la lourde porte de la ferme serait hermétiquement close, les cadeaux seraient confisqués, charge à nous de les « mériter » en nous comportant parfaitement, mais il était évident qu'on ne serait jamais, jamais, assez gentils.

Charlotte n'avait cependant pas ce genre de problème. Elle était assise telle une princesse au milieu d'un océan de cadeaux, ses longs cheveux noirs tombant joliment le long de son dos dodu, gloussant avec sa nouvelle amie, Wanda. Elle avait maintenant treize ans, mais elle était habillée comme si elle en avait trois.

Wanda était une nouvelle personne dans notre vie. Sa mère, Scarlet, et elle venaient de rejoindre la Vérité, et elles étaient aux prises avec l'idée de ne fêter ni Noël ni anniversaires. Cette scène grandiose avait été organisée pour leur montrer que rejoindre notre foi n'interdisait pas toute célébration magique. Et je crois aujourd'hui, avec le recul, que ma mère avait peut-être aussi une autre motivation.

Elle était récemment devenue très proche de Scarlet. Scarlet était une mère célibataire, et maman semblait attirée par les gens vulnérables et, à ses yeux, incompétents. Elle avait une autre amie dont la petite-fille avait eu une grossesse précoce (elle avait eu une fille très jeune), et maman ne cessait de répéter qu'elle essayait de lui enlever cette enfant pour lui donner une vie meilleure. Alors que mère s'affairait dans le salon, à présent, caressant délicatement les boucles rousses de Wanda qui rigolait avec Charlotte, elle ressemblait à la mère parfaite, attentionnée et prévenante : peut-être la personne vers qui se tourner quand on bataille avec son propre bébé.

La pièce centrale de ce stratagème sophistiqué était le gâteau trônant sur la table à tréteaux qui avait été dressée dans le grand salon. Maman l'avait préparé elle-même. C'était un gâteau prétentieux en forme de château, avec ses multiples étages et tourelles. Sa confection avait dû demander des heures. Mais il était là pour impressionner les invités, pour leur montrer combien elle était merveilleuse, combien elle était douée à tant d'égards. C'était un somptueux gâteau aux fruits, recouvert de pâte d'amandes, d'un glaçage blanc brillant, qui étincelait sous les guirlandes clignotantes. Pour nous autres qui étions privés de nourriture, c'était comme un mirage, trop beau pour être vrai.

Comme toujours, les bons moments ne duraient jamais. Peu après la fête (probablement le lendemain) un nugget de poulet disparut du congélateur. Des aliments continuaient à disparaître puisque l'un de nous trois était toujours privé de nourriture. Mère comptait la moindre tranche de pain, les moindres nuggets et bâtonnets de poisson du congélateur, la moindre conserve. Elle savait aussitôt que nous avions volé à manger, mais, poussés par une terrible envie de survivre, nous le faisions quand même.

Le voleur de nugget devait être mon frère Christopher cette fois-ci, mais je n'en suis pas certaine. Car, à peine le forfait découvert, tout comme je l'avais fait des années plus tôt avec les chocolats, on nia tous l'avoir prise. Comme si cela pouvait aider ; comme si cela pouvait nous épargner.

Dès que le nugget manquant fut remarqué, Alloma, Christopher et moi fûmes appelés dans la cuisine de la ferme pour être interrogés. On se mit en rang, et mère passa et repassa devant nous, nous demandant à chacun :

– Qui a pris le nugget ?

Chacun de nous répondit d'une voix doucereuse :

– Pas moi, mère.

Mère, qui aimait nous forcer à rester vigilants, croyait parfois l'un de nous au détriment des autres. Elle voulait nous diviser. Aujourd'hui, c'était au tour d'Alloma d'être bien vue : elle choisit alors de la croire et la laissa partir. Mon frère et moi n'eûmes pas cette chance.

– Montez, sales voleurs ! s'égosilla-t-elle.

On obéit sur-le-champ, et elle nous poussa en haut de l'escalier partiellement rénové tout en nous bourrant de coups. Elle nous expédia dans une des chambres, une pièce au plancher nu. Il n'y avait presque rien à l'intérieur, hormis un cadre de lit métallique blanc sans matelas et une énorme armoire victorienne à très grandes poignées. Comme presque partout dans la maison, la pièce était dans un état de décrépitude ; des tuyaux de cuivre apparaissaient à travers le plâtre sur les murs. Les fenêtres à guillotine claquaient quand le vent soufflait dehors, laissant passer un souffle glacial qui traversait la pièce.

Elle nous jeta dans la pièce et nous ôta nos vêtements. On resta là tous les deux, nus, frissonnant dans le vent. Puis elle se mit à nous poursuivre de ses coups. Elle me frappa sans relâche, en plein visage, jusqu'à ce que mes lèvres soient horriblement gonflées et dégoulinant de sang. Du sang jaillissait aussi de mes oreilles, de mon nez. Je levai les mains pour tenter de me protéger, enveloppant ma tête de mes bras pendant que ses pieds me martelaient le crâne, mais bien sûr, elle les abaissa et redoubla de violence.

Quand elle en eut assez de nous frapper, elle nous ordonna de nous mettre chacun à des coins opposés de la pièce. Christopher alla dans le coin de droite, et moi, dans celui de gauche, près de l'armoire.

L'espace d'un instant, elle disparut et, quand elle revint, elle tenait quelque chose. Elle me rejoignit d'un pas décidé et noua brusquement une écharpe autour de mes yeux. Mon monde devint noir. C'était une écharpe bleue, et elle puait le rat (je crois qu'elle venait de la grange). Elle en fit autant avec Christopher.

– Vous êtes privés de nourriture, et je vous enferme ici, nous informa-t-elle froidement. Quand on met un morceau de fruit pourri dans un saladier, il fait pourrir les autres fruits. Vous êtes pourris, tous les deux. Il faut vous éloigner des autres.

Sur ce, elle claqua la porte derrière elle, et on entendit le cliquetis de la lourde clé victorienne dans la serrure, puis le raclement quand elle la retira. On entendit ses pas qui s'éloignaient, nous laissant là.

J'étais assise, nue, sur les planches dures, le sang dégoulinant de mon visage. Je tendis l'oreille pour entendre Christopher, mais rien. Comme moi, il acceptait son sort.

Nous avions touché le fond et étions incapables de pleurer.

Ma langue était comme du papier de verre dans ma bouche. J'avais si soif. Ma bouche était sèche, et avaler était douloureux.

J'ignore depuis combien de temps nous étions là. Assis en silence dans le noir, nos bandeaux si efficaces qu'on ne distinguait même pas le jour de la nuit, nous avions le sentiment que le temps avait pris une drôle de consistance. De temps à autre, maman entrait nous donner une minuscule tasse d'eau ; ses visites étaient soumises à une discipline très stricte, et elle disait :

– C'est tout ce que vous aurez.

Lorsque nous pensions que mère n'était pas dans les parages ou qu'elle n'allait pas venir, nous sortions parfois de notre coin et tentions de nous réconforter mutuellement. On rampait jusqu'au milieu de la pièce et on se cherchait, doigts tendus devant nous en une sorte de jeu cruel de la queue de l'âne. On essayait de s'enlacer, plus pour trouver de la chaleur que par amour. On avait si froid. Le vent soufflait dans la pièce, et nos corps nus tremblaient, mais blottis ainsi l'un contre l'autre, comme des pingouins en Antarctique, cela semblait tenir le froid quelque peu à distance. L'un de nous deux se mettait derrière l'autre qu'il enveloppait de ses bras. On se disputait pour savoir qui aurait le dos exposé.

Mère ne venait en fait que pour nous donner l'eau, juste assez pour nous maintenir en vie, mais parfois aussi juste pour nous dire un truc, comme le fait qu'elle emmenait nos sœurs voir *Carmen.* Juste pour que nous sachions ce qu'on ratait. Comme elle aimait cette torture psychologique ! Du reste, un de ses jeux consistait à laisser de temps à autre la grosse clé victorienne dans la serrure, et la porte déverrouillée. On devait alors décider si on pouvait se faufiler dehors pour aller chercher à manger ou si c'était un piège.

Un jour, on décida de tenter le coup. On ôta nos bandeaux et on se faufila jusqu'au rez-de-chaussée. Il n'y avait personne. Peut-être étaient-ils dehors, ou au supermarché, ou même dans la maison de George Dowty Drive. On n'avait aucun indice, mais nous avions le feu vert pour notre raid alimentaire.

On descendit l'escalier, nos pieds nus trottinant sur les lattes du plancher. On passa devant le grand salon qui n'avait pas été débarrassé de son ambiance de *La Belle et la Bête*, l'exubérance des décorations tranchant sur le chaos qui régnait ailleurs dans la maison, et on s'arrêta. On entra, attirés par les strass et le thème princier. Je frissonnai en franchissant le seuil, cependant, car John Drake était mort dans cette pièce et cela me fichait la trouille. Je détestais l'idée de la mort et des cadavres. Peut-être avais-je frôlé cet état de trop près, ou peut-être était-ce une peur banale.

Et là, sur la table, trônait encore le gâteau de princesse parfait. J'échangeai un regard avec Christopher. Étions-nous finalement des enfants démoniaques ? Le diable était-il perché sur nos épaules nues ce jour-là, chuchotant dans nos oreilles ensanglantées ? Si cela se trouve, on jubila même : là, c'est sûr, on prenait notre revanche sur mère. En tout cas, une lueur avide dans les yeux, on alla jusqu'à la table prendre un étage du château afin de l'emporter en haut.

On remonta dans la chambre, où on dévora l'étage volé. Nous mourions de faim, nous n'avions rien mangé depuis des jours. On se fourra le gâteau moelleux dans la bouche de nos mains pataudes, nos papilles gustatives se réjouissant de la douce épaisseur du glaçage et du délice de la pâte d'amandes. On engloutit le gâteau. Des bouts tombaient par terre pendant que nous mangions, des miettes s'éparpillaient sur nos cheveux et nos joues tandis que nous mâchions le plus vite possible, sachant que maman pouvait revenir à la maison d'un instant à l'autre. On remplit notre estomac au maximum, puis je cachai le reste sous les lattes du plancher, le réservant pour plus tard, pour le jour où elle ne laisserait pas la clé sur la porte et où il nous serait impossible de sortir en douce chercher à manger.

La privation et l'isolement nous avaient-ils rendus fous ? La faim qui nous tenaillait nous avait-elle ôté toute capacité de réflexion ? J'ignore complètement à quoi nous nous attendions ; comment nous pensions pouvoir détruire ce parfait château en toute impunité. Bien sûr, maman ne tarda pas à rentrer, et elle grimpa aussitôt l'escalier et entra dans notre prison.

– Avez-vous pris le gâteau ? rugit-elle.

Elle était dans une colère noire. Ce gâteau était sa fierté.

Comme nous le faisions toujours, fourbes que nous étions, nous mentîmes.

– Non, mère, répondit-on, les yeux rivés au sol.

Mais notre mensonge était flagrant cette fois-ci : nous avions du gâteau coincé entre les dents ; notre culpabilité se voyait comme le nez au milieu de la figure.

– Sortez ! ordonna mère.

Elle nous fit sortir de la maison et nous emmena dans l'une des dépendances glaciales. Depuis que Charlotte avait hérité de la ferme, elle pouvait nous tabasser dans tant d'endroits différents ; elle avait vraiment l'embarras du choix. Là, elle nous rossa encore et encore, jusqu'à ce qu'on la supplie d'arrêter, mais notre tourment ne faisait que commencer. L'esprit infiniment inventif de maman avait conçu le châtiment parfait pour ces petits cochons voleurs, menteurs et voraces que nous étions.

Elle nous envoya dans un garage et nous dit d'attendre. On obtempéra, obéissants, le corps ensanglanté et tuméfié, de la morve et des larmes nous coulant sur le visage, de douleur tout simplement. Nous attendîmes son retour dans le noir.

Quand elle revint, elle portait à notre grand étonnement le reste de l'énorme gâteau. Elle le déposa devant nous, presque cérémonieusement.

– Vous voulez le manger, pas vrai ? dit-elle d'une voix aussi sucrée que la pâte d'amandes jaune qui se recroquevillait sur l'assiette. Eh bien, vous allez manger. Vous allez *tout* manger.

Christopher et moi avions déjà mangé presque un étage de ce gâteau monumental. Nous étions pleins à craquer ; notre estomac, rétracté par le manque de nourriture, était plus petit que celui de la plupart des enfants. Mais aucun enfant n'aurait pu manger cette monstruosité devant nous ; ni aucun adulte, d'ailleurs. On leva les yeux vers mère, horrifiés, certains qu'elle ne le pensait pas.

Mais si.

– Mangez, dit-elle, les yeux rétrécis en des fentes étroites en nous retournant notre regard.

Nous n'avions pas le choix. On tendit les mains et on se mit à manger le gâteau, dont la douceur écœurante, qui était une telle joie il y a peu, nous répugnait. Je fourrai de grosses cordes en pâte d'amandes dans ma bouche, obligeant mes dents à mâcher et ma gorge à avaler. Englouti, le glaçage blanc épais de plusieurs centimètres collait à ma langue tandis que je me forçais à le manger. Elle ne nous donna pas d'eau. Juste ce gâteau interminable.

Bien vite, c'en fut trop. Notre ventre nous faisait un mal de chien et notre nez se convulsait devant l'odeur écœurante de cet énorme gâteau. Nos sens étaient submergés : son contact dans nos mains gluantes, son goût nauséeux dans notre bouche, la vue de tout ce gâteau qui restait, le bruit de notre bouche qui mastiquait machinalement ce gâteau qui ne semblait jamais diminuer…

Comme il fallait s'y attendre, on vomit. On pleurait, on crachait et on vomissait du pur gâteau : glaçage, pâte d'amandes, cerises et cassis mélangés à nos sucs gastriques. Elle nous fit manger, manger et encore manger, et elle nous dit fièrement :

– Vous pouvez gagner la bataille, mais je gagnerai *toujours* la guerre.

Cela me hante encore aujourd'hui : « Quoi que vous fassiez, je le saurai, et je vous aurai, *faites-moi confiance*. Vous pouvez gagner la bataille, mais je gagnerai la guerre. »

On mangea, encore et encore : le gâteau, le vomi, le vomi, le gâteau. On passa la nuit entière enfermés dans le garage, et elle nous obligea à continuer le lendemain. On dut manger ce gâteau jour après jour. Jour après jour après jour, jusqu'à ce qu'il ne reste plus rien et qu'on soit soumis.

Puis, elle nous jeta à nouveau dans la chambre.

– Trois mois sans manger, ordonna-t-elle.

Et la porte claqua derrière elle.

14

Je tremblais comme une feuille et j'avais mal aux bras. Ils étaient tirés derrière moi, car maman m'avait attachée avec une ceinture aux tuyaux de cuivre dans le mur. Elle devait craindre qu'on tente à nouveau de sortir. Je ne voyais rien, parce que l'écharpe bleue était une fois encore serrée douloureusement autour de mes yeux. Au moindre mouvement dans mon monde enténébré, mon corps protestait, les douleurs de la dernière rossée en date me transperçant. Je sentais du sang séché collé à mon visage, des gouttes qui avaient fui de mon nez et de mes oreilles et qui s'étaient enfin taries. À cause de ma cécité, je ne voyais ni mon corps, ni les changements qu'il avait vécus, mais je les sentais. Je n'avais plus que la peau sur les os. J'avais un mal de chien au coccyx à force de rester assise fesses nues sur des lattes de bois pendant des semaines. J'essayai de me mettre à genoux, juste pour changer de position, mais les os qu'ils contenaient protestaient pareillement.

Ma bouche était si sèche. Cela faisait plusieurs heures que maman n'était pas venue avec de l'eau, et je ressentais à présent une pesanteur dans la vessie.

Maman ne nous laissait bien sûr pas sortir pour aller aux toilettes. Enchaînée au mur, je ne pouvais que faire pipi dans mon coin, sur les lattes sur lesquelles j'étais assise, comme un animal.

La puanteur de l'ammoniaque m'emplit le nez. Je savais que Christopher, enchaîné de l'autre côté de la pièce, pouvait la sentir. Je la sentais quand il se soulageait. Maman ne nous ayant laissé aucun récipient, nous devions faire par terre.

Naturellement, maman fut dégoûtée quand elle entra et que l'odeur la frappa de plein fouet. Elle vit les taches humides qui trahissaient ce que j'avais fait.

– Espèce de dégoûtante ! me cracha-t-elle à la figure.

Elle saisit mon épaule osseuse et abaissa de force mon visage vers le sol, pile dans la mare.

– Lèche.

Je sortis ma langue sèche et l'appuyai sur les lattes de bois. Le goût me donna envie de vomir, mais je n'avais plus rien à rendre dans mon estomac. Le seul avantage d'être privé de nourriture était que nous n'avions pas à déféquer. Elle nous aurait fourré la tête dedans, sinon.

Mais il faut croire que je ne léchais pas assez vite. Je la sentis m'attraper par les cheveux, et mon visage cogna par terre, en plein dans l'urine. Elle me frotta la figure dedans. J'arrivais à peine à respirer ; la puanteur de l'ammoniaque me monta aussitôt au nez. Enfin, après ce qui me parut une éternité, elle me repoussa sur le sol, mes bras bizarrement tordus à cause de la ceinture qui me les serrait dans le dos. Je sentais ma frange, sale et puante, saturée d'urine sur mon visage.

– Mamie vient, nous dit-elle. C'est dimanche. Elle nous a préparé son poulet rôti avec des légumes.

Mon ventre fut assailli par la faim.

J'entendis ma mère quitter la pièce, et la déception me tomba sur les épaules, un lourd manteau sur ma nudité. Je l'entendis revenir et, quand elle franchit la porte, une odeur incroyable entra avec elle. Mon estomac gronda à nouveau et la salive afflua soudain dans ma bouche desséchée. Cela sentait le poulet rôti de ma mamie. Oh mon Dieu ! Maman nous avait apporté à manger. Soudain, tous mes sens étaient en éveil.

Je sentis ses doigts défaire le bandeau. La lumière jaillit, et je dus plisser les yeux pour ne pas être éblouie. Et là, posées sur le plancher, deux assiettes de la nourriture la plus exquise que j'aie jamais vue. Ma mamie cuisinait un délicieux poulet rôti, et elle était allée en ville ce dimanche. Il y avait là le poulet – ma viande préférée – qui nageait dans du jus. Des pommes de terre sautées, d'un jaune d'or et grillées sur les bords, juste comme je les aimais. Des petits pois, brillants et magnifiques, nichés au milieu, nappés de l'épais jus de viande. Une vapeur parfumée s'élevait des assiettes : la nourriture bouillante aiderait à la fois notre faim et notre corps frigorifié. Maman détacha la ceinture, et mes bras retombèrent mollement sur les côtés. Excitée à l'idée que j'allais m'en servir pour manger ce délicieux repas, je les remuai pour qu'ils retrouvent leurs sensations. J'adorais ces plats que nous faisait mamie. Mes yeux enfoncés me sortaient de la tête, buvant le moindre élément de l'assiette, anticipant chaque bouchée à venir.

Depuis le seuil, maman se tourna pour nous regarder l'un après l'autre, accroupis sur le sol sale, physiquement penchés vers les assiettes, la faim écrite clairement sur notre visage.

– J'ai compté jusqu'au dernier petit pois de ces assiettes, nous dit-elle à voix basse, et si vous en touchez n'en serait-ce qu'un, je vous réduis en bouillie.

Elle se retourna calmement et ferma doucement la porte. La clé tourna dans la serrure. Elle redescendit, où elle dit probablement à mamie qu'elle nous avait punis dans nos chambres parce qu'on s'était mal comportés, et qu'on devait manger là-haut. Elle avait monté les assiettes pour que mamie croie qu'on était nourris, puis s'en était servie pour nous faire souffrir.

On dut rester là à regarder la nourriture jusqu'à son retour. Regarder la sauce se figer sur l'assiette, un film se formant à la surface. Regarder la vapeur chaude disparaître peu à peu, et la nourriture refroidir complètement. Regarder, alors que nos estomacs nous faisaient un mal de chien, crevant d'envie de manger le repas interdit. Mais nous étions si faibles, Christopher et moi, qu'on obéit à notre mère, et qu'on ne toucha pas un seul petit pois, comme elle l'avait ordonné.

La punition continua. Le temps passa et vint un autre jour où la clé fut laissée sur la porte, pour jouer avec ces enfants squelettiques dans la chambre. Cela faisait si longtemps qu'on était là que maman devait nous donner à manger de temps à autre. Elle nous apportait trois croûtes de pain pour nous deux ; rien d'autre. Ainsi, quand l'occasion de sortir chercher à manger se présenta à nous, je sus que je devais en profiter.

Je rampai jusqu'à la porte, heureuse de ne pas être attachée, ne pensant pas que, peut-être, ce n'était pas le fait du hasard. Ma petite main se leva pour atteindre la poignée, et la porte s'ouvrit.

Alloma était devant la porte. On se fit un signe de tête, mais pas un mot ne fut échangé. Je descendis, d'une démarche raide sur mes jambes osseuses et glacées, et volai des corn flakes dans la cuisine. Je les montai, et on se les partagea, Christopher et moi mangeant goulûment les pétales secs avant de cacher le reste sous les lattes. Dire qu'on pensait s'en être tirés…

On ignorait que maman avait conclu un marché avec Alloma.

– Tu les surveilles, avait-elle dit. S'ils sortent chercher à manger, tu me le dis, et tu auras à dîner ce soir.

Quand j'avais vu Alloma devant la chambre, je n'en avais aucune idée. Elle ne nous dit rien. Si, à certains moments, on était unis comme les doigts de la main, ce n'était pas toujours le cas et il était toujours difficile de savoir si on pouvait se faire confiance. Je ne lui en veux pas ; j'en aurais probablement fait autant à sa place. On faisait tous pareil quand on était bien vus, essayant désespérément de ne pas nous aliéner maman et de nourrir notre estomac. Nous connaissions tous les effets de la faim, et l'instinct de survie est très puissant chez l'homme.

Quand mère rentra à la maison, Alloma lui parla des corn flakes, et maman vint nous laver la bouche avec une bouteille d'eau de Javel. La Javel était mille fois pire que le liquide vaisselle. Mon souffle fut coupé quand elle me l'enfonça dans la gorge : j'avais l'impression que toute ma tête était en feu. Même l'intérieur de mes narines brûlait ; mon nez et mes yeux coulaient alors que je m'étouffais sur le flux caustique déversé dans ma gorge incandescente. Elle brûlait tout sur son passage : lèvres, gencives, langue, gorge, gosier, estomac. C'était si terrifiant. Je fus malade pendant plusieurs jours, des douleurs de ventre chroniques me pliant en deux, tandis que je gisais, nue, sur le plancher dur, mon corps parcouru de spasmes. Elle en fit autant à Christopher, mais pour être honnête, ma propre douleur était si intense que je ne me souviens pas vraiment de lui à ce moment-là. Mon cerveau était embrasé par la Javel, consumant tout le reste.

Et la punition continua. Finalement, mon frère quitta notre petite prison. J'ignore pourquoi il sortit le premier. Peut-être mère pensait-elle que j'aurais dû être plus responsable, en qualité d'aînée des deux, et que je n'aurais pas dû le laisser voler le gâteau. Peut-être Christopher était-il plus faible que moi, puisqu'il était plus jeune, et était-elle inquiète de l'avoir poussé trop loin. Peut-être me détestait-elle simplement plus que tous les autres, l'enfant démoniaque qui avait fait d'elle un être mauvais, qui ne retenait jamais – non, jamais – la leçon, qu'elle torturait depuis qu'elle avait dix mois.

C'était encore plus lugubre dans la pièce après le départ de Christopher. J'étais seule, je m'ennuyais et j'avais froid. Surtout froid. Assise sur mes fesses osseuses, je tremblais sans discontinuer, mes bras attachés dans le dos, rivés aux tuyaux de cuivre, et mes yeux aveuglés par l'écharpe bleue.

J'étais très, très silencieuse ; je n'avais aucune énergie pour quoi que ce soit d'autre. Affamée, la bouche sèche, je restais assise dans mon monde noir et venteux, et les journées passaient ainsi.

Un après-midi, j'entendis la clé tourner dans la serrure. Je me préparai : je m'étais soulagée par terre, dans cet enfer de prison, et j'avais peur que maman me fasse à nouveau laper.

Mais ce ne fut pas maman qui tourna la poignée et entra dans la pièce puante. Il y eut un silence, un silence choqué, puis j'entendis :

– Torrie, ça va ?

Ce n'était pas une voix que je connaissais. Pourtant, elle m'était étrangère pour une autre raison, aussi. C'était une voix douce, une voix si attentionnée que je pouvais presque percevoir l'affection qu'elle contenait, tandis qu'elle m'atteignait à travers le noir, à travers mon bandeau bleu serré.

C'était Becky : la fille prodigue était revenue.

15

Ma prison était située au-dessus de la cuisine. Je pus donc entendre la dispute formidable qui explosa quand Becky dévala l'escalier pour s'expliquer avec maman. Elle était juste passée chercher certaines de ses affaires ; elle ne s'attendait pas à trouver une enfant squelettique enchaînée dans une chambre. L'enfer se déchaîna, et j'entendis des cris et des bruits d'altercation. Becky menaçait d'aller voir les services sociaux.

En entendant cela, je me dis : *Oh ! mince, maman a des problèmes à cause de moi ! Elle a des problèmes à cause de moi et elle va s'en prendre à moi. Et à cause de moi, Becky et elle se disputent et elle va me punir pour ça aussi...* J'avais une énorme boule au ventre.

Les fenêtres à guillotine de la chambre vibrèrent quand Becky sortit en trombe de la maison et claqua la porte. Quelques instants plus tard, j'entendis maman sur le seuil de la chambre. Elle entra en vitesse, me détacha et ôta le bandeau. J'attendais le coup, la gifle qui m'arracherait la tête, le doigt dans l'œil..., mais ils ne vinrent pas. Ni maintenant ni plus tard. C'était la première fois que ma mère se disputait avec quelqu'un à mon sujet et ne se vengeait pas ensuite sur moi.

Ce fut la seule fois où elle ne se vengea pas sur moi.

Dans la demi-heure qui suivit le départ orageux de Becky, j'étais en bas dans la cuisine. Maman me donna des vêtements neufs. Un survêtement multicolore, qui pendait sur ma frêle ossature, trop large et trop grand. Cela faisait bizarre de porter à nouveau des vêtements après tant de mois passés nue. Il me fallut longtemps pour me réchauffer.

J'étais méfiante pendant que maman me faisait asseoir à la table de la cuisine. Elle me fit des œufs brouillés sur des toasts, mon premier vrai repas depuis des mois. Cherchant le piège, je la regardai longuement sans détourner les yeux alors qu'elle m'encourageait à manger. Finalement, l'odeur était trop tentante pour résister, et j'engloutis mon repas.

Il va sans dire que je le vomis aussitôt ; mon corps était en état de choc. Pourtant, maman ne se fâcha pas contre moi ; elle ne me frappa pas ; elle ne me força pas à manger mon propre vomi, ce qui était vraiment étrange.

Puis, elle s'assit à côté de moi. Elle me regarda dans les yeux, très sérieusement, et prononça, comme du haut d'une chaire :

– Tu es pardonnée, à présent. Tu peux tourner la page, et nous oublierons tout ce qui est arrivé.

Elle passa en revue avec moi ce que je devais dire si quiconque m'interrogeait sur ce qu'elle m'avait fait. Elle me le fit répéter inlassablement jusqu'à ce qu'elle s'estime satisfaite. Je connaissais la routine ; j'étais depuis des lustres devenue experte en mode « protéger maman ». Les punitions comprenaient la privation de dessert, de magazine, de bonbons ou d'argent de poche. On ne disait rien du bandeau, de la privation de nourriture ou de mon visage dans mon pipi.

Pendant un temps, elle fut gentille avec moi, *très* gentille. Les services sociaux ne vinrent pas ; plus tard, j'appris que Becky avait mûrement pesé l'idée d'aller les voir, mais qu'elle avait fini par décider que c'était inutile parce que maman réussissait toujours à persuader les autorités qu'une mère comme elle était un don du ciel. Elle serait donc dédouanée – et elle serait furax contre nous qui avions déshonoré la famille.

Elle n'en parla pas, et maman fut gentille ; si gentille que j'eus l'impression de vivre une expérience complètement nouvelle pendant un temps.

Mais je savais que cela ne durerait pas. Je l'avais toujours su… et je ne m'étais pas trompée.

– *Ouaf, ouaf, ouaf, ouaf !*

Les aboiements de chiots emplirent l'air, et je me crus morte et au paradis. Maman avait décidé que Charlotte devait avoir un chiot, et toute notre troupe fut du voyage, afin que mère puisse montrer sa famille parfaite dans cet étalage de prodigalité.

Il s'agissait de labradors noirs, et je n'avais jamais encore vu plus belles créatures. J'avais toujours aimé les chiens, mais la nôtre, Meggie, était un terrier ronchon et triste. Elle ne faisait jamais preuve de caractère, et nous n'étions pas proches. Mais ces chiots... Oh mon Dieu ! Ils se marchaient les uns sur les autres dans l'enclos, de petites boules de poils noirs. Je mourais d'envie de m'approcher d'eux et de les prendre dans mes bras.

Bien sûr, je n'y fus pas autorisée. Maman m'obligea à rester près du portail pendant que Charlotte allait en choisir un dans l'enclos. C'était son cadeau, pas le mien.

Sur le chemin du retour, maman, Adam et Charlotte discutèrent du nom qu'ils allaient lui donner.

– Comment allons-nous l'appeler ? demanda maman à ses deux chéris avec un sourire écœurant, ravie de les gâter, sa longue queue de cheval noire venant sur son épaule quand elle se tourna vers ses enfants qu'elle idolâtrait.

Adam, assis près de moi dans son siège-auto, et dont je devais comme toujours m'occuper, désigna le ciel et cria « Avion ! » avec tout l'enthousiasme d'un enfant de cinq ans pour un quelconque moyen de transport.

Maman réfléchit à sa proposition, puis répondit :

– On ne peut pas l'appeler avion, mais que pensez-vous

de Jet ? Il est noir de jais, le mot ressemble à jumbo-jet, et ça, c'est un avion.

Il en fut décidé ainsi.

Bien sûr, Charlotte n'apprit pas la propreté au chiot et ne fit aucune des tâches que la présence de Jet imposa dans la maison. Cela incomba à Alloma, à moi parfois. Alloma dormait avec lui sous la table de la cuisine, et j'enviais quelque peu leur proximité. Parce que j'avais aimé ce chien au premier regard. Il était comme un aimant ; il m'attirait. Quand je regardais Jet, tous mes soucis semblaient s'atténuer. Peu de choses parvenaient à chasser ma douleur, mais lui, oui. Il était si gentil avec nous, si doux et mignon, si affectueux. Pour nous autres, enfants démoniaques, c'était une bénédiction à plus d'un égard.

En grandissant, il se mit à aboyer quand maman nous frappait. Je le revois aboyer dans l'entrée de George Dowty Drive. Elle explosait alors et le frappait parce qu'il nous protégeait, et il couinait et se recroquevillait contre les marches. Il en sortait avec une grosse bosse sur le museau.

Bien sûr, s'agissant du foyer de maman, l'arrivée de Jet ne fut pas une aventure toujours joyeuse. Alors qu'Alloma lui apprenait la propreté, mère lui mettait souvent le visage dans les crottes du chien jusqu'à ce qu'il ait appris à ne pas déféquer dans la maison ; elle en faisait autant avec moi quand c'était à mon tour de m'occuper de lui, étalant de la pisse puante sur ma peau et jusque dans mon nez. Un jour, alors que je le surveillais, il mâchonna la porte de derrière, une manie de chiots. Il la mâcha tant qu'un bout de bois se détacha. Alors, elle ramassa ce bout de bois et me frappa avec. Elle me le fourra encore et encore dans la bouche en répétant :

– Tu veux le mâcher ? Tu veux le mâcher ? Eh bien, *tu* vas le mâcher !

Elle s'en servit pour me racler l'intérieur de la bouche, me cogner les lèvres, puis elle me frappa, me jeta le morceau de bois au visage et s'en alla, l'orage bref et intense fini – pour l'instant.

Dans l'ensemble, cependant, c'était formidable d'avoir un être de plus dans la famille, en particulier un être qui offrait si librement son amour, qui venait vers vous quand vous étiez assis, brisé, sur le sol de la cuisine, poussait sa tête poilue noire sous votre bras et vous léchait la main d'une langue rose et humide. J'adorais être avec Jet ; il était toute ma famille.

Il se trouve que je pensais aussi à ma famille biologique, car j'avais découvert avec mon frère et ma sœur des choses très inattendues dans les monceaux d'objets empilés à la maison de George Dowty Drive. Maman conservait des tas de trucs : de l'argent, des papiers, des photographies. Un jour, on trouva une photo aguichante d'elle en bikini, ce qui était vraiment surprenant, vu à quel point elle était contre toute chose « de ce monde ». Elle était bien plus mince sur le cliché que la maman taille quarante-quatre qu'on connaissait : on lui voyait les côtes. Maman était toujours au régime, essayant de maîtriser son poids (peut-être essayait-elle de retrouver son corps d'antan). On trouva aussi des photos de mariage, et on découvrit alors qu'elle avait été mariée deux fois. Chaque fois que nous tombions sur une information qui nous donnait l'impression d'avoir touché le gros lot, on la remettait exactement comme on l'avait trouvée, et on se gardait bien de faire savoir qu'on l'avait vue.

Pour moi, la découverte majeure fut une pile de lettres et de photographies qui m'étaient adressées. C'étaient des lettres de mon grand frère biologique, Tom ; des lettres qu'on ne m'avait jamais montrées. Chaque année en fait, il m'envoyait une carte et une photo de lui ; du moins, il le fit jusqu'au jour où il arrêta, ce qui se comprend puisqu'il n'obtenait jamais de réponse. Maman ne me les avait jamais laissées voir. Pourtant, elle les conservait, cachées dans le placard de repassage – un placard bourré de linge qu'elle ne repassait jamais – et c'est là qu'on les trouva.

Sur les photographies, mon frère avait des yeux bleus perçants et des cheveux très blonds. Je le trouvai beau ; rien à voir avec moi, une fille si laide. Il semblait heureux. Il était comme un rêve impossible, d'autant plus irréel qu'il était tabou, que je ne pouvais absolument jamais parler de lui. *Mon grand frère*, pensais-je en regardant les photos. Il ne m'était pas plus accessible que les vedettes des feuilletons que maman regardait chaque soir à la télé.

Notre vie étrange continua, un flot constant de corvées et de punitions. J'avais douze ans quand maman nous emmena tous à Disneyland. Je crois que c'était une autre mise en scène de la vie de famille parfaite, et Alloma et moi fûmes punies parce que nous ne souriions pas assez sur les photos à côté de Mickey. Notre voyage coïncida avec l'ouragan Georges, et mère se délecta de l'atmosphère d'apocalypse quand nous dûmes évacuer notre maison de vacances. Elle nous fit répéter jusqu'à plus soif qui nous devions appeler s'il nous arrivait quelque chose dans cette situation d'urgence, et on lui récita tous le numéro de téléphone de Becky. Comme d'habitude, je n'arrivais pas à le retenir, et elle me frappa ; au temps pour les vacances. Puis, on revint à la maison de George Dowty et à la ferme, aux médicaments, aux raclées et aux bastonnades ininterrompues, à la violence sans fin.

Ces actes de violence avaient bien évidemment des conséquences. Maman frappait si fort mon frère à la tête avec un bout de tuyauterie en plomb que sa blessure ouverte n'arrêtait pas de saigner et qu'elle devait l'emmener à l'hôpital, racontant qu'il était tombé de vélo. J'allai plusieurs fois voir le médecin les oreilles en sang, parce que mon frère m'avait apparemment frappé la tête. Sans oublier mes dents. Elle aimait tant m'enfoncer des bâtons dans la bouche, forçant le passage à travers la faible résistance que j'opposais, me frapper le visage avec une conserve ou sa chaussure, que mes dents cassaient les unes après les autres, brisées par sa force implacable. Elle dut donc m'emmener de temps en temps chez le dentiste pour les faire soigner.

Il est écrit dans mon dossier médical que je me rendis au moins quatre fois chez le dentiste pour des dents tombées ou cassées. Je me rappelle qu'on me les a remplacées au moins deux fois plus souvent, des couronnes couvrant les chicots sur mes gencives : c'est tout ce qu'il restait après que ma mère avait cassé toutes mes vraies dents.

Et quelle mère c'était quand elle m'escortait dans le cabinet du dentiste, sa main m'agrippant le bras, sa bouche volubile, pendant que mes yeux étaient fermement rivés au sol et que ses menaces résonnaient dans ma tête : *Baisse les yeux, baisse les yeux, sinon...*

– Oui, elle est autiste, soupirait-elle, sa voix alourdie par le fardeau, un faible sourire las semblant la placer au-delà du traumatisme à l'instar d'une sainte béatifiée. Très, *très* autiste. Et ça la rend maladroite, vous voyez ? Elle n'arrête pas de tomber, sur des canalisations, sur tout et n'importe quoi. Je dois vraiment la surveiller. Mais c'est si difficile de les avoir toujours à l'œil, n'est-ce pas ?

Le dentiste gobait l'histoire, me mettait une couronne pour la douzième fois, et on rentrait à la maison.

Lors d'une de nos visites, ma mère parla comme d'habitude à ma place. Le dentiste sentit qu'il se passait quelque chose, peut-être parce que j'étais un peu plus âgée ou qu'il avait fini par piger que mes fréquentes visites étaient suspectes. Il chercha à me voir seule.

– Mrs Spry, si vous voulez bien sortir de la pièce, je dois faire une radio de la bouche à Victoria.

Maman plissa les yeux ; ses sens étaient toujours en alerte, à l'affût de toute personne qui douterait de notre stratagème. Sa bouche se pinça en une moue désapprobatrice, et elle dit brusquement :

– Vous lui avez déjà fait des radios en ma présence.

Il y eut un bref silence où le dentiste et elle se toisèrent, puis ma mère explosa :

– Comment *osez-vous* me demander de laisser mon enfant ! fulmina-t-elle, mère indignée dans toute sa splendeur, voire mère protectrice, me sauvant des griffes d'un prédateur professionnel.

On sortit en trombe de son cabinet et on n'y remit plus jamais les pieds. Il en allait de même pour tout. Si jamais quelqu'un en venait à s'interroger, ce qui était rare, elle nous emmenait, nous faisait sortir, et personne ne pouvait creuser davantage. Elle changeait notre adresse de George Dowty Drive à la ferme et inversement, pour rendre tout suivi impossible. Elle changeait de docteurs et de dentistes, encore et encore ; c'était sa tactique.

Quand on rentra à la maison après le dentiste ce jour-là, elle était de mauvaise humeur. C'était ma faute, bien sûr. Ma faute parce que je l'obligeais à agir ainsi tant j'étais vilaine, et voilà que je lui causais des problèmes. Telle était ma vie : je causais des problèmes à maman sans le vouloir.

Le plus triste dans tout cela était que, même si le dentiste avait réussi, même s'il m'avait vue seule, si mère lui avait laissé cinq minutes seul avec moi, assez pour qu'il me fasse asseoir, me regarde dans les yeux et me demande, d'une voix empreinte de gravité et attentionnée, si tout allait bien et si j'avais besoin d'aide, même si tout cela était arrivé, je n'aurais rien dit.

J'étais encore mieux dressée que Jet quand il s'agissait de protéger ma mère.

16

– En voici un que j'ai fabriqué plus tôt.

La voix du présentateur de l'émission pour enfants *Blue Peter* résonnait dans la maison de George Dowty. Du haut de l'escalier, je baissai la tête, regardant par la rambarde la construction sophistiquée toute recouverte d'un plastique adhésif aux couleurs vives sur l'écran de télévision.

Je n'étais pas censée regarder la télé, bien sûr ; j'étais censée plier les vêtements d'Adam, mais maman était sortie. Elle avait fait un saut chez mamie, et j'en profitais. Quand elle allait voir mamie, elle s'absentait généralement au moins deux heures. Lorsque l'heure de son retour approchait, on avait pris l'habitude de poster l'un de nous pour faire le guet, afin d'être tous prévenus quand elle remonterait la rue, sa queue de cheval noire balayant sa nuque, et d'avoir le temps de se mettre en position. Cette créature effrontée de Jet se mettait dans sa bergère verte en son absence, et on criait tous :

– Vite, Jet, descends du fauteuil !

Et Oakie le perroquet nous renvoyait dans un cri cette même phrase, et il y avait trente secondes de panique et de raffut, mais, quand sa clé tournait dans la serrure, l'ordre avait été restauré et on était toujours dans la position qu'elle nous avait ordonné de prendre à son départ.

C'était Charlotte et Adam qui regardaient la télé – la regardaient normalement, je veux dire, pas juste à travers la rambarde. Charlotte la mettait pour Adam, parce que ses goûts en culture populaire, ces temps-ci, avaient changé : elle aimait les boy bands comme 911 et Boyzone. Elle cachait son intérêt à maman, bien sûr : la musique pop faisait partie des choses matérialistes de ce monde, et maman aurait détesté voir que sa petite princesse grandissait. Charlotte et Alloma aimaient toutes deux les garçons et la musique, même si ce n'était pas autorisé. C'étaient de vraies adolescentes, à seize et quinze ans, et cela se voyait enfin.

Comme toujours, j'étais en retard, lente à changer et lente à piger quoi que ce soit, même mon adolescence naissante. J'avais quatorze ans, mais j'étais toujours aussi innocente, aimant mes poupées et mes chiens, m'intéressant davantage à Adam qu'à attirer un quelconque regard amoureux. Je ne savais même pas vraiment ce qu'était l'amour. Le seul homme qui faisait attention à moi était oncle Phil, ses mains sèches d'alcoolique saisissant toujours la moindre occasion de me toucher quand il pouvait me voir seule. Il aimait m'interroger sur la taille de mes seins, aussi, non que j'aie quoi que ce soit à déclarer encore, et il m'interrogeait sur mes règles, voulait savoir si je les avais. Ce n'était pas le cas ; j'ignorais même de quoi il parlait.

Mais le regard perçant de maman, ne ratant jamais rien, avait commencé à remarquer la curiosité d'Alloma envers les garçons et que sa fille adoptive s'était mise à apprécier la maigreur née de la privation de nourriture, au moment où son corps de jeune femme émergeait, et l'extrême minceur de sa taille mettait son buste en valeur. Maman la força alors à avaler d'énormes blocs de saindoux – parfois crus, parfois fondus à la poêle en une masse horrible et coagulée – et lui tailla da ses magnifiques grandes boucles afin de la rendre hideuse. En vain, selon moi. J'ai toujours pensé qu'Alloma était belle, comme la princesse Jasmine d'*Aladin*.

J'entendis un bruit étrange, mais mon cerveau ne fit pas le rapprochement. Trop tard, je vis la porte d'entrée s'ouvrir grand et maman entrer. Elle était d'une humeur massacrante. *Elle a dû se disputer avec mamie*, me dis-je, *et elle est rentrée en avance !* Rapide comme l'éclair, je me levai et courus dans la chambre de Charlotte, toujours décorée de son papier peint avec l'ours Paddington, et me mis à plier les habits d'Adam.

C'étaient des habits stupides. Franchement, c'est vrai. Maman l'habillait comme une sorte de petit page géorgien excentrique : pantalon bouffonnant, nœud papillon branlant, chaussettes jusqu'au genou et gilet. Elle lui commandait des tenues ridicules dans des catalogues français snobs, des déguisements qui venaient avec des accoutrements comme des épaulettes et de longues cravates. Et elle lui laissait les cheveux longs, bouclant sur ses épaules ; sa blondeur de bébé, maintenant qu'il avait sept ans, avait été depuis longtemps remplacée par le noir familial traditionnel. Pomponné à l'excès, il ressemblait vraiment à une fille, son gros derrière se dandinant dans ces culottes courtes désuètes et chics. Son fessier était toujours gros parce qu'Adam portait encore des couches. Mère voulait qu'il reste un bébé, protégé de toute influence du monde matériel, ne sachant même pas utiliser les toilettes.

Je triai et pliai frénétiquement, triai et pliai. Puis, mon cœur eut un raté : je pris une tenue qui s'accompagnait normalement d'une cravate assortie, mais pas de cravate à l'horizon. Maman se mettrait dans tous ses états si je ne parvenais pas à retrouver cette cravate, mais il y avait un tel foutoir dans la maison de George Dowty que je savais que je n'avais pas l'ombre d'une chance, pas dans les trente secondes dont je disposais avant qu'elle vienne vérifier mon « travail ». Il va sans dire que j'échouai à l'inspection. Maman me dit de me déshabiller et de m'allonger sur le lit, là où j'avais plié le linge. Pendant que j'obtempérais, elle descendit et alla dans le jardin, où elle choisit une branche pour me frapper, un bout de bois couvert d'épines aux bords irréguliers. Puis, elle me roua de coups, me rappelant dans un chuchotement peu naturel de ne pas faire de bruit.

– La ferme, les voisins vont entendre !

Je savais déjà, bien sûr, après quatorze ans passés à cet endroit, qu'il ne fallait pas crier dans la maison de George Dowty. Alors, j'enfonçai mon visage dans l'oreiller posé sur le lit et ne lâchai que des gémissements étouffés tandis que la branche me lacérait et me tuméfiait le corps entier.

C'était mieux ainsi. Telle était ma théorie : si je faisais du bruit, la correction serait deux fois pire. Il valait bien mieux prendre sur soi et se taire.

Quand elle eut fini, elle descendit et jeta le bâton dehors. Je rampai sur le palier jusqu'à la chambre brune et m'effondrai par terre. La chambre brune n'était plus vraiment une chambre : la manie du stockage de ma mère l'avait également atteinte, et notre vieux lit superposé était couvert d'objets, débordait littéralement d'affaires. Quand on était dans cette maison, on dormait généralement sur le sol de l'entrée, avec une couette crasseuse si on avait de la chance.

Maman venant rarement dans la chambre brune cependant, c'était devenu une sorte de sanctuaire, et c'est pour cela que j'y traînais mon corps battu et restais couchée, cherchant à détendre mes muscles, à éviter d'exercer une pression là où j'avais mal (à savoir partout). J'entendis un bruit bizarre sur le seuil et me retournai, tordant mon cou douloureux. Mon cœur battait la chamade de peur que ce soit maman qui revenait me donner une autre leçon.

Mais c'était Charlotte.

Elle pleurait. Elle entra et regarda mes ecchymoses avec une expression de terreur absolue. Charlotte était protégée de toute cette violence, vous comprenez. Elle ne la voyait pas vraiment, pas les corrections elles-mêmes, et certainement pas combien c'était systématique, jour après jour. Maman l'en protégeait ; elle ne lui permettait pas d'y assister. Pourtant, ces bleus étaient impossibles à cacher.

Une commode avait été bazardée dans la chambre brune. Un vieux meuble, avec un de ces miroirs à trois faces sur le haut, et il me donnait une assez bonne vision à trois cent soixante degrés des ecchymoses qui recouvraient mon corps. J'étais dans un piteux état.

À dire vrai, je fus moi aussi choquée par les dégâts, cette fois-ci. Parce qu'en général, maman veillait à ce que les marques de coups ne soient pas visibles ou nous frappait les pieds pour ne laisser aucune preuve apparente. Cette fois-ci, la branche épineuse avait profané mon corps nu. Où que se posât mon regard, j'y voyais une coupure ensanglantée, ou une écharde enfoncée, ou des éclats de violet et de rouge : les bleus s'épanouissaient déjà sur ma peau, des roses sombres pour une adolescente innocente.

Charlotte était bouleversée. Je m'en voulais de la voir aussi malheureuse. Elle s'approcha de moi et me parla à voix basse :

– Bon, ça suffit. On va dire à quelqu'un ce qu'elle fait.

Charlotte me laissa une seconde et, quand elle revint, elle tenait un appareil photo en plastique rouge. C'était un appareil de la compagnie Virgin Airways, et je crois qu'elle l'avait eu lors de notre voyage à Disneyland. Elle prit des photos de mon corps tuméfié, comme preuves, puis alla cacher l'appareil dans sa chambre.

La réaction de Charlotte était radicalement opposée à celle de Judith, qui se moquait éperdument de nous tous, hormis de Charlotte et d'Adam, qu'elle adorait comme maman. Très occasionnellement, je les avais entendues se disputer, maman et elle, Judith menaçant d'aller voir les services sociaux. Chaque fois, maman nous le faisait payer en nous battant. Une fois, elle me fit rester debout dans la remise toute la nuit, alors qu'on y tenait à peine, mais où les rats grouillaient et me filaient une peur bleue. Et elle disait que c'était ma faute si elle me battait, ma faute si elle se disputait avec ses chers enfants ; tout était ma faute. Je ne cessais manifestement de causer des ennuis. J'étais si vilaine.

La majeure partie du temps, cependant, Judith était complice des violences. Elle n'hésitait pas à venir se mettre sur notre cou pendant que mère nous frappait, lisant presque le journal pendant que maman levait et relevait son bâton, puis l'abaissait en comptant :

– Quatre-vingt-un, quatre-vingt-deux, quatre-vingt-trois…

Puis, un jour, peu après l'épisode affreux de la correction avec la branche, Judith s'y mit aussi. J'étais assise avec Adam sur le lit superposé dans la chambre de Charlotte. On ne faisait que jouer, mais quelque chose dans la situation l'agaça. Je ne sais même plus ce que c'était.

Elle m'éjecta du lit par les cheveux, puis me traîna sur le palier. Judith avait trente-sept ans à présent, et mon corps affamé de quatorze ans n'était pas capable de rivaliser avec sa force d'adulte. De toute façon, je n'aurais pas lutté si je l'avais pu ; je savais rester à ma place.

Elle venait de prendre un bain, et elle me tira jusque dans la salle de bains envahie de vapeur et me fourra la tête dans l'eau sale, tout comme mère l'avait fait un millier de fois avant en sa présence. Elle me maintint sous l'eau pendant que je m'agitais en tous sens. Quand mon corps devint flasque entre ses mains, elle me sortit, attendit ce tout dernier moment de bascule, comme mère le lui avait appris. Puis elle me jeta dans l'escalier. Je dévalai jusqu'en bas et atterris en tas, le souffle coupé, haletant, mais dans un silence de mort. Bien dressée comme toujours, vous voyez ?

C'était un acte de colère, qui n'était pas prémédité comme l'était si souvent la violence de maman, mais j'y vis un signe des choses à venir.

La petite assistante de maman était désormais une adulte.

17

– Comme c'est joli, Charlotte !

C'était quelques jours plus tard, et Charlotte faisait sa valise, nous montrant ses vêtements pendant qu'elle les rangeait dans sa petite valise en tweed décorée de chevaux. On lui avait acheté de nouvelles chaussures, une robe et un sac à main magnifique ; ses paillettes brillantes avaient attiré mon regard quand elles avaient étincelé dans la lumière du salon. Alloma et moi la regardions ranger ses trésors. Nous n'étions ni jalouses ni emplies d'amertume, cependant ; la vie était ainsi, c'est tout. C'était normal. Elle était notre sœur et nous l'aimions, c'était aussi simple que cela.

On partait tous en vacances : un long week-end dans un village de vacances Pontins. Maman et Judith, les cinq enfants, mamie et papi et oncle Phil. Deux amis de maman Témoins de Jéhovah venaient également.

Les choses ne démarrèrent pas très bien, cependant : il pleuvait à notre arrivée. J'emmenai Adam dans une grange avec des jeux et le regardai courir partout. Il riait à s'en décrocher la mâchoire dans son costume de petit seigneur, comme si le lieu lui appartenait. Adam avait un rire très sonore, bruyant, dominateur, presque hystérique. Rien de surprenant quand on sait qu'il a grandi dans notre maisonnée.

Il ne savait pas jouer avec les autres enfants ; il ne savait pas partager. Chez nous, c'était un petit roi, et nous trois, les enfants démoniaques, étions ses esclaves qui répondaient à ses moindres caprices. Et ainsi, aux yeux d'Adam, et ce n'était pas sa faute, tous les jouets lui appartenaient, à lui seul.

Quand il eut fini de jouer, on put accéder à nos chalets. C'était divin d'être loin de la maison. J'avais un canapé-lit, et l'odeur de draps propres, frais et jolis était comme une aromathérapie pour mon âme. J'étais si bien dans notre joli chalet propret que je ne voulais pas rentrer à la maison.

Puisque nous n'étions pas seuls, il n'y avait pas de corrections pendant les vacances : une accalmie bienvenue. Charlotte et Adam reçurent de l'argent pour aller faire du karting et d'autres activités dans le village, mais pas nous – enfin, à part une « surprise ». Oncle Phil nous paya, à Alloma et à moi, un tour avec lui sur un vélo spécial : il y avait une grande banquette sur laquelle nous pouvions nous serrer tous les trois. On ne pouvait pas dire « Non, merci » : cela aurait été faire preuve d'irrespect envers la famille de mère.

Oncle Phil nous souleva avec ses grandes mains sèches pour nous installer sur la banquette. Il se plaça entre nous, puis passa ses bras puants d'un geste désinvolte autour de ses deux merveilleuses copines. Je me rappelle avoir regardé son visage à côté de moi sur le vélo, et cela suffit à me filer une peur de tous les diables : il semblait heureux comme un pape. Il nous attira tout contre lui avec ses sales pattes, frottant ses doigts sur nos bras, affichant un immense sourire pour l'appareil pendant qu'on nous prenait en photo.

On eut le droit de se balader sur la plage de sable de Weston-super-Mare pendant ce long week-end. Mais il ne s'agissait pas de vraie liberté, les cheveux battus par le vent chargé de sel et tous nos soucis envolés. Je faisais extrêmement attention à ne rien dire de travers, à ne pas partir dans le mauvais sens. J'étais sur mes gardes, comme toujours. Mère aimait tenir le compte des corrections qu'elle nous infligerait de retour à la maison, et nous devions donc toujours nous tenir à carreau. Mais nous étions loin de la crasse de George Dowty et de l'horreur de la ferme, et on savait qu'on ne serait pas frappés pendant au moins soixante-douze heures. Un moment agréable pour tous.

Le lundi matin arriva trop vite, et il fut temps de repartir à la maison. Maintenant que les vacances se terminaient, il faisait bien sûr très chaud en cette journée de septembre, et le soleil réchauffait notre peau pendant qu'on se rassemblait sur le parking, réglant les derniers détails du voyage. Il fut décidé que Charlotte, Adam et moi irions dans le minivan Rascal bleu de Judith : les trois chouchous ensemble, plus la « nounou » d'Adam pour le trajet.

– Torrie, viens faire un tour dans la boutique de souvenirs avant de partir, dit mamie.

Bien décidée à nous gâter, elle nous accompagna à l'intérieur. Adam eut droit à la collection complète des petits personnages en magasin, et mon adorable mamie m'acheta deux poupées. *Deux* poupées ! Elles avaient des manteaux rouges et je les trouvais magnifiques. J'avais quatorze ans, c'est vrai, mais j'étais toujours très gamine. Pour moi, les poupées étaient le summum de la beauté.

Mamie m'offrit aussi un sac de bonbons. Mieux encore, mère le vit *et* dit que je pouvais les prendre pour le trajet. Des bonbons sans culpabilité ! Étais-je morte et montée au paradis ?

On grimpa dans le minivan bleu. Je regardai Adam, rebondissant comme un dingue sur le siège à côté de moi, et m'aperçus qu'il manquait quelque chose. J'observai tous les adultes en silence, me demandant s'ils s'en rendraient compte, mais personne ne parla. C'était à moi de le faire.

– Où est le siège-auto d'Adam ? demandai-je d'une voix flûtée depuis la banquette arrière.

Comme je disais rarement quoi que ce soit, il me fallut beaucoup de courage pour oser parler, surtout vu la méfiance que m'inspirait maintenant Judith. Je ne voulais pas dire ce qu'il ne fallait pas.

– Ce n'est pas grave, répondit Judith.

Mais, avec la permission de mère, je le sortis de sa voiture, le mis dans celle de Judith et m'attelai à la dure tâche de démêler les sangles entortillées.

Le parking résonnait des cris d'adieux et du bruit des claquements de portières. Mère pencha la tête par la vitre de sa voiture, les visages muets de Christopher et d'Alloma visibles derrière elle sur la banquette arrière, affichant une expression sinistre. On savait tous ce qui nous attendait à la maison.

– Ne sois pas en retard, prévint-elle Judith, ses yeux lançant des éclairs. On dîne tous chez mamie. À tout à l'heure. On se voit à la maison !

Elle remonta la vitre et partit.

La liberté. Judith roula jusqu'au front de mer et s'arrêta. C'était une magnifique journée ensoleillée, et la chaleur cuisait le minivan Rascal bleu. J'avais chaud dans mon pull Donald et mon pantalon bleu marine. Le pull était trop petit pour moi, mais puisque les manches s'arrêtaient à mi-bras, au moins ma peau nue pouvait respirer dans l'air estival. Ça devait être pire pour Judith : elle portait un pull et des leggings bleu marine, ses longs cheveux noirs lâchés sur ses épaules, et je me rappelle avoir pensé qu'elle devait cuire.

Quand on se gara sur le front de mer, Judith demanda si quelqu'un avait besoin d'aller aux toilettes. Pas moi, mais Adam et elle sortirent et firent quelques pas sur la promenade pour lui changer sa couche.

Je restai avec Charlotte dans le véhicule : Charlotte à l'avant, et moi à l'arrière. La radio passait de la musique pop de ce monde, le soleil brillait, on ne reverrait pas mère avant quelques heures, et j'avais deux nouvelles poupées *et* des bonbons... J'étais heureuse.

Tout en écoutant la musique, je triturais les sangles du siège-auto d'Adam, un vrai sac de nœuds. C'était un siège-auto en forme de lion : les sangles avaient des « pattes » qui lui protégeaient la poitrine, et il y avait un coussin sous sa tête. Je continuai à m'acharner sur les sangles, alors même qu'Adam remontait dans la voiture et s'installait sur son siège, balançant ses petites jambes revêtues d'une salopette jaune vif, aussi lumineuse que le soleil.

Judith s'inséra dans la circulation. Il était environ onze heures trente. Si on voulait retrouver mère à temps, on ne devait pas traîner. Charlotte éteignit la radio et glissa une cassette que Judith avait laissée dans le minivan. C'étaient les Corrs, et je me rappelle qu'elle accompagnait leurs accents irlandais de sa voix aiguë. Elle portait son pull préféré, vert jaune, sur le devant duquel était écrit PAPAYA. Ses cheveux étaient remontés en queue de cheval, et elle avait l'air si jeune et si gaie : seize ans, le bel âge.

On prit la bretelle pour rejoindre l'autoroute, alors que je venais enfin de démêler les sangles d'Adam. J'aplatis les coussins derrière sa tête pour qu'il soit bien installé.

La circulation était arrêtée. *Oh ! zut !* On allait avoir des ennuis avec mère si on était en retard. On tendit le cou, mais on ne voyait pas d'où venait le problème. Judith se rangea bien comme il faut derrière une voiture rouge, la coinçant entre nous et un énorme camion Lidl, et rejoignit la file immobile.

J'accrochai les sangles d'Adam, puis m'enfonçai dans mon siège, mes nouvelles poupées et Katie assises à côté de moi. Goûtant le soleil, la musique et cette étrange liberté, je regardai par la vitre les sapins verts qui bordaient la route.

Puis, il y eut ce crissement retentissant et un bang. Mon monde fut totalement chamboulé.

À jamais.

Deuxième partie

ÇA NE PEUT PLUS DURER

18

Personne ne faisait de bruit. On n'entendait que des *futh, futh* répétitifs. J'avais mal à chaque respiration. L'intérieur de mon nez, complètement à vif, brûlait. De puissantes vapeurs d'essence polluaient chaque atome d'air qui pénétrait mes poumons douloureux. Elles étaient si fortes que j'avais l'impression de les manger.

J'ouvris les yeux. Judith était juste devant moi, à quelques centimètres de mon visage. *Comment... ?* J'étais assise derrière elle dans la voiture, et voilà que j'étais couchée au-dessus d'elle, suspendue au plafond : pendue par la ceinture qui m'avait sauvé la vie. Ma jambe était bizarrement étendue derrière moi, enfoncée dans le radiateur du camion de 24 tonnes qui venait de nous percuter par l'arrière.

Je voyais une masse de chair, dans laquelle les cheveux noirs de ma sœur étaient intimement mêlés. L'intégralité de son corps était étoilée de verre panaché de petites écailles bleues de peinture. Son visage en était tellement constellé qu'on aurait dit une mosaïque, une mosaïque de verre. Je voyais ses yeux, grands ouverts, figés.

Du sang coulait de son nez, de ses oreilles, de sa tête, de... partout. Du sang jaillissait partout. Elle était vêtue entièrement de vêtements sombres, et pourtant, on voyait ce sang rouge vif gicler, inexorable, fluorescent sur son pull marine. Son corps était complètement tordu, des os saillant de ses bras et de ses jambes, le volant encastré dans sa poitrine, ses intestins répandus. Ses vêtements s'étaient déchirés et toute dignité lui avait été ôtée. On voyait ses seins pendre. Et là, dans l'espace pour les jambes, ses pieds, toujours solidement enfermés dans ses chaussures : séparés du reste de son corps.

Impossible de détourner le regard. Impossible de bouger le cou. Impossible de le tourner. J'ignorais qu'il était brisé.

Futh, futh. Je compris que ce bruit provenait des voitures qui roulaient en sens inverse sur l'autoroute. Je jetai des coups d'œil nerveux sur les côtés, cherchant à voir dehors.

Puis je vis Charlotte. Toujours dans son pull vert jaune, si souvent porté pendant cet été de ses seize ans, du sang jaillissant de ses oreilles et de son nez. Et de ses yeux.

L'instinct prit le dessus.

– Réveillez-vous ! leur hurlai-je, mes cris rendus rauques par la combustion des vapeurs d'essence, qui semblait gagner en puissance. Réveillez-vous, allez, réveillez-vous !

Je m'adressais à Judith en hurlant, encore et encore..., mais elle ne se réveillait pas. Mon esprit refusait de comprendre ce que mes yeux me disaient. Petit à petit, je pris conscience qu'elles étaient en piteux état, mais je ne pensais pas qu'elles étaient mortes. La panique me saisit. Je hurlai à Judith de se réveiller, puis criai la même chose à Charlotte, mais ni l'une ni l'autre ne le fit ; non, ni l'une ni l'autre ne le fit. Puis je criai le nom d'Adam.

Silence. Seuls les *futh, futh* des voitures à contresens, et au loin le bruit de sirènes. Je l'appelai à nouveau, mais n'obtins aucune réponse. Rien. Mais alors, tandis que je braillais son nom, le nom de mon petit frère, un hurlement retentit. Je n'en avais jamais entendu un aussi épouvantable pendant toutes ces années où j'avais entendu des enfants crier d'une douleur abjecte, d'horreur. Adam paraissait si désespéré et effrayé que je ne pensais qu'à le sauver.

– Je viens te chercher, lui dis-je fermement, d'une voix maternelle le plus rassurante possible. Tu es si courageux. Je viens te chercher, Adam.

Je le croyais derrière moi, toujours sur la banquette arrière, mais son monde avait été chamboulé, lui aussi.

L'impact de l'accident avait propulsé son siège-auto dans le plafond du véhicule. La ceinture avait cassé, mais ce siège en forme de lion l'avait néanmoins protégé. Il avait volé par-dessus Charlotte et atterri à ses pieds. Il était devant moi, mais je l'ignorais. Je m'efforçai alors de l'atteindre, tirant sur ma jambe qui refusait de bouger, complètement coincée dans le radiateur du camion derrière. Pourtant, une seule chose comptait pour moi : atteindre Adam. Je me démenai encore plus pour libérer ma jambe.

– Tu ne dois pas bouger ; tu dois rester parfaitement immobile, dit une voix à côté de moi.

J'essayai de regarder dans cette direction, mais impossible de bouger le cou. Je pris conscience qu'un homme grand tenait ma petite main dans ses paumes immenses. Il était hors du minivan, bras tendu vers moi. De l'autre côté du véhicule, j'entendis une douce voix féminine parler à Adam, lui disant de rester éveiller et qu'il était très courageux.

Je me sentis à nouveau perdre connaissance. L'homme qui me tenait la main disait :

– Tout ira bien, je te le promets.

J'essayai de me concentrer sur ses paroles, mais c'était trop dur.

– Tu es très courageuse, ma chérie, me dit-il gentiment, alors que mon esprit s'enfonçait dans les ténèbres.

Ma dernière pensée fut *: On ne m'a jamais parlé aussi gentiment de toute ma vie.*

Le temps avait passé, mais j'étais toujours prisonnière de la voiture. Des couvertures vertes avaient été placées sur Judith et Charlotte. D'où j'étais, suspendue en position fixe au-dessus d'elles, je voyais, à travers des yeux que je ne pouvais pas détourner, du sang vermeil foncé suinter à travers le vert. Je voulais regarder ailleurs, mais les ambulanciers qui avaient pris la relève de l'homme gentil continuaient à me dire de garder les yeux ouverts. J'essayais de me focaliser sur le camion Lidl devant à la place, l'arrière marqué de ces lignes horizontales qui ne cessaient de sinuer alors que ma vision devenait floue. La voiture rouge qui était devant nous quand on s'était insérées dans la file avait disparu. En fait, son conducteur s'était arrêté légèrement de biais, de sorte que, quand le Rascal bleu l'avait emboutie, la voiture avait été poussée sur le côté, hors de danger. J'appris plus tard que le conducteur n'avait eu qu'un coude cassé.

Sans la voiture rouge, rien n'avait arrêté notre minivan bleu : rien hormis le gros mur de l'énorme camion Lidl, avec ses 24 tonnes. On avait foncé droit dedans, dessous, et il avait écrabouillé le minivan, l'avait réduit à un tiers de sa longueur originale.

– Adam, tout ira bien, réussis-je à articuler.

Je perdais beaucoup de sang ; il jaillissait hors de moi à chaque battement de cœur. J'entendais les médecins se demander s'ils devaient amputer ma jambe prisonnière sur place, mais mon cerveau ne l'enregistra pas vraiment. J'étais entièrement focalisée sur Adam ; c'était mon petit garçon, et personne ne l'aimait autant que moi. Je continuai à lui parler, cherchant à le rassurer, pendant qu'un bruit strident fendait l'air et les pompiers se mettaient à découper le métal du minivan. Ils essayaient de nous sortir de là.

Enfin, de *me* sortir parce qu'Adam était parti depuis longtemps, emporté à l'hôpital par hélicoptère. Ils me l'avaient dit, mais mon cerveau n'enregistrant rien, je continuais à lui parler, j'essayais de bavarder avec lui par-dessus la déchirure du métal et la sonnerie gaie et incessante du portable de Judith. Quelqu'un l'appelait – *Je sais qui* –, mais Judith ne décrochait pas.

L'ambulancier me prit le bras, et je sentis la piqûre d'une aiguille sur ma peau.

– *Non !* hurlai-je, retirant brusquement mon bras.

– Ce n'est que de la morphine, pour t'aider à avoir moins mal.

– Non, non ! Pas de sang, pas de sang. Maman dit qu'on ne peut pas avoir de sang ! hurlai-je, hystérique.

Je croyais qu'ils voulaient me faire une transfusion sanguine. Même dans mon délire, alors que mon pronostic vital était engagé, je savais qu'il ne fallait pas aller à l'encontre de Jéhovah ; ou plutôt, de ma mère. Depuis que j'étais toute petite, j'étais punie parce que je désobéissais à la parole de Dieu (*Tu... es... le... mal. Tu as peint... une... boule*) et je voulais à tout prix éviter de recevoir une nouvelle raclée. J'avais déjà la gorge en feu à cause des vapeurs d'essence ; je ne voulais pas subir la douleur supplémentaire de ces impitoyables bâtons enfoncés par mon impitoyable de mère.

L'ambulancier finit par abandonner ; il voyait bien que j'étais de plus en plus agitée, et ils avaient besoin que je reste calme. Enfin, les pompiers me soulevèrent pour m'extraire du minivan, mon corps maigre ne leur posant aucune difficulté quand ils me portèrent en courant vers l'hélicoptère d'urgence. Ma vie était en si grand danger que ses pales ne cessèrent pas de tourner pendant qu'ils me hissaient à l'intérieur. On m'emmena au Frenchay Hospital de Bristol, où je menai une autre bataille (que je perdis cette fois-ci) alors que les infirmières découpaient mon pull Donald, trop petit, gorgé de sang, pour que les chirurgiens puissent m'opérer.

– Ne faites pas ça ! *Pitié, ne faites pas ça !* criai-je, tandis que leurs ciseaux argentés découpaient mon pull. Maman va être tellement fâchée contre moi ! *Pitié, ne faites pas ça !*

Elles m'ignorèrent. On me poussa à toute vitesse dans les couloirs, sous le clignotement des plafonniers, *lumière, ombre, lumière, ombre*, alors qu'on me faisait entrer dans la salle d'opération. Des voix résonnaient tout autour de moi, me pressant de questions :

– Comment t'appelles-tu ? Qui était dans la voiture avec toi ? Quelle est ton adresse ? Où est ta maman ? Comment peut-on joindre ta maman ?

Je me rappelle une grande lumière ronde au-dessus de ma tête..., puis mon monde devint noir une fois de plus.

19

J'étais dans la chambre de la ferme. Mes mains étaient plongées dans une bassine d'eau savonneuse et je frottais le pull marine entre mes mains avec un désespoir croissant.

Les taches de sang refusaient de partir. C'était le pull de Judith, parsemé de chair, et je n'arrivais pas à faire partir le sang, alors que j'essayais de toutes mes forces. Il restait tel qu'il était quand je l'avais vu la dernière fois, couvert de sang et de peau lacérée, et tapissé des longs cheveux noirs de Judith.

Maman allait être si furieuse contre moi.

Je me retrouvai ensuite dans un dépôt, un immense dépôt grand ouvert comme ceux qu'utilisent les messageries Parcelforce. Il y avait des sacs de velours rouge partout, et des tapis roulants rouges qui transportaient des articles dans l'entrepôt. J'étais assise au centre du dépôt, assise sur cette chaise, mes yeux écarquillés tandis que je regardais les morceaux de corps qui roulaient sur les tapis. Je baissai les yeux vers le sac de velours rouge dans lequel on essayait de me fourrer les pieds et luttai de toutes mes forces pour l'empêcher.

Parce que je connaissais le contenu des sacs : une soupe de chair liquide. Le personnel de Parcelforce ne cessait de pousser mes jambes dans cette chair blanche et ce sang. Entre mes orteils nus, c'était une soupe épaisse, rugueuse, chargée de chair qui menaçait de me submerger.

Je poussai des hurlements... et me réveillai.

Bip, bip, bip. Quand j'ouvris les yeux, je vis un plafond carrelé gris clair, institutionnel. Des machines vibraient et bipaient, et des tubes serpentaient tout autour de moi. J'avais des tuyaux dans le nez qui m'alimentaient : cathéters, canules et transfusions sanguines (*Oh non, oh non !*), des perfusions bourrées de cocktails de médicaments, visant à me stabiliser et à tenir la douleur à distance. Tant de fils, tous noyant mon corps adolescent, alors qu'un respirateur artificiel faisait monter et descendre mécaniquement ma poitrine. L'appareil respirait à ma place, maintenait la circulation de l'oxygène dans mes poumons.

J'essayai de bouger la tête, mais impossible. J'étais clouée sur place par un halo métallique, ses vis appuyant contre mon crâne et mon bassin et tout le long de mon dos, m'empêchant de bouger d'un pouce. Cela ressemblait à une cage immense étroitement vissée dans ma peau. Une jambe était levée au-dessus de moi, en position de traction avec un poids à l'extrémité, et je sentais un corset rigide, inébranlable, autour de mon cou. Les larmes de mon cauchemar dévalaient mes joues, et je ne pouvais même pas lever une main pour les essuyer.

J'étais à l'hôpital. Je ne le savais pas, mais j'avais côtoyé la mort ; aussi près que possible sans passer de l'autre côté. À mon insu, les médecins avaient dû me réanimer et me ramener ; grâce à leurs soins, mon corps s'était accroché à la vie. Il avait continué à lutter, à travers de multiples opérations, à travers un coma, mais peut-être jamais autant que lors de la première nuit où ils m'avaient admise après l'accident. La nuit où ils avaient dit à ma mère que je mourrais si on ne me faisait pas une transfusion sanguine et où elle avait obstinément répété que je ne pouvais pas recevoir de sang, quoi qu'il arrive.

J'avais entendu les infirmières en parler, dans mon brouillard entre réveils, rêves, sommeil et douleur, pendant que je restais immobile, mon cerveau totalement déconnecté. Les médecins avaient dû aller au tribunal pour prévaloir contre elle, pour me sauver la vie. Raison pour laquelle ce sang rouge et épais était à présent suspendu près de mon lit, s'écoulant goutte à goutte dans mes veines, chaque goutte étant une marque rouge vif de désobéissance à Jéhovah.

Même après la transfusion, ma survie était incertaine. Ils en avaient informé maman, lui avaient dit que j'allais probablement mourir, et lui avaient proposé de rester assise avec moi pendant mes dernières heures sur terre.

Ce qu'elle n'avait pas fait, bien sûr. Elle était restée avec son garçon chéri, son Adam. Ce fut une étrangère qui me tint la main cette nuit-là, une quelconque infirmière, et qui fut là ce premier lendemain ; qui fut la première à savoir que, contre toute attente, j'avais passé la nuit. J'avais quatorze ans, et ma mère me haïssait si fort qu'elle ne pouvait se résoudre à m'encourager à vivre. Quoi qu'il en soit, je tins bon, mon corps luttant seul, semaine après semaine. J'avais été dans le coma, mais il était temps de me réveiller. Sous le choc et traumatisée, j'écoutais religieusement les machines qui m'annonçaient que j'avais survécu.

Peu de temps après, deux infirmières vinrent me déplacer. C'était en fait quelque chose qu'elles faisaient régulièrement. Elles venaient me bouger toutes les demi-heures pour éviter les escarres, et elles finirent par ôter le corset autour de mon cou, laissant néanmoins la cage en place. Elles s'affairèrent autour de moi, grognant sous l'effort de manipuler mon poids. À cause des stéroïdes qu'on me donnait et du traumatisme physique des nombreuses opérations que j'avais subies pendant que j'étais inconsciente, mon corps avait gonflé et faisait deux fois sa taille habituelle. Je n'avais plus l'air maigre et affamée.

Elles me déplaçaient avec douceur. Si j'avais pu baisser les yeux, j'aurais vu que mon ventre béait : une plaie opératoire recouverte d'un pansement médical mais non suturée, les chirurgiens ayant encore beaucoup à faire sur mes entrailles mutilées.

Peut-être était-ce aussi bien que je sois clouée sur place. Je ne crois pas que mon cerveau aurait pu supporter de voir mes propres entrailles étalées devant moi.

– Rendors-toi maintenant, me dirent gentiment les infirmières quand elles eurent fini d'ajuster ma position. Ne pense qu'à guérir. On va aller prévenir ta maman que tu t'es réveillée...

Quand je sortis du cauchemar suivant, ou du suivant, ou de celui d'après encore, elle était là et me regardait hurler.

– La ferme ! me cria-t-elle.

Mon hurlement terrifié mourut dans ma gorge. Le silence s'installa.

– Comment va Adam ? demandai-je après une longue pause, voulant le savoir plus que tout, plus même que comment j'allais.

– Bien, répondit-elle d'une voix courroucée.

Et c'était vrai : il s'était brisé grièvement les deux jambes et blessé au coude, mais sinon, il allait parfaitement bien. Les infirmières, car elle ne me l'aurait pas dit elle-même, avaient laissé échapper qu'il m'avait réclamée. Forcément, cela avait dû la rendre furieuse qu'il me réclame, moi, plutôt qu'elle, Judith ou Charlotte. Mes sœurs...

– Comment vont Judith et Charlotte ? demandai-je innocemment.

J'ignorais qu'elles étaient mortes. J'avais beau avoir vu ce que j'avais vu, personne ne m'avait dit qu'elles n'avaient pas survécu à l'accident. Chaque fois que j'avais demandé de leurs nouvelles, les infirmières m'avaient fait taire et apaisée, les médecins ayant donné pour ordres stricts que leur sort reste secret de crainte que le choc n'aggrave mon état déjà précaire.

Il faut croire que je devais refuser d'admettre ce que j'avais vu de mes propres yeux. J'avais d'ailleurs de fréquentes hallucinations, où je les voyais toutes les deux, vivantes et indemnes, nageant près du bureau des infirmières dans le service de soins semi-intensifs où on m'avait transférée une fois que j'avais pu quitter les soins intensifs.

Maman plissa les yeux quand elle entendit ma question, puis se précipita à mon chevet et plongea ses yeux dans les miens. Je lui renvoyai un regard perdu, clouée au lit que j'étais par ma cage métallique.

– Elles sont mortes, espèce d'abrutie ! cracha méchamment sa colère volcanique.

– Mais comment peuvent-elles être mortes ? Où sont-elles parties ?

Lente, comme d'habitude, la crétine d'autiste, affaiblie par les médicaments, le choc et le déni pur et simple, n'avait pas compris la situation.

Maman agrippa les barreaux latéraux de mon lit de ses jointures blanches.

– Ne sois pas si *stupide*, me dit-elle. Tu les as vues mourir. Tu étais là, tu as tout vu. En fait, c'est probablement toi qui es responsable.

En général, ses paroles de reproche m'auraient incisée aussi profondément que le scalpel d'un chirurgien ; pourtant, sa langue semblait avoir perdu le pouvoir de me perturber ; pour l'instant, du moins. Je faisais plus attention à ce qu'elle disait. Mes sœurs étaient *mortes* ? Cela semblait irréel.

– Je..., je ne peux pas croire qu'elles sont mortes, me hasardai-je à dire.

– Toi mieux que personne devrais savoir qu'elles sont mortes : tu les as tuées, me cracha ma mère à la figure, le regard glacial. Le diable s'occupe des siens, tu vois.

Elle m'annonça sans ménagement que l'enterrement avait déjà eu lieu, que leurs corps étaient ensevelis. D'une certaine manière, il m'était encore plus difficile d'assimiler ce qui leur était arrivé. Peut-être les avais-je vues mourir..., mais je n'avais pas pu leur dire au revoir. Comme si j'avais été dans une capsule temporelle et le monde entier avait changé pendant que je dormais.

– Tu les as enveloppées dans des couvertures ? lui demandai-je d'une voix pressante.

Si elles ont été enterrées, elles vont avoir froid, me disais-je. Je ne cessais d'y penser.

– J'ai peur qu'elles aient froid.

Maman me pinça violemment la trachée entre le pouce et l'index, jusqu'à ce que le souffle me manque et que les appareils qui m'entouraient se mettent à biper de plus en plus vite à l'unisson de mon rythme cardiaque effréné.

– Elles n'ont pas froid, elles sont *mortes*, répéta-t-elle. Tu les as tuées.

Ses mots pénétrèrent enfin mon cerveau embrumé, et je me dis : *Elle n'avait pas besoin de faire ça.* Parce que dès que je me mis à accepter leur mort, je pensai : *Qu'aurais-je pu faire, moi, pour empêcher que mes sœurs meurent ?*

Tu aurais dû faire quelque chose*, me répétais-je inlassablement*. Tu aurais dû bondir hors de la voiture et tu aurais pu mourir, mais elles seraient encore en vie. Tu aurais dû t'asseoir à l'avant à la place de Charlotte *(même si les enfants démoniaques étaient interdits de siège avant)*. Tu aurais dû aller aux toilettes sur le bord de mer ; alors, rien de tout cela ne serait arrivé.

Je n'avais pas besoin que ma mère me dise que j'étais coupable d'avoir anéanti la vie de tout le monde. N'était-ce pas ce que je faisais depuis toujours ?

Le seul fait nouveau à présent était que je pouvais ajouter le meurtre à la longue liste de mes crimes. J'avais du sang sur les mains, et jamais, au grand jamais, ma mère ne l'oublierait.

20

– C’est l’heure, Victoria, je le crains. On va jeter un œil à Colin.

C’était Bev, une des infirmières. Elle était adorable ; toutes les infirmières l’étaient. Mais pas Colin, en revanche : c’était ma poche de colostomie.

Parce que je n’avais pas eu autant de chance qu’Adam dans l’accident : j’avais eu plusieurs lésions internes graves qui ne pouvaient pas être réparées en deux temps, trois mouvements.

J’avais dû subir tant d’opérations de mes organes internes que les chirurgiens n’avaient toujours pas refermé la plaie béante sur mon torse : mon ventre restait ouvert, recouvert de son bandage, pour qu’ils puissent réintervenir et faire des ajustements à l’intérieur.

J’avais, au nombre de mes blessures, une rupture du rectum et je ne pouvais aller normalement aux toilettes. À mon réveil, un matin, les infirmières nettoyaient une poche en plastique tachée de marron et puante qui, à ma grande horreur, était fixée à mon ventre. C’était une véritable atrocité, cette chose posée là sur mon ventre comme un truc des films d’épouvante que maman nous faisait regarder. Bev l’avait alors baptisée d’un drôle de nom, « Colin », pour m’aider à l’accepter. Et le plus beau, elle m’avait dit que les médecins pensaient que, lorsque je me sentirais mieux, la colostomie pourrait être inversée et je pourrais vivre sans la poche de stomie.

Je m'accrochais à cette perspective tout en essayant de me faire à mes autres blessures : mon cou brisé, qu'ils avaient dû opérer à travers mon larynx ; ma jambe cassée, dont il manquait à présent la quasi-totalité du cartilage. J'attrapai un SARM à l'hôpital, puis une pneumonie, à force de rester jour après jour à plat dos dans ma cage métallique, et on me remit sous respirateur.

Je passai des mois à l'hôpital. Des mois et des mois. On finit par me transférer au service pédiatrique, dans une chambre juste en face du poste des infirmières. Elles appelaient ma chambre « le bocal à poisson rouge » parce que ses murs étaient en verre afin qu'elles soient aussitôt prévenues d'un changement soudain de mon état. Ma mère adorait cette pièce.

– Elles peuvent voir tout ce que tu fais... et moi aussi, disait-elle.

Mais quand lui était-il arrivé de ne pas regarder mes moindres mouvements ?

À dire vrai, je ne faisais pas grand-chose. Accablée par la culpabilité d'avoir tué mes sœurs, prisonnière de ma cage métallique et de la torture de mes pensées, je fixais le plafond jour après jour et je voulais mourir, moi aussi. Il m'était impossible d'échapper à mes pensées. Je voyais en permanence l'image des corps ensanglantés de mes sœurs, et cela me dégoûtait d'être restée suspendue au-dessus d'elles, deux corps sans vie, presque une heure pendant que les pompiers essayaient de me désincarcérer du minivan. Puis, je pleurais parce que je me disais *: C'étaient tes sœurs ; elles ne devraient pas te dégoûter*. Alors, je me sentais horriblement coupable. Je ne pouvais pas parler aux infirmières, je n'avais pas d'amis, et les rares visites de mon frère et de ma sœur se faisaient sous la surveillance de mère. Pendant cette période, en fait, Alloma et Christopher habitaient chez des Témoins de Jéhovah qui les avaient gentiment accueillis, pendant que mère maintenait sa veille quotidienne au chevet d'Adam. Mamie et papi ne vinrent qu'une fois. Comme papi était à présent en fauteuil roulant et souffrait d'une maladie de Parkinson, il leur était très difficile de faire le trajet, mais mamie n'était plus la femme que j'avais connue. Elle était désemparée, accablée de chagrin, et elle ne savait pas quoi me dire.

Je ne pouvais même pas parler à un psychologue. Maman y avait veillé.

– On n'est pas déprimés dans ma famille, avait-elle dit à mon médecin. On est forts.

Mon corps ne semblait cependant pas écouter mon angoisse psychique. Je guéris petit à petit, même si cela prit plusieurs mois. Cela mit maman dans une colère noire. Elle fulminait et me hurlait :

– Mes deux merveilleuses filles sont mortes pendant que des pourritures comme toi honorent toujours cette terre !

Elle me disait que j'aurais dû mourir dans l'accident. Un jour, elle me lança deux jolies barrettes pour les cheveux, les côtés ornés de fleurs jaunes et roses, et me dit que je pouvais les garder. Je les acceptai docilement, sous le choc, comme un cadeau de rétablissement inattendu (peut-être mis en scène au bénéfice des infirmières), mais ensuite, elle se pencha tout contre moi.

– Becky les a achetées pour ton enterrement. Elles ont été achetées pour ta mort. Tu étais censée être enterrée avec.

Impossible de les regarder après cela ; je les rangeai dans un tiroir près du lit et laissai le tiroir bien fermé.

Les infirmières, avec qui j'essayais d'être gaie et bavarde, l'enfant sage comme une image toujours désireuse de plaire, remarquèrent que je me taisais dès que ma mère était dans la pièce, la peur supplantant tout le reste. Cela tranchait tellement avec ma manière d'être par ailleurs, car je faisais tout pour les rassurer pendant qu'elles me soignaient. Elles avaient la dure tâche de nettoyer avec une solution saline la région autour des broches qui maintenaient ma cage, qui avaient mis ma peau à vif. C'était un soin insoutenable, mais j'avais appris depuis si longtemps à ne pas pleurer quand je souffrais que j'encaissais la douleur du sel dans mes plaies. Je plaquais un sourire sur mon visage et j'allais même jusqu'à plaisanter avec elles pour qu'elles ne s'en veuillent pas de me faire mal.

– Ne vous inquiétez pas, Bev, disais-je depuis l'intérieur de ma cage métallique. Je ressemble un peu au Millennium Dome.

Mais il y avait une telle différence dans mon comportement que, comme tant d'autres professionnels auparavant, elles finirent par en parler innocemment avec ma mère.

– Victoria ne parle jamais quand vous êtes dans la pièce, Eunice. Elle est pourtant très bavarde quand vous n'êtes pas là.

Maman tirait alors les rideaux autour de mon lit et me disait, la menace toujours présente dans sa voix et ses doigts autour de ma trachée :

– Crétine d'autiste ! Tu es censée être autiste. Les personnes autistes ne communiquent pas. C'est toi la responsable, me rappelait-elle à la moindre occasion. Tu te rends bien compte que tes chers grands-parents ne reverront plus jamais leur première petite-fille ?

Et le poids de ma culpabilité s'alourdissait encore, tandis que j'ajoutais le chagrin de mamie et de papi au mien.

Le seul bon côté de tous ces longs et douloureux mois de rétablissement fut que je vis très peu ma mère. Elle n'était jamais à mon chevet ; elle était toujours avec Adam. Mais ce n'était en aucun cas une liberté. Je devais affronter des blessures qui menaçaient ma vie et la changeraient à jamais, le choc et le chagrin, et une dépression qui me rongeait l'âme. Je n'avais ni confiance en moi ni force de caractère de toute façon (cela m'avait été depuis longtemps arraché par les coups), et la dépression semblait me remplir comme une créature de l'ombre dévorant mes entrailles vides. Je regardais le monde à travers ces mêmes yeux bleus, mais si quelqu'un cherchait à voir en moi à travers eux, il verrait qu'il ne restait plus rien à l'intérieur. Rien à part la culpabilité, la peur et les menaces terrifiantes de mère qu'elle mettrait à exécution dès qu'elle m'aurait ramenée à la maison, je le savais. Les bâtons dans la gorge, les volées de coups...

On me demande parfois pourquoi je n'ai rien dit à l'hôpital, mais cela ne m'a jamais traversé l'esprit. Je ne pense même pas que c'était à cause de la peur que m'inspirait maman. En fait, je me croyais responsable de tout ce qui lui arrivait : j'étais une enfant maléfique. La mission la plus importante de toute mon enfance consistait à la protéger et à tout faire pour qu'elle n'ait pas d'ennuis. Pourtant, j'étais responsable de tout ce qui arrivait : j'avais tué ses filles chéries. Je ne voyais que cela.

Pendant mon séjour à l'hôpital, je vécus un rite de passage qui, dans la vie de la plupart des jeunes filles, est une source de fierté et de joie, ou au moins une étape majeure dont elles se souviendront comme de l'instant où elles ont grandi. Couchée là dans ma cage métallique un jour, alors que les infirmières venaient me déplacer, elles s'arrêtèrent quand elles remontèrent les couvertures et dirent :

– Oh ! tu as dû avoir tes règles. On va nettoyer ça.

C'était ma première fois, mais je ne le leur dis pas. Je restai là pendant qu'elles me nettoyaient. Elles durent en parler à ma mère, car je la revois se mettre dans une colère noire. Je cherchais à me convaincre que c'était parce que cela montrait que je vieillissais, quelque chose que sa Charlotte chérie ne ferait plus. Mais, en fait, c'était tout à fait autre chose qui lui avait tapé sur les nerfs.

– Bon sang, me cracha-t-elle à la figure en me regardant avec une rancœur évidente. On aurait pu obtenir plus d'argent si tu n'avais pas pu avoir d'enfants.

Car maman n'avait pas perdu de temps après l'accident pour s'adresser au service des indemnisations. J'étais encore à l'hôpital qu'elle imaginait déjà comment dépenser les milliers de livres qu'elle recevrait grâce à mes blessures : elle avait des vues sur une jolie cheminée italienne pour la ferme. Prétendre que l'accident m'avait rendue stérile lui aurait rapporté un autre joli paquet, mais malheureusement pour mère, cela ne serait pas.

Toujours est-il qu'elle ne le rumina pas longtemps. Elle avait eu une autre idée pour maximiser ses revenus de mon corps accablé tout en me gardant exactement là où elle voulait que je sois.

Et ce que mère voulait, mère l'obtenait toujours.

21

– Allez, Victoria, je *sais* que tu peux y arriver !

J'étais dans le sous-sol de l'hôpital pour une séance de rééducation avec Caroline. Ma cage métallique avait disparu, et je n'avais plus que deux broches dans les hanches. Mais après tous ces mois en position allongée, le retrait de mon architecture d'aluminium ne suffisait pas à me redonner la liberté. Caroline essayait de me réapprendre à marcher, sur des jambes affaiblies, restées si longtemps inutilisées.

Elle me saisit les mains et me tira hors de mon fauteuil roulant, m'amenant jusqu'aux barres parallèles qui me soutiendraient.

Mère regardait depuis le coin où elle se trouvait. Ses yeux étaient comme des faisceaux laser, fixés invisiblement sur moi, et pourtant lestés d'un pouvoir invincible. Elle m'avait vertement sermonnée avant que Caroline vienne me chercher pour ma séance, me chuchotant derrière les rideaux tirés autour de mon lit d'hôpital :

– Tu ne sors pas de ce fauteuil, tu m'as comprise ? Tu ne te lèves pas. Tu ne coopères pas.

Dans le sous-sol, obéissante, terrifiée par la glace de son regard constant, je laissai mes jambes plier sous moi et m'effondrai par terre.

Caroline poussa un soupir exaspéré, me releva et me hissa dans mon fauteuil. Elle me fixa d'un regard aux paupières lourdes de déception – et de perplexité. Il n'y avait aucune raison médicale à ce que je ne marche pas ;

elle n'arrivait pas à comprendre pourquoi je semblais refuser d'apprendre, pourquoi je ne voulais pas à tout prix recouvrer des forces pour quitter l'hôpital, ce qui ne saurait tarder, et reprendre ma vie sur mes deux pieds. Elle me regardait comme si j'étais une fille méchante et pénible qui l'ignorait sciemment. J'en aurais pleuré.

– Elle a toujours été paresseuse, je le crains, Caroline, intervint maman. Vous ne pouvez pas savoir le mal qu'elle m'a donné quand elle était petite. Je suis vraiment désolée qu'elle se montre à nouveau aussi paresseuse aujourd'hui.

Caroline passa une main dans ses cheveux courts.

– *Allez*, Victoria, dit-elle fermement, voire durement, essayant de m'encourager par la sévérité à donner le meilleur de moi-même.

Je voulais donner le meilleur. (Oh ! comme je le voulais !) Je ne voulais pas passer le restant de mes jours dans un fauteuil. Je n'étais encore qu'une adolescente – quinze ans dans quelques semaines –, et j'avais deux jambes, affaiblies, certes, mais en état de marche. Je voulais lui dire : « Ce n'est pas moi, c'est *elle.* » Il y avait de quoi se taper la tête contre les murs. Mais bien sûr, je ne pouvais rien montrer. J'avais tellement peur de maman.

Elle ne me menaçait même pas, dans ses conversations chuchotées derrière les rideaux tirés, mais c'était inutile : on savait toutes les deux de quoi elle était capable. Au lieu de cela, elle me parlait de l'argent qu'elle pourrait obtenir grâce à mon invalidité.

– C'est le moins que tu puisses faire. Ton grand-père se fait vieux, maintenant. Il ne va pas bien. Il est dans un fauteuil, il a la maladie de Parkinson, et il va avoir besoin qu'on lui construise une dépendance. Tout ça, ça coûte de l'argent. Le moins que tu puisses faire, c'est de la lui payer en ne coopérant pas. Tu te rends compte que ton grand-père va mourir en sachant que sa première petite-fille est morte et que tu l'as tuée ? C'est *vraiment* le moins que tu puisses faire.

Et donc, je m'effondrai à nouveau sur le sol, ses paroles résonnant dans mes oreilles, mes yeux rivés aux siens dans l'angle, évaluant mes moindres mouvements, me jugeant et me trouvant défaillante.

Caroline poussa un nouveau et ultime soupir.

– Je crois qu'on a fait tout ce qu'on pouvait pour aujourd'hui, Victoria, dit-elle, mâchoires serrées. Peut-être seras-tu d'humeur à faire un peu plus d'efforts la prochaine fois.

Elle me réinstalla dans mon fauteuil et allait me ramener à l'ascenseur, mais maman l'interrompit, posant ses mains fortes sur les barres du fauteuil, usurpant la place de Caroline derrière moi.

– Je vais m'en occuper, Caroline, dit-elle d'une voix douce. Mille mercis pour votre aide. Je suis désolée que Victoria ne juge pas bon de vous remercier pour votre dévouement.

Sur ce, elle me poussa et me ramena à l'étage, où un sermon m'attendait :

– Tu donnais l'impression de pouvoir marcher, me siffla-t-elle au visage quand la voie fut libre. Tu as fait trop bien. Je t'ai dit de ne pas essayer, crétine d'autiste. Tu n'aimes pas ton grand-père ? Tu ne veux pas expier le meurtre de tes sœurs ?

Ces séances étaient une torture. Je voyais bien que c'était important pour Caroline et qu'elle voulait que je remarche, mais je ne pouvais absolument pas coopérer ; je n'osais pas, pas face à la colère de ma mère. Donc, le jour où les infirmières se réunirent pour me dire au revoir en me remettant une carte d'adieu qu'elles avaient faite, dans laquelle elles avaient écrit des messages sur la fille adorable et souriante que j'étais, je sortis dans un fauteuil roulant, mère aux commandes, ma poche de colostomie cachée sous ma chemise.

Les infirmières m'avaient donné un autre cadeau : une serviette rose pêche cousue main sur laquelle il y avait la photo d'une poupée et le nom « Katie » brodé en haut. J'avais fondu en larmes quand j'avais compris que ma poupée bien-aimée, mon amie de toujours, avait été irrémédiablement détruite dans l'accident. Même si on avait pu la récupérer de l'épave, elle aurait empesté les vapeurs d'essence qui m'avaient si horriblement brûlé le nez. Et tout objet sauvé de l'accident aurait eu l'odeur de la mort ; moi-même je la dégageai pendant longtemps. Katie n'avait pas pu être sauvée. Mais les infirmières avaient fabriqué cet ersatz, et j'avais dormi avec cette serviette toutes les nuits depuis qu'elles me l'avaient offerte. Je l'emportai en partant avec maman pour George Dowty Drive par cette froide journée hivernale de décembre 2000. Les infirmières nous firent des signes de la main, mais je gardai la tête baissée, consciente du regard de maman sur moi et sachant que, une fois encore, j'étais remise à ses « soins », pour de bon.

On s'installa tout d'abord chez mamie. Tous : moi dans mon fauteuil, Alloma, Christopher, Adam, maman et Jet. On dormait sur des matelas gonflables dans le salon. Il est possible que les services sociaux soient intervenus pour s'assurer que je rentrais dans un logement convenable. Maman avait choisi alors d'aller chez mamie plutôt que dans ce taudis crasseux bondé d'objets hétéroclites qu'était le numéro vingt-quatre. Mamie et papi habitant une maison de plain-pied, maman disait que je n'aurais aucun mal à utiliser la salle de bains et la douche. Papi étant lui aussi en fauteuil roulant, cela m'aiderait à m'adapter à ma nouvelle vie de handicapée.

Ce n'était pas si mal d'être rentrée au début. C'était un vrai bonheur de retrouver Jet : il venait jusqu'à moi dans mon fauteuil et appuyait sa tête soyeuse sur mes genoux, pendant que je jouais avec ses oreilles tombantes. Il devint très protecteur maintenant que j'étais en fauteuil. Je crois qu'il percevait que je n'allais pas bien. Et je me sentais en sécurité avec ma mamie à proximité, vivant dans sa maison qui sentait son agréable parfum de mamie, le propre, l'être humain. Maman continuait à me hurler dessus, à me cracher au visage et à me tirer les cheveux, mais comme elle cachait à mamie ses actes vraiment violents, il y eut une période de répit.

Autrefois, mamie lui tenait tête, même quand elle criait, mais, en vieillissant, c'était comme si elle avait appris à se taire, car elle savait maintenant qu'à la moindre réflexion, on s'en prendrait plein la figure. La douleur associée à la perte de ses petites-filles lui avait peut-être aussi ôté l'envie de se battre. Quoi qu'il en soit, même si elle parlait moins, sa seule présence suffisait à empêcher maman de laisser libre court à sa cruauté.

Non, c'était bien chez mamie. Ce fut quand on rentra au numéro vingt-quatre que la situation devint violente. Très violente.

Je me revois ouvrir la porte d'entrée, pour la première fois après l'accident, et franchir seule le seuil dans mon fauteuil. Il tenait tout juste dans l'étroite entrée. Tous mes sens furent aussitôt assaillis : assaillis par Charlotte.

On n'avait touché à rien depuis son décès.

Ses affaires étaient partout dans la maison. Ses habits, ses babioles, même ce qu'elle avait décidé de ne pas emporter lors de cette dernière nuit, quand elle faisait ses bagages pour le village de vacances. Les affaires qu'elle n'avait pas mises dans sa valise en tweed décorée d'un cheval étaient toujours éparpillées dans le salon. Son odeur était partout, suffocante.

J'eus l'impression de l'avoir à nouveau tuée.

Plusieurs sacs-poubelle noirs gisaient à mes pieds dans l'entrée. Ils puaient ces vapeurs d'essence que je connaissais si bien. La police avait remis à maman ce qu'on avait récupéré sur les lieux de l'accident. Mère avait laissé les sacs dans l'entrée, sans faire de tri, jeter ou nettoyer, sans permettre à quiconque d'y toucher, et ils restaient là, un rappel constant de l'accident, une surcharge sensorielle qui me donna des cauchemars pendant des mois d'affilée.

Mais une petite excursion que maman avait prévue fut encore pire pour les cauchemars. Elle annonça un jour qu'on allait dans le Somerset.

– Tu dois venir voir le lieu de l'accident, tu dois voir ce que tu as fait.

Quand on arriva à destination, je vis une bâche tendue au-dessus d'une dépanneuse. Elle était relevée et laissait voir le minivan Rascal bleu, ou plutôt ce qu'il en restait.

Une envie de vomir s'empara de moi face au spectacle. Cela n'avait plus rien d'un minivan. Il était bien trop petit, déjà, inconcevablement écrabouillé, le toit démoli en longs doigts de métal déchiqueté là où les pompiers étaient intervenus pour m'extraire. Et puis, il empestait l'essence. À le voir, je n'en revenais pas d'en être sortie vivante.

Pourtant, devant ce minivan, je voyais en fait les deux cadavres à jamais ancrés dans mon esprit. J'avais l'impression de plonger les yeux dans les cercueils de mes sœurs. La cassette des Corrs s'était déroulée dans la collision, et des rubans marron brillants se déversaient du lecteur. Maman sauta et la prit, puis retira les enjoliveurs pour les rapporter à la maison : d'autres souvenirs macabres à ajouter au mausolée.

Pourtant, même ce jour ne fut rien comparativement à celui où nous vîmes le conducteur du camion de 24 tonnes être condamné pour l'accident. Toute la famille se rendit à Bristol pour le procès, en septembre 2001. Maman nous avait ordonné de nous tenir bien. Je voulais voir le visage de la personne qui nous avait torpillés par l'arrière, qui m'avait clouée dans ce fauteuil et qui avait fait de Colin une partie si incontournable de ma vie. Mais quand je le vis, quand je le regardai sur le banc des accusés au tribunal, cela avait un côté complètement surréaliste. Il avait des cheveux longs et gras, et il avait juste l'air normal.

Il fut révélé lors du procès qu'il n'avait pas respecté ses pauses obligatoires et qu'il tripotait sa radio juste avant l'accident. Il n'avait pas vu que les voitures étaient arrêtées et n'avait pas ralenti. Il fut reconnu coupable de mort par conduite dangereuse sur deux chefs d'accusation et condamné à dix-huit mois de prison. Je n'éprouvai aucune joie en entendant le verdict. Rien ne pourrait ramener mes sœurs. J'avais même plutôt l'impression que c'était moi qui aurais dû être assise sur le banc des accusés.

Les médias se massèrent ensuite devant la salle d'audience pour obtenir une réaction de notre famille. L'histoire avait fait raisonnablement les gros titres : deux personnes tuées, une adolescente autiste handicapée et un petit garçon également en fauteuil roulant, même temporairement, pendant que ses os brisés se ressoudaient. On devait former un sacré tableau, Adam et moi, tous deux dans nos fauteuils tandis que nous posions dehors, mes yeux perçant des trous dans le trottoir, car j'obéissais aux instructions de maman de les garder *baissés*.

Elle était à côté de nous, les traits tirés en une représentation parfaite de la douleur.

– Je ne veux pas paraître vindicative, dit-elle aux médias. Je souffre de la perte de mes filles. Nous ne pourrons pas recoller les morceaux – parce qu'il manque deux pièces. J'aurais aimé obtenir plus que neuf mois, ce qui est, soyons réalistes, ce qu'il fera pour avoir détruit ma famille. Je suis heureuse qu'il ait eu une peine de prison.

Les médias s'extasièrent devant nous : tous voyaient en elle une pauvre mère accablée par le chagrin. L'image que le public se faisait d'elle joua encore plus en sa faveur. Quelle mère noble, si noble, elle était !

Bien sûr, elle avait perdu ses filles ; son chagrin sur ce point était authentique. Mais alors que nous étions bien sagement alignés devant la salle d'audience aux côtés de notre mère moralisatrice, pas une de ces caméras high-tech ne filma ce qui se passait réellement.

Pas une ne vit la vérité.

22

Absolument rien ne changea après l'accident. Rien, sauf que ma mère me haïssait à présent encore plus qu'avant et que j'étais totalement à sa merci. En revenant vivre au numéro vingt-quatre, dégagée de l'influence contraignante du regard vif de mamie, maman était libre de reprendre là où elle s'était arrêtée avant l'accident.

À ma sortie du coma, elle avait été anormalement calme, mais mieux j'allais, plus elle était furieuse. Comme si, en allant mieux, je l'arnaquais, je l'entubais, chose qu'elle détestait plus que tout au monde. *Tu peux gagner la bataille, mais je gagnerai la guerre.* De retour à la maison, moi clouée dans mon fauteuil et sans la présence d'infirmières, de médecins ou de mamie pour interrompre ses fulminations contre moi, elle avait toute latitude pour me traiter exactement comme elle le voulait.

– Ôte-toi du chemin ! me hurlait-elle alors que j'étais assise maladroitement dans mon fauteuil, bloquant toujours son passage dans la petite maison de banlieue.

Sa main s'envolait et claquait l'arrière de ma tête. Dans le fauteuil, je ne pouvais plus me blottir contre le flanc de la cuisinière, dans cet agréable coin près des parpaings. J'étais à découvert, sans nul endroit où me cacher, et toujours sur son chemin. C'était horriblement stressant.

Elle s'en prenait violemment à moi, assise dans le fauteuil sans faire de bruit, dès qu'elle passait à proximité. Avec sa main, ou avec son poing ou – nouvelle arme favorite – avec un long bout du rideau de perles pendu en travers d'une porte. Elle s'en servait alors pour me fouetter pendant que je me tassais dans mon fauteuil, les formes tranchantes lacérant ma peau, comme de petits ongles fins et pointus, me laissant les mains à vif et en sang. Elle attrapait un morceau de papier de verre et me le passait violemment sur le visage, comme si elle essayait de m'effacer de son existence, de m'ôter de sa vue. Elle plaçait mes mains dans la porte du salon, qu'elle claquait ensuite sur mes doigts. Si j'avais un mouvement de recul ou si je retirais mes doigts avant le claquement qui me les écraserait, elle disait :

– Et voilà ! Je vais recommencer, et je vais le faire deux fois maintenant.

Très occasionnellement, quand mes blessures le justifiaient, surtout celles dues au papier de verre, elle devait m'emmener chez le docteur. Les dossiers médicaux de cette époque indiquent que, d'après les médecins, je m'infligeais moi-même ces blessures. On en rirait si ce n'était pas aussi triste. J'appris ultérieurement par mon dossier médical que, pendant mon séjour à l'hôpital après l'accident, on s'était à nouveau inquiété de notre situation. Mon changement de comportement avait été consigné, passant d'heureuse à « l'affect plat » de mon « autisme », mais, une fois encore, maman avait veillé à ce que personne ne vienne trop près et à ce que tout rendez-vous à domicile soit réalisé en sa présence, voire annulé. Elle demanda aux médecins de ne pas tester davantage ma capacité à marcher, car elle craignait qu'augmenter le nombre de tests ne me traumatise encore plus. En fait, elle faisait une demande d'allocation de personne handicapée. D'autres tests pourraient confirmer l'absence de problème médical chez moi. Quelqu'un pourrait demander pourquoi je ne marchais pas ; on pourrait découvrir que c'était parce qu'elle me paralysait.

Je ne me douchais jamais. Je ne me lavais jamais. Je ne me brossais jamais les dents. Je ne pouvais pas, pas à la maison de George Dowty, il n'y avait pas de salle d'eau au rez-de-chaussée. Je devais changer Colin dans la cuisine, jetant la poche dans un sac-poubelle. Je l'ignorais, mais les médecins avaient informé maman que j'étais à présent prête pour une chirurgie reconstructrice afin de retirer Colin et de redevenir normale, mais, un peu comme mes tests de marche, maman n'était pas très chaude pour le faire, selon mon dossier médical. Et donc, cela ne se fit pas. Colin resta à sa place, là où les chirurgiens avaient choisi de le mettre en urgence, pensant qu'il ne serait qu'un invité temporaire ; du coup, il passait son temps à fuir.

Je souffris également d'une importante incontinence urinaire pendant longtemps après l'accident. Je me faisais pipi dessus dans le fauteuil, mais impossible de dire quoi que ce soit à maman. Elle ne m'aurait pas emmenée à l'hôpital pour régler le problème. Je devais alors me nettoyer du mieux possible, tout comme quand j'avais mes règles. Cela irritait tellement maman, chaque mois, que je ne lui en parlais plus, ni ne me plaignais de la douleur lancinante qui les accompagnait. Il y avait peu de chances qu'elle compatisse. Je me contentais de fourrer du papier toilette dans ma culotte et me chargeais comme d'habitude de mes corvées.

Car oui, j'avais toujours des corvées : m'occuper d'Adam, m'occuper des animaux. Au moins, la première était devenue un peu plus facile sur un plan, car mon frère de huit ans avait appris la propreté à l'hôpital et n'avait enfin plus de couches.

Mais c'était plus difficile sur d'autres. Je ne pouvais plus lui courir après. Je ne pouvais même pas aller à l'étage, puisque j'en avais été bannie par maman, au cas où me traîner en haut sur les fesses renforcerait on ne sait comment mes jambes. J'étais censée garder Adam en bas, mais c'était une règle qu'il violait en permanence.

Plus que mon handicap, cependant, ce qui m'était le plus pénible quand je m'occupais d'Adam était que nous n'étions plus aussi proches qu'avant. Peut-être était-ce parce qu'il grandissait. Ou que la durée de notre séparation pendant que je me remettais à l'hôpital avait accru l'influence de ma mère. Toutes ces années pendant lesquelles on lui avait répété qu'il était un roi et où il avait vu comment maman me traitait avaient peut-être eu gain de cause. Quoi qu'il en soit, la méchanceté d'Adam ne semblait plus connaître de limites, et il était même malveillant parfois. Il passait près de moi, me faisait tomber de mon fauteuil et riait à gorge déployée. Je ne me sentais vraiment pas en sécurité, et si vulnérable. De toute évidence, rien de ce que je faisais n'était bien.

Puis arriva le jour que je craignais depuis mon retour de l'hôpital. J'avais fait une bêtise quelconque, et mère me fusilla du regard et me dit de me traîner avec mon fauteuil jusqu'à la voiture. L'heure du trajet de quinze kilomètres était arrivée. L'heure de retrouver la ferme pour être tabassée, et ces bâtons horribles, si horribles, dans ma gorge à vif.

Je suivis docilement ses instructions et endurai ce trajet ignoble, regardant la campagne filer par la vitre pendant que, dans mon cerveau, passait l'image du salon aux rideaux verts ; de la collection de bâtons ; du visage de ma mère en sueur, rougie par l'effort qu'elle faisait pour nous rouer de coups.

On arriva bien trop vite à la ferme. On sortit et je me roulai jusque dans la cuisine, le cœur martelant ma poitrine, ma gorge se serrant déjà à l'idée de la terreur à venir.

Juste avant l'accident, maman avait remplacé le sol par une sorte de granit ou de marbre. Je roulai mon fauteuil dessus, la suivant... et j'entendis un épouvantable crissement, comme des ongles sur un tableau noir. Mes roues avaient méchamment rayé le tout nouveau sol chic et – mon Dieu ! – maman était dans une rage noire. Elle était très matérialiste sur ce plan, en dépit de sa ferveur religieuse. Enragée, elle me dit que j'avais interdiction de rentrer dans la maison ; je ne devais plus *jamais* rentrer.

Ainsi, je n'eus plus jamais à aller dans cette pièce.

J'éclatai en sanglots et pleurai, pleurai, de l'eau salée s'amoncelant sur mes genoux quand je pris conscience de ce qui se passait. Je versai des larmes de pur soulagement, de gratitude, d'un bonheur sombre au goût salé.

Ce fut la seule fois où je lui fus reconnaissante de m'avoir obligée à rester dans le fauteuil.

23

– En voiture, tout le monde !

Notre famille partait pour une croisière de plusieurs mois, une croisière sur la péniche que maman avait récemment achetée : soit avec l'argent de l'indemnisation, soit avec des fonds venant de John Drake, je ne le sais pas exactement. En revanche, inutile de se poser la question sur ce qui avait inspiré l'achat : la péniche s'appelait *Charlotte.*

Ce furent des mois étranges sur le bateau. Mamie et papi vinrent avec nous ; donc, dans une certaine mesure, la douleur nous fut épargnée. Mais oncle Phil était aussi du voyage, et mon nouvel état d'invalide fit de moi une cible encore plus facile. Face à mon corps qui s'épanouissait, il me posait des questions de plus en plus intrusives, sur mes règles et la taille croissante de mon soutien-gorge.

Quand les autres allaient à terre, on restait tous les deux sur la péniche. Alors que j'étais assise dans mon fauteuil, il arrivait dans mon dos et me poussait jusque dans la salle de bains. Il fermait la porte coulissante, la verrouillait, et voilà. Il me disait d'enlever mon haut, et ses yeux buvaient mes seins adolescents pendant que sa main pompait frénétiquement son pénis jusqu'à ce qu'il éjacule sur les toilettes, le sol, puis me fasse tout nettoyer. D'autres fois, il saisissait ma poitrine dans ses grandes pattes sèches et sales, pendant que je baissais les yeux, ne voulant pas voir son regard lubrique injecté de sang. Je suppliais ma mère de me laisser descendre du bateau avec les autres. Mais un jour, au pays de Galles, oncle Phil proposa de m'emmener. Il poussa mon fauteuil, ses larges mains agrippant les poignées avec excitation, et il m'emmena dans les toilettes d'un pub. Là, il me toucha, me toucha partout et, quand on ressortit, il me donna un petit carnet d'adresses avec des photos de chiens dessus, comme pour s'excuser. Par la suite, je refusai de redescendre de la péniche. Maman me giflait et rugissait,

– Putain d'ingrate ! Il te fait descendre du bateau et maintenant tu ne veux plus rien savoir ?

Mais je préférais supporter sa colère que d'être entre les mains d'oncle Phil.

On avait beau dormir tous dans le bateau, cela n'empêchait pas les abus. Au contraire, il prit encore plus d'assurance : il dormait même avec son zizi à l'air, le porc, ses ronflements sonores chargés de whisky secouant son gros bide. Nous partagions un lit, Alloma et moi, et ni l'une ni l'autre nous ne voulions dormir loin du mur, parce qu'alors, nous étions plus accessibles à oncle Phil.

Les choses n'avaient pas vraiment changé entre Alloma et moi depuis l'accident. Après des années d'utilisation de la méthode « diviser et conquérir » de maman, et en raison de nos personnalités différentes, nous n'avions jamais été proches. Que maman me relègue dans le fauteuil alors que j'aurais pu marcher ajouta une couche de secret supplémentaire impossible à briser ; c'était un secret qui me liait à elle et m'isolait davantage de ma fratrie. Quoi qu'il en soit, Alloma était ma sœur et je l'aimais de tout mon cœur. Peu importe ce que maman faisait, ou nous obligeait à nous faire les uns aux autres, les trois enfants diaboliques que nous étions essayaient de former malgré tout une unité. On cherchait à se couvrir quand on croyait pouvoir s'en tirer, on voulait se protéger mutuellement. J'étais donc du côté d'Alloma un matin quand, peu après les vacances sur le canal (j'avais alors seize ans, et Alloma, dix-sept), maman nous fit venir toutes les deux dans le minivan et nous emmena pour une sortie à Bristol.

Alloma et maman se disputaient beaucoup, ces derniers temps. Elles s'étaient toujours disputées, bien sûr, vu l'impétuosité d'Alloma, mais la situation était très tendue dernièrement. Je n'y assistais pas souvent puisque j'avais été interdite d'accès à la ferme : j'attendais dehors dans mon fauteuil ou dans une des annexes non chauffées. Aujourd'hui, de mon point de vue d'adulte, je crois que, peut-être, Alloma devenait trop difficile à gérer pour maman. Maman devait avoir plus de difficultés à la contrôler maintenant à cet âge, et cette nature impétueuse n'était plus enfermée dans le corps d'une petite fille, mais dans celui d'une jeune femme presque entièrement formée, bien qu'affaibli par des années de corrections et de privation de nourriture. Quel que soit le catalyseur, la sortie à Bristol ne fut pas une simple excursion. Maman prévoyait d'abandonner Alloma et elle faisait de moi sa complice. Pas un seul instant je crus qu'elle irait jusqu'au bout. Tout d'abord, Alloma n'allait-elle pas tout raconter ? Ne se précipiterait-elle pas au poste de police le plus proche pour tout dire des coups, des bâtons, et de tout ce que nous avions subi ? Ma mère était une femme qui aimait contrôler, et orchestrer un plan aussi imprévisible que celui-ci ne lui ressemblait vraiment pas. Mais je crois qu'elle estimait avoir bien fait son boulot pendant la dizaine d'années où Alloma était restée sous notre toit. Elle devait être convaincue qu'Alloma n'oserait pas parler ; elle ne saurait pas comment faire.

Courant 2002, on se rendit dans une auberge de jeunesse au cœur de la ville bruyante. On descendit jeter un œil, et maman paya deux nuits d'avance. Elle ne laissa pas d'argent à Alloma. Elle l'avait d'ailleurs fouillée avant qu'on parte pour vérifier qu'elle n'avait rien volé à la ferme.

Puis, elle m'obligea moi aussi à la fouiller. Et c'était vraiment ça le pire : j'étais si inquiète pour Alloma, si effrayée à l'idée de l'abandonner derrière nous. Pour être parfaitement honnête, je m'inquiétais aussi pour moi : je ne voulais pas me retrouver sans elle. Elle et moi étions les seules filles qui restaient, elle était mon unique sœur, et une des « adultes » dans notre étrange fratrie. À quoi cela ressemblerait-il sans elle ?

Je ne pouvais pas me résoudre à la regarder pendant que mes mains tâtonnaient son anorak orange, vérifiant à nouveau qu'elle n'avait rien emporté en secret pour l'aider dans sa vie « à l'extérieur ». Elle n'avait rien ; elle n'avait rien pris. J'avais l'impression que je devrais la protéger, l'aider, mais j'ignorais comment ; alors, je ne fis rien. Rien d'autre que passer mes mains le long de ses flancs et enfoncer mes doigts dans ses poches. Ça me rend malade de dire cela.

Maman me regardait la fouiller avec une expression satisfaite sur le visage, comme si elle voulait détruire tout lien entre nous et était fière de ses années de labeur. Je ne pleurais pas en fouillant Alloma, alors même que mon cœur se brisait. J'avais appris à ne pas montrer d'émotion : cela ne faisait qu'apporter de l'eau au moulin de ma mère, et elle n'avait pas besoin d'encouragement.

Quand il fut évident qu'Alloma n'avait que les vêtements qu'elle portait, maman me fit monter dans la voiture et grimpa derrière le volant. Elle partit sans un regard en arrière, laissant sa fille adolescente seule sur le seuil de l'auberge. J'essayai de regarder ma sœur le plus longtemps possible, jusqu'à ce qu'elle disparaisse de ma vue, et je lui envoyai une prière silencieuse. J'espère que tu diras quelque chose, Alloma. J'espère que tu peux nous sortir de là.

J'étais malade d'inquiétude pour ma sœur, jour et nuit. Son départ ne me donna pas envie d'en faire autant ; son abandon par maman m'effrayait. Mon imagination était assaillie par la multitude de problèmes qu'elle pourrait éprouver, une jeune femme vulnérable seule dans une grande ville. C'était tout bonnement terrifiant. Bien évidemment, je ne pouvais pas demander de ses nouvelles à maman ou savoir comment elle s'en sortait. Dès lors, Alloma était bannie de la famille ; son nom était indésirable ; il nous était même interdit de le prononcer.

Le temps passa. Et avec, mes espoirs qu'on vienne à notre secours. Il me fallut un long moment pour accepter le fait qu'Alloma était dehors, mais que personne n'était venu nous sauver : cela m'attristait, comme si elle ne s'intéressait plus à nous. Cela ne veut pas dire que je ne l'aimais plus, et, bien sûr, j'ignorais tout des combats qu'elle-même menait. En fait, je finis par penser que mes pires scénarios imaginaires s'étaient réalisés et que c'était pour cela qu'elle n'avait rien dit. En fin de compte, cependant, je pense que le mode « protéger maman » s'était enclenché, lui, et le mode « protéger Alloma » également, car elle fit ce qu'elle avait à faire pour survivre et ne dit rien.

Mais maman et elle restèrent en contact, à mon insu, et un jour maman prononça à nouveau son nom, pour la première fois depuis un an environ, avec un sourire très étrange sur son visage. Alloma allait avoir un bébé.

– Ta sœur ne pourra pas correctement nourrir le bébé et s'occuper de lui, me dit-elle avec jubilation. Je vais lui acheter quelques nouveaux vêtements de bébé, et je les lui donnerai quand je la verrai. On verra alors où on en est.

Elle se rendit dans la boutique de puériculture chic de Tewkesbury, l'Orange Pig, pour acheter quelques cadeaux. Ils visaient à faire comprendre à Alloma, tout comme elle l'avait fait avec la propre mère d'Alloma toutes ces années plus tôt, qu'elle était plus compétente pour s'occuper du bébé, qu'elle pourrait lui donner tous ces jolis habits et offrir bien d'autres opportunités. En d'autres termes, ne serait-ce pas plus facile si maman l'aidait de temps à autre ?...

Je suis certaine qu'Alloma ne serait jamais tombée dans le panneau, mais cela me faisait froid dans le dos d'entendre maman parler ainsi du bébé de ma sœur. Mais un événement affreux survint, qui détourna l'attention de maman de sa nouvelle recrue potentielle. Nous revenions de chez mamie. Elle poussa mon fauteuil contre le mur, que ma tête heurta violemment, puis elle me cloua sur place, ses doigts autour de mon cou. Tout à trac, elle me dit brutalement :

– Mamie a un cancer. Et c'est probablement ta faute parce qu'à cause de toi, je me suis disputée avec elle, et tu l'as rendue malade. Depuis le jour où tu es arrivée dans cette maison, tu n'as cessé de causer des ennuis. On était si heureux avant. Tu es arrivée et tu as détruit nos vies.

Je croyais chaque mot qu'elle prononçait, ma culpabilité multipliée par dix en comprenant que j'avais intoxiqué l'unique personne que j'avais jamais réellement aimée.

Les visites à mamie étaient horribles : elle avait l'air si effrayée. J'étais si inquiète pour elle. Je voulais l'aider, mais je ne savais pas quoi faire parce que maman contrôlait tout. Je ne pouvais même pas chercher à lui montrer mon soutien d'un regard puisque maman le verrait et me le ferait payer plus tard.

Mamie était très malade. Elle avait des séances de chimiothérapie et de radiothérapie et passait beaucoup de temps à l'hôpital de Gloucester. Mon grand-père était toujours à la peine dans son fauteuil, encore plus maintenant que ma mamie était malade. Finalement, maman envoya mon frère Christopher vivre avec eux et s'en occuper.

En vérité, je pense que maman était contente d'être débarrassée de lui. Comme sa sœur avant lui, il échappait quelque peu à son contrôle, ce garçon de quinze ans qui commençait tout juste à s'affirmer. Ces derniers temps, quand elle disait à Chris « Ne fais pas ça, ça ou ça », il le faisait, quelles qu'en soient les conséquences. Il valait mieux qu'il soit hors du chemin.

Pour lui, peut-être, mais certainement pas pour moi : parce que maintenant que mon frère et ma sœur étaient partis, toute la rage de ma mère me retombait dessus. Pendant plus d'une décennie, elle avait eu trois enfants diaboliques sur lesquels passer sa colère. Maintenant, il ne restait qu'une fille soi-disant invalide en fauteuil roulant, et je prenais sa fureur de plein fouet. J'avais en outre la charge de toutes les corvées, et donc encore plus d'occasions de faire des bêtises et d'encourir son courroux. Faire la cuisine, m'occuper des animaux, surveiller Adam : je devais tout faire, et à des horaires impossibles, en plus. On avait sept cages dans la maison de George Dowty : lapins, hamsters et cochons d'Inde, chiens et chats, le serpent et le perroquet, une oie et un canard et des invasions de rats en veux-tu en voilà. Je devais tout faire, dans mon fauteuil, sans utiliser mes jambes maigres et chétives pour faire le moindre pas.

Mes jambes étaient la seule chose maigre chez moi ces temps-ci. Pour une raison inconnue, mère avait cessé ses punitions par privation de nourriture. Et donc, clouée dans mon fauteuil toute la journée, tous les jours, sans espoir d'exercice physique et sans l'ombre d'une rééducation, dépendant d'un cocktail de médicaments qui faisaient exploser mon poids, je grossis de plus en plus, jusqu'à ce que les vêtements d'occasion que je passais sur ma tête grasse et utilisais pour recouvrir Colin atteignent une taille quarante-quatre. J'étais une fille handicapée obèse, mais mon obésité n'avait aucun pouvoir dissuasif sur ma mère, qui me jetait au sol comme une vulgaire poupée de chiffon quand elle était mécontente. Elle m'éjectait du fauteuil à coups de pied et je devenais littéralement son punching-ball parce qu'elle n'avait personne d'autre. Je prenais tout toute seule ; je vivais dans une solitude extrême.

En plus, Adam ne m'aidait pas. J'ignore si c'était par désespoir ou par espoir, mais parfois j'essayais courageusement de marcher dans la cuisine quand elle ne regardait pas ou j'ôtais les pièces métalliques en bas du fauteuil pour pouvoir poser mes pieds à plat sur le sol et les faire avancer. Adam s'était trouvé un poste d'observation dans l'escalier qui lui permettait d'espionner la cuisine. Il me dénonçait selon son humeur.

Maman devenait folle de rage.

– Tu muscles tes jambes ! s'emportait-elle.

Elle savait qu'il n'y avait aucune raison médicale pour que je ne marche pas, et donc elle voulait que les muscles de mes jambes fondent, à tel point qu'il finirait par y avoir des preuves de mon impossibilité à remarcher un jour. Elle attrapait les lourds cale-pieds métalliques et me frappait les tibias à maintes reprises. Oh mon Dieu, cette douleur ! Pile sur l'os. Ecchymoses et coupures s'épanouissaient sous mon pantalon de survêtement crasseux.

Alors même que les privations de nourriture avaient cessé, ainsi que les coups de bâton et même les noyades puisque je ne montais jamais, mère avait encore tout un tas de tours dans son sac. Elle adorait m'étrangler dans mon fauteuil. Le fauteuil roulant était presque aussi large que l'entrée de George Dowty. Elle me saisissait par le cou, me poussait, et le fauteuil roulait dans l'entrée, les murs filant sur les côtés, droit dans le mur que ma tête heurtait avec un crac retentissant. Elle mettait ses deux mains autour de mon cou et m'étouffait. Si le plat chaud que j'avais cuisiné n'était pas à son goût, elle me le jetait à la figure. Elle utilisait le papier de verre, le fouet à perles, la porte du salon, ses mains, ses pieds et ses poings. Elle aimait m'enfoncer ses clés de voiture dans le crâne et les faire pivoter sur mon cuir chevelu. J'étais exactement à la bonne hauteur, assise dans mon fauteuil.

Elle aimait aussi toujours me torturer mentalement. Elle me demanda un jour, comme offrant un cadeau sur un plateau d'argent :

– Aimerais-tu voir ta vraie maman et ton vrai papa ?

Je commis l'erreur d'être honnête.

– Euh…, oui.

Elle me gifla fort la tête.

– Mauvaise réponse, dit-elle froidement. Je suis ta mère. *Je suis* ta mère !

Je baissais la tête et subissais. À la différence de mon frère et de ma sœur, je ne lui résistais jamais. Au fil des ans, j'étais devenue un caméléon, m'adaptant pour survivre. Pour éviter les coups (même si cela fonctionnait rarement), j'acceptais, morte de trouille, tout ce qu'elle disait. Comme je ne pouvais même plus me mettre sur mes deux pieds sans qu'elle me frappe, je n'avais plus la moindre chance de trouver une quelconque force.

Le soir, Adam et elle montaient dans leur chambre. Même si Adam avait douze ans, ils dormaient toujours dans le même lit. Sa voix muait, mais mère essayait désespérément de ne pas rompre le charme de son enfance. Il ne savait pas lacer ses chaussures ; il ne savait pas lire. Elle le maintenait le plus gamin possible. Le besoin de contrôler, encore et toujours.

Ils montaient, et on me laissait en bas dans le noir, dans mon fauteuil. Elle appelait Jet pour qu'il la rejoigne. Il galopait docilement en haut des marches et se couchait à côté de son lit. Mais quand les ronflements de maman résonnaient dans toute la maison, il se faufilait à nouveau en bas jusqu'à moi, couchée par terre dans l'entrée, recouverte d'une vieille couette puante et crasseuse. Il venait s'allonger près de moi et je le serrais pour puiser sa chaleur, mais à l'intérieur, mon cœur avait toujours froid.

Parce que la dépression que j'avais ressentie quand j'étais sortie de l'hôpital ne m'avait jamais quittée, pas pendant toutes ces années. Pourquoi s'en irait-elle ? Je restais une meurtrière, la lie de la terre. Et maintenant j'étais une enfant diabolique qui n'avait même plus d'autres enfants diaboliques en compagnie desquels prendre des coups. Alloma et Christopher me manquaient ; ils me manquaient terriblement.

Nuit après nuit, je restais dans le noir, serrant Jet, et je pensais à ses laisses pendues près de la porte de derrière dans la cuisine, près des manteaux. Et je pensais combien il serait facile de glisser l'une de ces laisses autour de mon gros cou, de jeter l'autre extrémité jusqu'au plafonnier de la cuisine... et de mettre un terme à tout cela. Oh oui, combien ce serait facile.

Et c'était tellement, tellement tentant.

24

– On peut y aller, s'il te plaît, mère, on peut y aller, s'il te plaît, allez, *allez* ?

La voix forte et geignarde d'Adam suppliait maman de le laisser aller seul à une réunion des Témoins de Jéhovah. Seul, enfin, avec sa nounou/chaperonne aussi, bien sûr. Elle ne l'aurait jamais laissé profiter d'une indépendance totale.

Ce qu'Adam voulait, Adam l'obtenait toujours.

On se retrouva donc tous les deux un après-midi, dehors sans mère, au printemps 2004, Adam poussant mon fauteuil jusqu'à l'arrêt de bus pour notre premier aperçu de la liberté. On devait prendre un bus jusqu'à la Salle du Royaume. Ce n'était qu'un court trajet, de dix à quinze minutes peut-être, mais c'était une perspective extrêmement effrayante pour deux adolescents qui n'avaient jamais fréquenté l'école. Je venais d'avoir dix-huit ans, mais j'ignorais comment lire les horaires de bus ou préparer la monnaie du ticket. Maman n'était d'aucune aide ; elle se contentait de dire :

– Tu as dix-huit ans, tu es une adulte, tu devrais le savoir.

Mais on ne m'avait jamais montré comment faire, je n'avais jamais d'argent à moi, et c'était dur de comprendre sans aide. J'éprouvai un véritable sentiment de réussite quand on monta dans le bon bus bleu, orange et blanc, quand le chauffeur me donna les tickets et la monnaie et on arriva sains et saufs à la salle après avoir parcouru le labyrinthe déroutant de rues avec des panneaux que je déchiffrais à peine.

Adam et moi nous rendîmes chaque semaine aux réunions. Quand on rentrait à la maison, maman était déjà revenue de ses rénovations à la ferme et nous passait comme toujours sur le gril :

– Qu'avez-vous dit ? Qu'ont-ils dit ? Qui avez-vous vu ? Combien de temps êtes-vous restés ? Dites-moi *exactement* ce qui s'est passé.

Au début, je ne disais jamais un mot aux réunions. Je parlais rarement, de toute façon, et cela semblait vain. Pas quand Adam était là pour parler pour nous deux. On me posait une question, il répondait à ma place. C'était si normal pour nous que l'avis d'Adam soit le seul qui vaille la peine d'être entendu, et que je sois là pour me taire et rester assise.

Mais il se passa quelque chose d'étrange : les gens voulurent savoir ce que *je* pensais. Certains des Témoins rembarraient même Adam parce qu'il parlait à ma place.

– Tu peux laisser ta sœur parler, oui ? disaient-ils.

Ou :

– Non, j'ai posé la question à ta sœur en premier.

Et ils me parlaient avec respect.

Je n'avais jamais rien connu de plus bizarre.

Petit à petit, je me mis à mieux connaître certains des Témoins. Il y avait des filles de mon âge aux réunions, et aussi des femmes plus âgées qui m'attiraient, dont l'épouse d'un ancien, Jackie. Les filles et les femmes me parlaient et, finalement, je me mis aussi à leur parler avec beaucoup d'hésitation. Sans mère me rappelant en permanence « Baisse les yeux, baisse les yeux », j'osai les regarder et même prononcer une phrase ici ou là.

Il y avait cette fille que j'aimais beaucoup : c'était une jolie blonde appelée Amy, qui faisait des études pour être infirmière puéricultrice et aimait les enfants autant que j'aimais mes poupées. Quand, quelques mois après notre première réunion, Adam obtint la permission de maman pour qu'on aille prêcher de porte à porte, je m'armai de courage et demandai à Amy si je pouvais l'accompagner.

Comme elle avait déjà quelqu'un, elle s'excusa et dit qu'elle ne pouvait pas. Je regardai sa mère, Judy, et demandai :

– Vous ne pouvez pas l'y obliger ?

Judy me regarda, une expression surprise et quelque peu horrifiée sur le visage.

– Non, Victoria, répondit-elle, presque pensive. Bien sûr que je ne peux pas l'obliger. C'est une jeune femme, c'est son choix, elle peut décider. Je ne peux pas l'obliger à faire quoi que ce soit.

Je ne compris pas à l'époque l'impact que cet échange eut sur moi, mais il me travailla beaucoup quand je partis : *C'est une jeune femme, c'est son choix. Je ne peux pas l'obliger à faire quoi que ce soit.*

J'étais une jeune femme, moi aussi. Mais je n'avais jamais, au grand jamais, eu le choix.

Non ?

J'étais assise au fond de la Salle du Royaume, mon fauteuil rangé dans l'ombre, Adam assis à côté de moi. Maman m'avait frappée la veille, ses doigts étroitement serrés autour de ma gorge pendant qu'elle hurlait et me crachait au visage, et des ecchymoses violettes marquaient mon cou blanc et gras, une par doigt. Des taches rouges émaillaient ma peau là où ses ongles sales s'étaient enfoncés ; les poches de sang étaient déjà gonflées de pus et infectées, douloureuses et irritées.

Quand mes bleus se voyaient, je demandais à Adam de mettre le fauteuil hors du passage dans une pièce au fond de la salle, où on risquait moins d'attirer l'attention. En général, je recouvrais les marques d'un pull, l'air de rien, mais maman avait complètement disjoncté la veille, et on les voyait comme le nez au milieu de la figure.

Les preuves visuelles de l'attaque ne la gênèrent pas le moins du monde, cependant. Elle m'avait regardée de haut en bas juste avant qu'on quitte la maison, ce jour-là, et m'avait dit avec une fourberie consommée :

– Si quelqu'un te pose la question, dis que c'est ton frère, Christopher, qui l'a fait. Il est méchant. On dira tous que c'est sa faute.

Christopher vivait toujours chez mamie et papi. Mamie était désormais guérie de son cancer, mais, du fait de la santé toujours déclinante de papi, Christopher était resté pour s'occuper d'eux, et on le voyait rarement. Je m'étais contentée d'opiner docilement pendant que ma mère me donnait ses instructions.

La réunion s'acheva, et je vis Jackie qui m'observait depuis le côté de la pièce. Nos yeux se croisèrent, et elle laissa son mari, Duncan, pour me rejoindre. Tandis qu'elle posait sa main sur mon fauteuil et se baissait, je vis son regard vaciller devant les marques sur mon cou.

– Tu vas bien, Victoria ? demanda-t-elle d'une voix très inquiète.

Mes yeux se baissèrent automatiquement vers le sol, et le mode « protéger maman » s'activa. Le mensonge appris était prêt sur ma langue, dodu comme une prune empoisonnée, mais je n'avais pas du tout envie de rendre mon frère responsable ; c'était la chose la plus détestable au monde. Cela ne me gênait pas de dire que j'étais tombée de mon fauteuil ou qu'un objet m'était tombé dessus – ce genre de contre-vérités avec lesquelles j'avais grandi. Elles me venaient aussi naturellement que respirer, mais quand je devais blâmer un autre être humain, un innocent, je trouvais cela très immoral. Je ravalai malicieusement le mensonge et répondis :

– Je suis tombée de mon fauteuil.

– Encore ? s'étonna Jackie, ses yeux étudiant attentivement les bleus, même si je ne pouvais le voir, car mon regard était fermement rivé au sol, la malhonnêteté, comme un épais mur autour de moi, empêchant la chaleur et la gentillesse de Jackie de m'atteindre.

– Je suis très maladroite.

Jackie hocha lentement la tête, puis se leva lorsqu'un autre Témoin nous rejoignit.

– Puis-je vous ramener à la maison, Victoria ? Adam ? dit-il.

C'était Daniel. Il nous ramenait régulièrement, arguant qu'il devait être très difficile pour nous d'attraper le bus quand j'étais dans mon fauteuil.

– Merci, Daniel, murmurai-je, contente d'échapper au regard interrogateur de Jackie.

Il nous déposa comme les autres fois en haut de George Dowty Drive. Maman ne lui permettait pas de s'arrêter devant la maison ; c'était trop près, peut-être assez près pour remarquer que les rideaux étaient toujours tirés, que la maison était trop silencieuse, abritant ses secrets. Il devait se garer en haut de la rue, et Adam et moi finissions le trajet à pied.

Mère n'appréciait pas nos nouveaux amis, mais alors pas du tout. Amy m'avait invitée à une réunion de filles, mais maman ne m'avait pas autorisée à y aller. Même si ceux avec qui nous étions aux réunions étaient de fervents Témoins, maman faisait la moue si Adam ou moi en parlions à la maison : elle ne voulait surtout pas qu'on devienne proches de quelqu'un. Quand elle pouvait nous empêcher d'être avec d'autres, elle le faisait et ne nous autorisait en tout cas rien hormis cette réunion hebdomadaire d'ordre strictement religieux. De plus, elle faisait tout son possible pour que je sois repoussante au plus haut point et que personne ne veuille se prendre d'amitié pour moi. Elle s'était mise à me taillader les cheveux, les découpant en folles mèches blondes derrière, pour me soumettre, me contrôler en public.

En public, justement, j'étais en train de faire un grand sourire à Daniel qui m'aidait à me rasseoir dans mon fauteuil sur le côté de la route. Mon sourire me donnait un vrai complexe (mes deux dents de devant avaient été arrachées depuis longtemps par maman, et comme, depuis l'incident avec les radios et le dentiste, elle ne cherchait même plus à ce qu'on me les remplace, j'avais des trous béants dans ma dentition), mais je voulais lui montrer ma reconnaissance.

– À la semaine prochaine, dit-il, donnant gaiement un coup de klaxon en partant.

Adam et moi descendîmes lentement la route, sachant que l'interrogatoire de maman nous attendait à notre arrivée à la maison. On avançait sans parler. Les réunions étaient une sorte de refuge pour Adam aussi, je crois, et lui non plus ne racontait pas grand-chose quand elle le questionnait. Cela m'allait. *Moins elle en sait*, me disais-je, *moins je prendrai de coups*. Je n'aimais pas recevoir des coups.

La première sensation de malaise me frappa quand j'allai fermer la maison pour la nuit : je ne trouvais mes clés nulle part. Je cherchai partout, mais elles avaient disparu ; je ne pourrais pas fermer. Quand maman ferait son inspection quotidienne ce soir-là, la porte serait déverrouillée, et mes obligations, non remplies.

Bien entendu, elle me questionna dès qu'elle baissa la poignée en montant se coucher et que la porte s'ouvrit.

– Où sont les clés, Victoria ?

– Je les ai laissées tomber dans la voiture de Daniel, je crois, marmonnai-je. Elles doivent être dans l'espace pour les jambes de sa voiture.

– Eh bien, envoie-lui un SMS et dis-lui de te les ramener tout de suite.

Elle me tendit son portable, et je tapai laborieusement une excuse et la demande à Daniel. Le téléphone sonna avec l'arrivée d'un message.

Ai les clés. Mais ne peux pas revenir maintenant. Je te les déposerai demain, c'est bon ?

– Non, dis-lui que ce *n'est pas* bon ! Et dis-lui qu'il ne doit pas venir jusqu'à la porte d'entrée.

Maman ne voulait personne sur le seuil : elle devait tout contrôler.

Mais Daniel avait dû trouver que c'était ridicule – et une perte de temps – de nous attendre plus loin sur la route alors qu'il pouvait venir jusqu'à la maison. La boîte à lettres claqua, un bruit peu fréquent, quand il passa les clés par la fente, et maman piqua une crise parce qu'il était venu jusqu'à la porte. On pouvait sentir la puanteur de là, vous comprenez, et l'odeur contredisait l'image de la maîtresse de maison et de la mère parfaites qu'elle montrait au monde.

– Adam, dit-elle d'une voix mesurée. Va chez mamie, tout de suite.

Quelques secondes s'écoulèrent après qu'Adam eut refermé la porte derrière lui, puis elle se rua sur moi. Elle me tira hors de mon fauteuil dans l'entrée et me roua de coups quand je fus au sol.

Ces temps-ci, mon corps offrait une vaste surface à ses coups. Ses chaussures noires en martelèrent le moindre centimètre. Elle portait un pantalon violet et je regardais ses jambes me cogner, me battre jusqu'à ce que je devienne moi-même une pulpe violette. Puis elle passa à autre chose : me frapper avec un morceau de bois ; m'étrangler ; me donner des coups dans les yeux et me tirer les lèvres pour pouvoir les appuyer sur ce qu'il me restait de dents. Elle me bourra le visage de coups, et c'est alors que je sus qu'elle avait vraiment perdu son sang-froid : elle me cogna le visage jusqu'à ce qu'il soit lacéré et que mes yeux deviennent des globes injectés de sang, pleurant des larmes de douleur, jusqu'à ce que je ne puisse presque plus voir son visage furibond, ses cheveux teints en noir attachés en queue de cheval, des mèches grises vaporeuses s'échappant de l'élastique alors qu'elle me frappait le plus fort possible. Peut-être avait-elle vieilli, mais elle était toujours aussi forte, et une invalide comme moi ne faisait pas le poids.

Impossible de cacher ces ecchymoses. Quand on se rendit à la réunion la semaine suivante, alors même que je me cachais dans la pièce du fond, je pouvais sentir le regard attentif de Jackie, mais aussi de Ruth, l'épouse d'un autre ancien, m'examinant le visage. Elles vinrent me parler avec gentillesse, et je bafouillai mon excuse habituelle : j'étais tombée du fauteuil. Je ne pense pas qu'elles cherchèrent même à masquer leur incrédulité.

Leur gentillesse était vraiment déroutante. À la maison de George Dowty, pendant que maman et Adam regardaient la télévision dans le salon et que j'étais assise seule dans l'entrée, j'essayais de débrouiller ce puzzle déconcertant. *Mais que se passe-t-il ?* me demandai-je. *Maman m'a dit et répété, pendant dix-huit ans, que je suis l'enfant du diable, que je suis maléfique. Mais si c'est vrai, pourquoi Jackie et Ruth sont-elles gentilles avec moi ?*

J'étais perdue, déprimée et je me sentais si seule. Cette nuit-là, couchée sur le sol dans ma couette sale, je me tournai vers la personne dont j'avais tant entendu parler aux réunions. Je me tournai vers Dieu.

– Mon Dieu, aidez-moi, chuchotai-je, des chaudes larmes piquant mes yeux au beurre noir gonflés pendant que je priais. Suis-je bonne ? Suis-je maléfique ? Aidez-moi, je vous en prie. *Je vous en prie, aidez-moi*. Aidez-moi à comprendre.

Parce que, pour la première fois de ma vie, je voyais une différence : une différence qui n'avait aucun sens. Une différence entre le traitement que je recevais à la maison et celui que me réservaient les Témoins.

Mais... je refusais presque de comprendre : parce que si ce qui arrivait à la maison *était* mal, je ne voyais vraiment pas comment j'allais m'en sortir.

Tant de fois maman m'avait rappelé les règles :

– Personne ne te croira. Tu viens d'un foyer, tu es une enfant perturbée... Qui va te croire, surtout toi plutôt que moi ? Je suis une mère merveilleuse.

Comme si toutes les cartes étaient contre moi, et son autorité, toute-puissante. Pendant dix-huit ans, je l'avais regardée manipuler et contrôler la moindre personne officielle qu'elle avait croisée. J'avais beau chercher, je ne voyais pas de solution.

Eh bien, il y en avait une. J'entendis Jet remuer au-dessus de ma tête et descendre l'escalier. Il y avait sa laisse ; il y avait une solution si je voulais vraiment en sortir.

Je m'imaginai passer la laisse autour de mon cou, mes jambes faisant tomber une chaise, puis s'agiter alors que le nœud se resserrait autour de ma gorge. Je m'imaginai maman qui me trouvait... ou Adam. Oh ! Adam. Comment pouvais-je le laisser ? Parce que, sans moi ici, s'en prendrait-elle à lui ? Le ferait-elle ? Avec ma mère, tout était possible. Je ne pouvais supporter cette idée ; je ne pouvais supporter l'idée qu'elle fasse du mal à un autre enfant, tout cela à cause de moi.

Jet se laissa tomber à côté de moi sur mon oreiller avec un puissant soupir canin et me renifla le visage de sa truffe noire.

Je vous en prie, mon Dieu, *pensai-je à nouveau,* aidez-moi. Suis-je bonne, après tout ? Est-ce possible, vraiment possible, que ce soit vrai ?

Jet lécha les larmes sur mon visage avec sa langue rose et humide. Et je me dis, alors que mes pensées folles et embrouillées tourbillonnaient en tous sens dans ma tête : *Ça ne peut plus durer.*

25

Je plissai les yeux sous le soleil de septembre, mon dos protestant lorsque je me penchai dans mon fauteuil pour arranger les fleurs sur les tombes de mes sœurs. Chaque année à la date anniversaire de leur mort, on venait en pèlerinage leur déposer des hommages fleuris : des freesias jaunes pour Judith et des roses pour Charlotte. Charlotte adorait ces fleurs, aussi roses que ses joues et sa collection de jolies robes (toujours pendues dans le placard de sa chambre fermée à clé, qui ne seraient jamais plus portées). J'étais toujours extrêmement déroutée par la mort de mes sœurs et par le nouvel univers que je découvrais chaque semaine aux réunions des Témoins de Jéhovah.

Une myriade de pensées virevoltaient dans ma tête, nourries par l'humanité que je percevais dans le regard des personnes présentes à la Salle du Royaume, par l'inquiétude que j'entendais dans leurs voix, par l'amour qu'ils se portaient les uns aux autres et qu'ils me portaient également. Ces maris et ces femmes qui avaient des familles à eux et chatouillaient leurs enfants au lieu de les frapper, qui couraient après leurs petits dans la Salle du Royaume avec plaisir et non l'envie de leur faire du mal. J'avais l'impression de devenir plus forte de jour en jour, de perdre les œillères que j'avais sur les yeux. Je trouvai même le courage de parler d'oncle Phil à maman et de ce qu'il me faisait. C'était courageux parce qu'elle ne voulait pas qu'un de ses enfants soit informé des choses du sexe. Ce que je savais, je l'avais appris par moi-même avec

Phil. Un jour que nous étions seules dans la voiture, je lui racontai ce qui se passait. Elle me regarda de haut en bas sur mon fauteuil.

– Eh bien, finit-elle par dire. Au moins, tu es bonne à quelque chose.

Je ne sais pas à quoi je m'attendais, mais pas à ça. C'était presque une félicitation. Presque. Et j'avais beau la connaître, ses mots ne m'en blessèrent pas moins. Ce qu'oncle Phil me faisait me donnait une telle envie de vomir ! Je croyais malgré tout que ma mère m'aiderait... Tu parles ! Je crois qu'elle l'engueula quand même, mais je me sentis plutôt coupable de provoquer des tensions dans la famille.

Bien entendu, j'étais aussi bonne pour la lessive, ainsi que d'innombrables autres tâches. Je faisais toute la lessive à la maison, veillant à ce que les tenues de petit prince d'Adam soient propres, repassées et complètes, avec tout leur attirail ampoulé. Par une froide journée d'hiver en décembre 2004, alors que j'allais étendre le linge dehors parmi les arbres aux branches nues, mon cœur se mit à marteler dans ma poitrine quand je vis qu'une chaussette bleue solitaire avait tout teint d'une couleur saphir : ça allait être ma fête. Je réfléchis rapidement, puis roulai mon fauteuil jusqu'en haut du jardin et plongeai tous les pantalons thermiques chics d'Adam dans une bassine d'eau de Javel. Peut-être pouvais-je leur rendre leur couleur. L'odeur de Javel se répandit partout (ma gorge se serra au souvenir de toutes ces fois où maman me l'avait fait avaler de force), mais j'espérais que cela ferait l'affaire.

Je laissai les vêtements tremper toute la journée, puis relavai le tout. Cette odeur caractéristique émanait toujours du linge, toutefois, et maman n'était pas une idiote.

– Tu as utilisé de la Javel ? me demanda-t-elle, fâchée, quand je rentrai le linge.

– Non, mentis-je.

– Ne me mens pas ! Je ne suis pas stupide. Tu l'as fait, non ?

Elle me traîna hors de mon fauteuil et me frappa

durement. Elle me tira par mes cheveux courts, tailladés, jusqu'en haut de l'escalier et me projeta au bas des marches.

– Saloperie de menteuse. Hypocrite. Fourbe.

Vlan, vlan, vlan !

Quand elle eut fini, mon visage était un kaléidoscope de bleus et de coupures. Il me faudrait à nouveau me mettre au fond à la réunion cette semaine ; et j'aurais pu m'en passer. La pression semblait croître à la Salle du Royaume. De plus en plus de personnes me demandaient si j'allais bien. J'avais vu Jackie parler à voix basse à son mari Duncan, et Ruth, au sien, Mark, toutes deux jetant des regards inquiets dans ma direction. Jackie était même passée un jour à la maison pour interroger maman sur les bleus.

– Nous sommes tous inquiets, dit-elle depuis le seuil, alors que maman entrebâillait à peine la porte afin que Jackie ne puisse pas voir le chaos à l'intérieur. D'où viennent tous ces bleus ? Pourquoi y a-t-il des marques de strangulation autour de son cou ? Adam et Victoria ont dit que c'était Christopher qui l'avait fait. Est-ce Christopher ?

Maman avait eu un mince sourire et confirmé indirectement.

– Oui, en majeure partie.

– Comment ça, « en majeure partie » ? demanda Jackie, choquée.

– Oh ! vous savez bien, Victoria est autiste. C'est une fille très maladroite. Elle n'arrête pas de tomber.

Après cela, la porte avait été pratiquement claquée au nez de Jackie, qui avait dû partir. Quoi qu'il en soit, je voyais chaque semaine qu'elle y pensait toujours, et cela me rendait vraiment très nerveuse.

Chant et prière de clôture s'éteignirent dans la Salle du Royaume, et la pièce principale se mit à résonner du bruit des bavardages alors que les fidèles se rassemblaient pour papoter. Maintenant que la partie étude de la Bible était finie, je laissai Adam filer de la pièce du fond où nous nous tenions pour aller retrouver les autres Témoins. Je restai tranquillement assise seule, tête baissée, de peur que quelqu'un ne passe la tête par le seuil et ne me voie assise là, le visage couvert de bleus. Je ruminais le même sujet, comme toujours ces temps-ci : ça ne pouvait plus durer ; il fallait faire quelque chose. Tu dois te tuer ou dire quelque chose.

Mais je ne peux pas laisser Adam.

Mais tu ne peux pas continuer à vivre ainsi.

Je levai la tête en entendant un petit coup sur la porte. C'était Mark, le mari de Ruth, l'un des anciens de notre congrégation. C'était un homme d'une trentaine d'années, grand et respecté. Une raie découpait ses beaux cheveux foncés. Il me sourit en s'approchant de mon fauteuil.

– Bonjour, Torrie.

– Bonjour, Mark, répondis-je, baissant les yeux.

Il y eut une pause, une longue pause, comme si le monde avait cessé de tourner. J'entendais les bavardages dans la salle principale. Quand je relevai les yeux, Mark fixait les siens sur moi. Mon visage contusionné se reflétait dans le marron brillant de ses iris, et il avait l'air si triste, si triste pour moi. Il laissa le silence durer pendant que nous nous regardions, deux statues immobiles et muettes dans la salle, pendant que les autres Témoins bavardaient et s'agitaient, certains entrant de temps à autre dans la salle du fond, mais aucun ne nous dérangeant. Je soutins longtemps le regard de Mark qui m'observait en silence.

– Que se passe-t-il ? dit-il enfin.

Mon cerveau se déconnecta. Ce ne fut pas un acte conscient qui me fit ouvrir la bouche et dire :

– Elle me frappe.

Incrédulité. Une incrédulité totale face à ce que je venais de dire. Je perçus la même émotion dans les yeux de Mark : l'incrédulité – exactement ce que mère avait dit.

Et je songeai *: Il ne me croit pas. Il ne me croit pas.*

J'ouvris la bouche pour parler à nouveau. C'était si important que je l'amène à me croire.

– Vous savez, cela fait un moment que ça dure.

Et toujours, ces yeux brillants qui semblaient choqués.

– Je ne mens pas, vous savez. Cela dure depuis très, très longtemps.

Merde, merde, merde, merde, merde. Mon cerveau comprit ce que ma bouche avait dit, mais c'était trop tard. *Je vais avoir des problèmes,* me dis-je. *Je l'ai trahie. Oh mon Dieu ! J'ai trahi ma propre mère. Les mots coupablecoupablecoupable* pulsaient dans mes veines, la pulsation de plus en plus forte à chaque battement de cœur. *Traîtretraîtretraître. Tu es fourbe. Tu es hypocrite. Tu es la lie de la terre.*

J'en aurais pleuré.

Mark retrouva sa voix.

– Ne bouge pas, me dit-il. Je vais parler aux autres anciens. Je reviens tout de suite.

Je restai là, terrifiée. Absolument terrifiée. Je ne savais pas ce qui allait se passer. Peu après, Mark revint. Il était avec Duncan. J'étais contente que ce soit ces deux-là. De tous les Témoins, c'était en eux que j'avais le plus confiance. Tous deux anciens de la Salle du Royaume, ils prenaient toujours le temps de parler avec Adam et moi. Duncan était un homme avisé (plus âgé que Mark, la quarantaine) et ce que j'aimais en lui était que, comme moi, il ne parlait jamais sans raison. Quand il parlait, il y avait une volonté derrière ses paroles, et une sagesse : c'était un être sincère et gentil. Il avait une voix bourrue, mais il était très doux.

Et c'est avec gentillesse qu'il me parla.

– Mark m'a répété ce que tu as dit, Torrie. Si nous allions dans un endroit plus tranquille pour que tu nous racontes tout ?

Duncan et Mark m'emmenèrent dans une pièce plus petite, loin de tous les autres. Ils tinrent Adam à distance dans la salle principale, les mains occupées par des tasses de sirop et des biscuits. Et je parlai. Quand j'eus tout dit, cette première fois, je pensai : *Eh bien, il n'y a plus de retour en arrière possible.*

C'était terrifiant, si terrifiant, et surréaliste. Pendant si longtemps, j'avais dû faire semblant que tout allait parfaitement bien à la maison, mais aussi que je ne savais pas communiquer correctement, crétine d'autiste que j'étais. Et voilà que je trouvais ma voix. Je regardai droit devant moi et leur racontai avec franchise et simplicité exactement ce qui se passait.

Je leur parlai aussi de Christopher et d'Alloma.

Je leur racontai les bâtons. Tout en parlant, j'entendais la voix de ma mère fulminer dans ma tête : « Ils ne te croiront pas ! Ils ne te croiront pas ! »

J'écoutais ce hurlement, cette voix que j'avais entendue pendant dix-huit ans... et je continuais à parler. J'étais complètement engourdie. Émotionnellement détachée. C'était presque comme si je récitais une liste de courses, leur racontais une anecdote mondaine autour d'un thé qui refroidissait dans sa tasse. Je ne versai aucune larme. J'étais presque absente, alors que la voix de ma mère fulminait et tempêtait dans ma tête, et mes yeux restaient fixés sur Mark et Duncan, sur leur regard doux, sur leurs visages horrifiés.

Je me rappelle que Mark continuait à dire :

– Si tu dis la vérité...

Je me rappelle m'être sentie indignée : *Voyons, pourquoi mentirais-je ?* Cela me semblait injuste de devoir les convaincre.

Mais surtout, je me sentais si lâche, si déloyale. J'avais l'impression d'être la pire personne au monde. Parce que je trahissais ma maman – et pas uniquement elle, mais toute la famille aussi. Et ma mamie, que j'adorais ? Qu'est-ce que cela ferait à ma mamie malade ? Comment pouvais-je faire cela à ma mamie, à Adam, à mamanmamanmaman ?...

Je restai assise là à me dire : *C'est toi qui as fait d'elle ce qu'elle est. En plus, tu viens de la mettre dans un sacré pétrin. Tu es la lie de la terre.*

Malgré tout, je continuai à raconter.

26

Je restai une heure environ dans cette pièce, alors que je déballais toute l'histoire. Après, ils me serrèrent dans leurs bras, des bras d'hommes forts autour de moi, essayant de me faire comprendre que tout irait bien.

– Comment veux-tu qu'on s'occupe de ça ? me demandèrent-ils.

Je ne savais pas quoi répondre. Cela me semblait inconcevable de la quitter. J'étais légalement adulte, puisque j'avais dix-huit ans, mais je ne me sentais pas adulte : j'avais plutôt l'impression d'avoir neuf ans, voire cinq. On m'avait ôté toute personnalité depuis si longtemps que je n'avais absolument aucune confiance en moi ou en mes décisions. Pas une once.

– Nous t'aiderons si tu le veux, dirent-ils.

Je me disais : *Je veux de votre aide.* Je savais que je n'avais pas d'autres choix. C'était ainsi ou pas du tout. Il n'y avait pas d'autres solutions. J'opinai en silence, ne me sentant pas capable de parler.

– Tu ne dois pas rentrer chez toi et lui faire savoir qu'on est au courant. D'accord ? Tu peux faire ça, Victoria ?

J'opinai à nouveau, un peu plus fermement. Après tout, j'avais conservé les secrets de mère pendant dix-huit ans ; je pouvais garder celui-ci.

J'allai chercher Adam, et on rentra tous deux à la maison. C'était si surréaliste. Je ne crois pas que j'avais vraiment pris la mesure de ce qui s'était passé. J'étais silencieuse comme une souris, mais ce n'était ni difficile ni rare ; maman n'avait jamais envie d'entendre ce que j'avais à dire, de toute façon. Quand je la vis, je me sentis engourdie. J'attendais presque le moment où sa vue magique prendrait le dessus et ses yeux me cloueraient d'un regard comme pour dire « Je sais ce que tu as fait », mais ce moment ne vint pas.

La maison paraissait bizarre – et moi aussi : aucun triomphalisme, aucun soulagement. Je me sentais effrayée, anxieuse, déprimée. Je n'avais confiance en personne ; je ne croyais pas que c'était fini.

Les anciens m'avaient assuré qu'ils n'en parleraient pas à maman. Là-bas dans la pièce, je leur avais tout dit de la fois où j'en avais parlé à mamie, et de ce qui s'était passé, et ils avaient promis de ne pas confronter maman à ces accusations. Ma plus grande crainte était qu'Adam devine quelque chose, mais il semblait ne se soucier de rien, démolissant bruyamment la maison comme d'habitude, exprimant ses exigences de sa voix impérieuse de roitelet.

Adam et moi continuâmes à nous rendre aux réunions pendant une ou deux semaines. Chaque fois, j'allais directement parler aux anciens. Dans la salle principale, Jackie et Ruth veillaient à ce qu'Adam reste hors du chemin. Je leur donnai plus de détails. Cela ne me perturbait pas de leur décrire ce qui s'était passé (c'était ma vie, après tout, c'était normal pour moi) et donc, je décrivais de manière prosaïque la torture des deux dernières décennies. J'étais aussi détachée que si je présentais différents types de gâteaux au menu d'un café. Je voyais qu'ils étaient horrifiés, cependant, et choqués. Mais je pense qu'ils passaient aussi les faits en revue dans leur tête, se rappelant toutes les fois où j'étais arrivée avec des bleus sur le visage, ou même à quoi je ressemblais, petite fille, à la Salle du Royaume, et mon histoire était étayée par ces faits, par ces faits simples et brutaux.

– Quand veux-tu partir ? me demanda Duncan, à la fin d'une autre séance dans la petite pièce. Quand pouvons-nous venir te chercher sans risque ?

Je ne voyais qu'un seul moment : quand maman emmenait Adam à son cours d'équitation (encore un autre symbole externe de ses attentions maternelles parfaites). Même si elle nous laissait plus souvent seuls tous les deux ces temps-ci, forte de sa certitude que jamais je n'en profiterais pour filer, je n'abandonnerais jamais Adam en le laissant seul à la maison. Cela devait se passer quand maman était avec lui ; il n'y avait pas d'autres possibilités.

Et c'était bientôt Noël, il ne restait plus qu'un cours avant les vacances. Une seule chance de partir. Je ne pouvais quitter ma maman que le mardi 21 décembre 2004.

La veille, Adam et moi étions à la maison de George Dowty comme d'habitude. Maman était à la ferme, dépensant mon allocation d'invalidité à ses interminables rénovations. Sachant qu'elle serait partie, Duncan m'appela sur le téléphone de la maison et me dit d'emballer mes affaires et de les mettre dans l'allée de derrière pour qu'il passe les prendre. Pendant ce temps, j'entendais Adam qui faisait rouler ses voitures sur la partie boisée en haut des marches, celle où maman cognait mes pieds nus avec une barre à mine, à l'époque où je pouvais marcher. Le cœur battant de crainte qu'Adam ne m'entende, je chuchotai à Duncan que je le ferais. Mais les voitures continuaient à rouler sans la moindre pause.

Le peu d'affaires que j'avais, je le conservais dans des sacs-poubelle noirs dans la cuisine. Je jetai quelques-uns de mes vêtements dans un sac noir. Délicatement, je rangeai dans un autre sac la serviette « Katie » pêche que les infirmières m'avaient donnée à l'hôpital, me disant que je pouvais dormir sans pendant une nuit : ma dernière nuit dans cette maison. Sans un bruit, j'ouvris le placard à repassage où étaient cachées ces vieilles photographies de mon frère biologique, blond aux yeux bleus, et en mis une dans un des sacs. Puis, je me faufilai dehors et plaçai les sacs dans l'allée, comme me l'avait dit Duncan.

Ce fut un jour vraiment étrange. Tout en jouant avec Adam qui ignorait ce qui se tramait, qui levait son visage heureux et souriant vers moi, je me disais : *On ne jouera plus jamais ainsi. Je ne serai plus jamais là avec mon petit frère.* Je me sentais si triste. Je ne ressentais aucune joie. Je le quittais. J'étais son ancre et sa stabilité, parce que maman ne l'avait jamais aimé autant que moi. Même moi, je voyais que sa manière démente de l'élever faisait plus de mal que de bien, et j'essayais autant que faire se peut de la contrebalancer. Sans moi auprès de lui, qui sait ce qu'elle ferait ? J'avais l'impression de l'abandonner, comme m'avaient abandonnée tous les adultes que j'avais croisés dans ma vie. C'était cela, le plus dur à accepter.

– Où est mon dîner ? rugit maman dès qu'elle franchit la porte, jetant un sac-poubelle par terre, où il rejoignit le foutoir.

– Il est prêt, mère, dis-je, les yeux rivés sur le sac.

C'était un des miens, je le savais ; Duncan devait l'avoir raté. Mais je ne pouvais pas m'en soucier.

Après le dîner et la vaisselle, je préparai la bouillotte pour maman qui allait se coucher, comme c'était mon habitude chaque soir. C'était une tâche plus ardue qu'il n'y paraît : du fait de la faible hauteur de mon fauteuil, il m'était difficile d'atteindre les surfaces de la cuisine et, donc, c'était très compliqué de chasser l'air de la bouillotte bouillante. Je bataillais, de l'eau brûlante m'éclaboussant le visage. Cette fois, je ne le fis pas assez bien. J'avais posé la bouillotte à travers les lattes des marches pour qu'elle la prenne en montant, et je l'entendis crier depuis sa chambre :

– Mais quelle débile, quelle crétine d'autiste ! rugit-elle. Il y a plus d'air que d'eau chaude dans ma bouillotte. Est-ce que tu te rends compte, pauvre conne, que maintenant, je vais me réveiller en pleine nuit, et je vais me réveiller en ayant froid ? Eh bien, puisque tu peux rester assise toute la nuit, n'est-ce pas, tu ne dormiras pas quand j'aurai besoin que tu remplaces mon eau chaude.

– Oui, mère, répondis-je docilement, comme je l'avais toujours fait pendant dix-huit ans.

Elle éteignit les lumières, et la maison fut plongée dans l'obscurité.

Assise dans mon fauteuil dans l'entrée, j'attendis qu'elle se réveille. J'avais froid. Je commençais à avoir des fourmis dans les jambes ; j'avais d'intenses picotements derrière les jambes si je restais trop longtemps immobile dans mon fauteuil, la circulation sanguine coupée. Elles finirent par s'engourdir. Et je restai là assise dans l'entrée, dans le froid et l'obscurité, sachant que c'était ma dernière nuit dans la maison de George Dowty.

Mon cerveau refusait de l'assimiler. Je ne connaissais que ce lieu ; ce lieu et la ferme. Où que se porte mon regard, j'y voyais un souvenir : maman me poussant dans le couloir sur mon fauteuil, pour que ma tête heurte le mur ; les marches au bas desquelles j'avais été si souvent jetée ; le vide en bas du mur où se trouvait son miroir préféré ; le bout de moquette usé où, nuit après nuit, je m'asseyais sur la chaise invisible ; la porte du salon où elle emprisonnait mes doigts, encore et encore. C'était ma maison.

Au bout du compte, maman ne se réveilla pas une fois pendant cette longue nuit noire. Le matin, elle vint jusqu'à moi, toujours assise au même endroit dans mon fauteuil, et m'envoya un violent coup de pied dans les tibias. Elle dévissa le bouchon de la bouillotte qu'elle tenait et me renversa tout le contenu dessus pour me punir. Puis, elle me flanqua des calottes sur la tête avec la bouillotte, son embout raide et dur transformé en arme, jusqu'à ce que mes oreilles soient rouges et qu'elles palpitent.

– Dégage de ma vue, me dit-elle avec dégoût.

Alors, je m'attelai à mes corvées matinales. Pour commencer, j'aidai mon frère de douze ans à enfiler son pantalon moulant et ses chaussettes d'équitation. Je posai le sac à main de maman près de la porte, prêt pour qu'elle l'emporte. Mais je m'interrompis. L'autre chose que Duncan m'avait dite au téléphone était que je devais emporter une pièce d'identité. Je n'en avais pas, mais je savais que ma mère avait une carte bancaire à mon nom dans son portefeuille. Elle m'avait ouvert un compte à la Barclays, sur lequel mes allocations d'invalidité étaient versées ; un compte auquel elle seule pouvait accéder. Une carte bancaire était une pièce d'identité officielle ; je ne voyais qu'elle. Vite, avant de changer d'avis, je la glissai hors de son portefeuille que je remis ensuite dans son sac. Puis, je garai mon fauteuil dans le couloir, prête à les saluer quand ils partiraient au cours d'équitation.

Ne pas pouvoir faire mes adieux à Adam me coûtait. D'une voix légère, essayant de ne pas laisser mes émotions paraître, ou obscurcir mon jugement, je lui dis de bien s'amuser. Puis mon cœur se serra.

– Jet, viens ! cria ma mère.

Je ne m'y attendais pas. Elle n'emmenait pas toujours le chien. Je lui caressai le dos quand il sortit par la porte. *Merci, Jet,* pensai-je. J'étais si triste de ne pas pouvoir lui dire au revoir, lui faire un dernier câlin, d'amie à ami.

Puis ils disparurent. Duncan et Jackie ne devaient pas venir me chercher avant le milieu de la matinée, vers onze heures. Je m'affairai à mes corvées habituelles, m'occupant des animaux et nettoyant leurs cages, quand je fus interrompue par la sonnerie du téléphone.

– Allô ? fis-je d'une petite voix.

– Espèce d'abrutie, dit ma mère.

Mon cœur se mit à cogner.

– Où est la carte ? La carte n'est pas là. Je suis à la station-service de Pershore et je ne trouve pas la carte. Espèce d'abrutie ! Je t'ai dit de tout préparer pour moi.

Je n'arrivais même pas à réfléchir assez vite pour marmonner une excuse.

– Crétine d'autiste, murmura-t-elle d'une voix venimeuse. Puis :

– Je reviens.

27

J'appelai aussitôt Duncan.

– Elle revient ! criai-je.

La station-service n'était qu'à vingt minutes de là.

– Reste où tu es, on est en route, répondit-il de sa voix bourrue.

Je m'assis près de la porte d'entrée, entendant mon cœur battre dans mes oreilles. Je n'avais pas le temps de réfléchir au fait que je quittais la maison pour de bon ; je ne pensais qu'à une chose : je devais être partie avant son retour. Dès que je vis leur break bleu marine dévaler la pente, j'ouvris la porte d'entrée et attendis assise. Duncan et Jackie vinrent me chercher tous les deux. Ils soulevèrent mon fauteuil et moi dans l'escalier, je me glissai rapidement sur la banquette arrière, ils plièrent le fauteuil et claquèrent les portières. Duncan démarra, pied au plancher, moteur hurlant. Aucun signe de maman.

Nous avions réussi.

Ils m'emmenèrent au coin de la rue chez Ruth et Mark, où il avait été convenu que je resterais. Duncan se gara devant leur immeuble, et on prit l'ascenseur jusqu'à leur appartement.

Dès que Ruth ouvrit la porte, elle m'enlaça étroitement, ses épais cheveux foncés comme un nuage de douceur autour de mon nez. C'était une femme très maternelle, une maman irlandaise d'une petite fille de trois ans appelée Megan, et elle avait beaucoup d'amour à donner. Elle m'attendait, bien sûr, et du thé et des biscuits étaient disposés sur la table basse du salon.

Mais je ne m'attendais vraiment pas à voir tous mes vêtements étalés. Duncan avait déposé mes sacs noirs chez Ruth la veille. Elle les avait vidés et avait nettoyé mes vêtements et sous-vêtements, mis à sécher dans tout l'appartement, mes culottes sur le radiateur au vu de tout le monde. J'étais profondément gênée, très perturbée qu'elle ait regardé mes affaires intimes. Ce n'était qu'un acte de bonté, mais cela me fit l'effet d'invasion, comme si rien n'était sacré.

On s'assit tous devant une tasse de thé, accompagnant la boisson chaude de délicieux biscuits enrobés de sucre. Mark était au travail, mais Megan dansait autour de nous, heureuse comme tout. C'était surréaliste. On attendait tous les retombées, que la bombe explose quand maman rentrerait et percuterait. Ils voulaient tous me protéger, mais j'avais dix-huit ans et il y avait une limite à ce qu'ils pouvaient faire. Ruth me dit qu'elle avait appelé la National Society for the Prevention of Cruelty to Children, la NSPCC, société nationale de protection de l'enfance, la première fois qu'elle s'était inquiétée de mes ecchymoses, mais puisque j'étais légalement une adulte, ils ne pouvaient pas intervenir. Personne ne savait ce qui allait se passer.

Duncan et Jackie partirent après le thé. Ruth me dit gentiment :

– Et si on te donnait un bain ?

Je devais être très sale, même si je n'en étais pas consciente, à l'époque. Après tout, je ne prenais jamais de bains puisque je n'avais pas accès à la salle de bains à la maison. Elle me donna un maillot de bain noir et resta avec moi pendant que je m'abaissais délicatement dans l'eau fumante et odorante.

– Je t'ai pris ça, dit-elle.

Elle me montra du shampoing et de l'après-shampoing, ainsi qu'une nouvelle brosse à dents et un gant de toilette. C'étaient des objets incroyables. Je n'avais encore jamais rien possédé de tel.

Ruth proposa de me laver les cheveux, mais je ne voulais pas qu'elle le fasse. Je ne voulais pas être impolie, mais c'était trop. J'avais dix-huit ans et je venais de quitter ma maison, où ma propre mère ne s'occupait même pas de moi, et voilà que des gens lavaient mes affaires et voulaient me donner un bain, et j'étais extrêmement déroutée par leur gentillesse et leur intérêt pour moi. Je ne m'y fiais pas tout à fait.

Ruth ne fut cependant pas rebutée par ma réponse. Elle me dit de me laver les cheveux au moins deux fois, puis d'utiliser l'après-shampoing, et elle me laissa seule dans la salle de bains.

Je me frictionnai les cheveux avec le shampoing, son odeur fruitée si étrangère. L'inquiétude et l'angoisse me vrillaient les intestins. Pendant des années et des années, ma mère n'avait jamais été inquiétée pour ses actes ; personne ne s'était jamais opposé à elle. Depuis que j'étais toute petite, je l'avais regardée marcher sur les gens et obtenir ce qu'elle voulait, mais c'était délirant, car maintenant c'était moi qui prenais des risques, qui disais que c'était mal et que j'en avais assez. Moi. Cette personne sans aucune confiance en elle, aucune estime de soi, aucune identité, aucune idée de ce qu'était le « moi » en elle..., c'était vraiment cette personne qui avait agi. Cela pesait sur mes épaules et c'était terrifiant. J'attendais le tremblement de terre qui me tuerait sur le coup, et je mourais de peur.

Je m'inquiétais aussi pour Adam. Je savais ce qu'il en avait été pour moi quand les autres étaient partis : elle avait besoin de quelqu'un sur qui passer sa colère. Comme il avait toujours été adoré, il ne devrait rien craindre, mais on ne savait jamais... Toutes ces pensées virevoltaient dans ma tête. Cela me tuait de savoir que je l'avais abandonné. *J'aurais dû être là pour m'occuper de lui,* me disais-je. *J'étais la seule personne saine là-bas pour m'occuper de lui. Il m'appelait sa petite maman, mais je l'ai abandonné alors que j'étais censée le protéger. Je suis sa grande sœur et je l'ai laissé tomber. Je l'ai laissé tomber.*

Peu après mon bain, le téléphone sonna. C'était Duncan, qui disait à Ruth qu'il venait d'avoir des nouvelles de maman. Quand elle avait compris que j'avais disparu, elle avait interrogé Adam, qui avait répondu que je parlais beaucoup avec Duncan, ces derniers temps. Elle lui avait hurlé au téléphone :

– Où est-elle ? Où *est-elle* ?

Duncan lui dit que j'allais bien, mais que je ne voulais pas rentrer à la maison. Il ne lui indiqua pas où j'étais. Je me rappelle avoir regardé Ruth et m'être dit qu'elle était vraiment courageuse de m'accueillir chez elle. Tout le monde craignait ma maman – elle était si intimidante –, mais Ruth m'avait acceptée, ici en présence de sa précieuse petite fille, et j'estimai que cela témoignait d'une grande bravoure. Personne n'avait jamais fait cela pour moi avant.

Ruth et Mark habitaient dans un trois-pièces. Megan avait sa propre chambre avant que Ruth la débarrasse en préparation de mon arrivée, afin que j'aie un espace à moi. Elle en avait fait une pièce charmante. Je me revois me coucher ce soir-là dans un lit propre et chaud, les draps qui sentaient la lessive et l'amour d'une mère.

Ruth entra et m'installa une veilleuse pour que je n'aie pas à dormir dans le noir. Elle m'apporta une boisson chaude, un chocolat chaud, mais il m'était difficile de manger ou boire quoi que ce soit. Elle me souhaita une bonne nuit de sommeil, mais je ne réussis pas à fermer l'œil cette nuit-là ni la suivante ni la suivante encore. Le sac-poubelle que Duncan avait oublié était celui qui contenait ma serviette « Katie », mon doudou avec lequel je dormais chaque nuit, et je me sentais seule sans lui.

Pourtant, ce qui m'empêchait réellement de dormir, plus que l'absence de mon doudou, c'était une peur qui emportait, enveloppait tout sur son passage et me donnait la nausée.

Qu'allait faire mère maintenant ?

28

Ma chère fille,
Je sais que je n'ai pas été parfaite, mais j'aimerais avoir la possibilité de te voir. Peux-tu me retrouver au Morrisons pour qu'on en parle ?
Je t'aime.
Mère

Ma chère fille,
Ton grand-père va très mal. Pourrais-tu rentrer à la maison ? Ta mamie et lui sont extrêmement inquiets par ton départ. Ils ont perdu deux petites-filles et, à présent, ils t'ont perdue. Tu vas les tuer, tu vas les précipiter dans la tombe, tu dois rentrer à la maison. Ils ne peuvent pas s'en sortir sans toi.

Ma chère fille,
Je comprends à présent que tu as fait une dépression nerveuse. Je n'aurais pas dû faire ce que je t'ai fait...

Ma chère fille,
Je suis désolée pour tout ce que j'ai fait. Je t'aime, Victoria. Je t'aime.

Les lettres quotidiennes de ma mère m'embrouillaient l'esprit. Pas une seule fois, après avoir vécu dix-huit ans avec elle, elle ne m'avait dit qu'elle m'aimait. Était-ce vrai ?

Ou était-ce l'autre elle qui était réelle ? J'étais si perdue. Je refusai cependant de la rencontrer au Morrisons ou ailleurs. Je savais que si je la voyais... Je connaissais son pouvoir. Elle savait activer et désactiver à volonté un certain point de mon cerveau, et donc il m'était impossible de la voir, sinon, je rentrerais à la maison. Je ne pouvais pas rentrer. Je ne pourrais jamais plus rentrer.

Elle ne jouait pas tout le temps le rôle de la mère attentionnée. Ses lettres quotidiennes, ces missives extrêmement longues, passives-agressives bourrées de chantage affectif, écrites recto verso sur des pages et des pages de papier A4, et qui m'étaient remises via Duncan, mélangeaient gentillesse et méchanceté : les « Je t'aime » déroutants étaient ponctués d'invectives plus typiques contre ma personne, disant quelle vilaine fille j'étais, que je l'avais toujours été. Ces lettres étaient plus aisées à lire : plus familières, elles rappelaient plus la maison.

Elle se mit à tenir à Duncan des discours soigneusement préparés quand elle lui remettait ces missives.

– Ce n'est qu'une enfant, Duncan, disait-elle, utilisant tous ses pouvoirs de persuasion. On veut qu'elle rentre. Elle est autiste, elle a besoin d'être là. J'ai besoin de m'occuper d'elle ; elle ne sait pas s'occuper d'elle-même.

Duncan lui disait que j'avais dix-huit ans, que j'allais bien et qu'ils s'occupaient de moi. Les Témoins lui avaient demandé de me rendre mon doudou, disant que j'en avais besoin parce que je n'arrivais pas à dormir.

– Je m'en moque. Elle ne l'aura pas, répondit ma mère aimante. Si elle le veut tant que ça, elle n'a qu'à venir le chercher.

Elle voulait que je vienne parce qu'elle voulait m'atteindre. Parce qu'elle savait que si moi, cette petite personne silencieuse, j'étais partie, l'affaire était grave. Peut-être qu'au fil des ans, elle s'était laissée aller à un faux sentiment de sécurité et elle pensait que jamais son monde ne s'écroulerait ; elle voulait que je rentre pour s'en assurer coûte que coûte.

Mais jamais je n'y retournerais. Je ne voulais plus jamais pousser mon fauteuil jusqu'à ce seuil puant, plus jamais. Et – j'étais loin de m'en douter alors – j'étais sur le point de choisir une voie pour que mon désir devienne réalité.

Une semaine environ après mon départ, j'étais assise sur le canapé chez Ruth, qui me soutenait moralement avec Duncan. J'avais dix-huit ans, j'étais légalement une adulte..., mais sans la force qu'ils me donnaient, je n'aurais peut-être pas pu agir comme je l'ai fait. J'avais subi un tel lavage de cerveau qu'ils devaient être très forts à ma place.

Je pris le téléphone et appelai le poste de police local.

– Bonjour, dis-je avant de m'interrompre.

Comme le dire ?

– Ma mère me maltraite, finis-je par dire.

Que pouvais-je dire d'autre ?

Un agent de police en civil portant un gilet anti-couteau arriva presque aussitôt. Il était prêt à se ruer pour aller sauver Adam et Chris, mais je le rassurai. Je lui dis qu'elle n'avait jamais frappé Adam, et que Christopher était en sécurité chez ma mamie. D'une manière ou d'une autre, je savais qu'on devait veiller à ne pas laisser entendre à ma mère que j'étais allée voir la police. Nous devions agir avec une précaution extrême. Je l'avais déjà vue faire ce qu'elle voulait des autorités, police comprise. Cette fois-ci, il fallait faire cela correctement.

Les Témoins me déménagèrent à Hereford. J'avais l'impression d'être assignée à résidence chez Ruth, parce que je ne pouvais pas sortir de peur que maman ne me voie. J'eus ma première audition complète avec la police pendant mon séjour là-bas chez d'autres Témoins. Deux agentes vinrent m'interroger. Chose curieuse, elles s'appelaient Victoria et Charlotte.

Victoria Martell était l'officier responsable de l'affaire. Grande, forte, des cheveux très foncés, c'était une femme réservée et distante, mais je sentais une force intérieure en elle. Et je me dis : *On va avoir besoin de la moindre once de cette force, inspecteur Martell, si on veut faire tomber ma mère.*

Les agentes me parlèrent pendant deux heures lors de cette première audition. À la fin, elles me demandèrent si d'autres personnes pouvaient parler de ce qui s'était passé.

J'hésitai.

– Eh bien, il y a ma sœur, dis-je. Vous pourriez essayer de lui parler. Elle s'appelle Alloma ; elle vit à Bristol.

Au bout du compte, Alloma corrobora tous mes dires. J'avais espéré qu'elle le ferait si la police l'approchait directement. C'était plus facile pour elle ainsi, qui n'avait pas eu à passer elle-même l'appel. C'était formidable de savoir qu'elle avait confirmé mes déclarations parce que je voyais bien que les agentes avaient eu la même réaction initiale que Mark : l'incrédulité. Maintenant qu'Alloma était également partie prenante, je me disais : *Je vous avais dit que je ne mentais pas.*

La police se mit à emporter les lettres que maman m'écrivait. Elle était si sûre d'elle-même qu'elle y insérait des admissions d'ordre général, s'excusant stratégiquement pour ce qu'elle avait fait. La police les archiva et se mit à monter un dossier contre elle. Je ne me fiais pas encore totalement à la police, mais ma seule option était de faire ce qu'elle me disait. On m'avait ordonné de ne parler à personne pour éviter que les rumeurs concernant l'affaire ne parviennent aux oreilles de maman.

Je n'aimais pas être à Hereford, loin de tous mes amis. C'était une vie très solitaire. Le seul point positif était que, chaque jour passé loin de maman, je devenais plus forte. Moins je la voyais, elle et son regard noir glacial, plus je revivais. Chaque minute sans elle, en compagnie de gens normaux, renforçait mon sentiment de sécurité et d'assurance – à tel point que je trouvai finalement le courage d'évoquer avec Ruth la possibilité de revenir chez elle à Tewkesbury, où je pensais que je serais plus heureuse. Elle convint que c'était une bonne idée.

À mon retour, Ruth essaya de m'aider à m'adapter à ma nouvelle vie. Elle ne cessait de me dire que je n'avais pas besoin de surveiller Megan ou de la suivre partout :

– Je suis sa maman, disait-elle, c'est mon travail.

J'avais tant l'habitude de surveiller Adam (et d'être frappée si je m'en occupais mal) que c'était pour moi une seconde nature de me trouver un « travail ». Elle passa mes vêtements en revue avec moi et m'en fit jeter la quasi-totalité. « C'est moisi, Torrie », disait-elle, ou « C'est bien trop grand pour toi », ou « Ça n'a plus aucune forme ». Quantité de mes habits étaient distendus à des endroits étranges, là où maman m'agrippait pour m'extraire de mon fauteuil ou me traîner par terre. Ruth me donna un vieux jean à elle, et ce fut un moment mémorable. Je n'avais encore jamais porté de jean. En regardant dans le miroir le pantalon sur mes jambes, je ressentis une fierté inconnue devant mon apparence. Je mangeais à peine et je perdais du poids. Je me trouvais..., disons, *pas mal.*

Jackie m'aida à m'inscrire pour obtenir un logement social. J'aurais volontiers passé le restant de mes jours chez Ruth tant j'étais submergée par toutes ces expériences nouvelles, mais je savais que ce n'était pas équitable.

Au service du logement, on me demanda si je pouvais marcher, afin qu'on décide du type de logement dont j'avais besoin.

Il y eut une pause, puis je dis :

– En principe, je devrais pouvoir marcher. Tout le monde dit que je ne peux pas, mais...

Je déglutis face aux paroles traîtresses qui me venaient aux lèvres, trahissant le secret que maman et moi avions si longtemps partagé.

– … mais je n'avais pas le droit.

– Et si nous essayions de vous mettre debout ? dit gaiement la dame. Nous devons essayer de relancer la machine.

Jackie se mit d'un côté, et la dame, de l'autre. J'écartai les repose-pieds métalliques et posai mes pieds par terre, le sol étranger opposant une résistance bizarre à mes muscles. Elles m'aidèrent à me lever, et je faillis m'écrouler sous le poids de la culpabilité qui me tomba brusquement sur les épaules dès que je fus sur mes deux pieds. J'entendais la voix de ma mère dans ma tête : « Tu restes dans ce fauteuil, c'est le moins que tu puisses faire ! Tu es responsable de cet accident, tu as tué les petites-filles de ton grand-père, il va mourir malheureux, et le moins que tu puisses faire, c'est obtenir de l'argent pour lui. »

Chaque fois qu'elles me levaient, j'avais l'impression de trahir ma mère. Des larmes coulaient sur mon visage, provoquées par mon impardonnable manque de loyauté. Jackie me répétait sans relâche :

– Tu as le droit, Torrie. Tu as le droit, maintenant.

Elles durent vraiment me convaincre que je ne me comportais pas mal.

Il fallut un certain nombre de séances de rééducation par la suite avant que je puisse oublier mon fauteuil. Je dus refaire lentement mes muscles, mais aussi surmonter des barrières psychologiques et ma culpabilité. Je croyais être mauvaise, comme maman me l'avait dit. Me mettre à marcher s'accompagna aussi de nouveaux problèmes physiques. Mes hanches n'étaient plus alignées correctement à cause de l'accident. Il me manquait du cartilage dans une jambe, et cela provoquait une douleur violente dès que je marchais. Mon côté droit cédait parfois complètement et je m'effondrais. Mais j'étais sortie du fauteuil ; je marchais.

Un après-midi, Mark revint de la Salle du Royaume avec un cadeau pour moi. Dans l'ensemble, les Témoins de notre communauté étaient très généreux, me laissant des présents à la Salle du Royaume ou donnant de l'argent à Ruth et Mark pour aider à mon entretien. C'était une période très perturbante pour la plupart d'entre eux : j'étais dans un fauteuil roulant, et voilà que je marchais ; je vivais avec ma mère, et voilà que ce n'était plus le cas, chose très inhabituelle pour une jeune femme célibataire chez les Témoins de Jéhovah ;

pourtant, les anciens appuyaient cette situation. Certains Témoins étaient indiscrets comme tout, mais seuls quatre étaient ouvertement favorables à mère. La plupart étaient généreux et gentils. Ainsi, je ne fus pas surprise quand Mark me tendit, à son retour, le cadeau, une grande boîte argentée fermée par du ruban adhésif.

J'ôtai la masse de ruban et plongeai la main dans la boîte. C'était un grand ourson en peluche, un de ces ours gris portant un pull de laine violet. J'avais toujours voulu un ours gris comme celui-ci. Quand j'étais à l'hôpital, j'en rêvais plus que de toute autre chose. Mon cœur se serra.

Je retournai l'ours dans ma main. Son pull portait une inscription : À UNE FILLE TRÈS SPÉCIALE.

Je n'avais jamais entendu maman dire cela. C'en était trop pour moi. Des larmes ruisselèrent sur mes joues. Je me sentais si coupable de la trahir.

Peut-être devrais-je la voir, juste une fois, *me dis-je.* C'est ma mère. Ne mérite-t-elle pas mieux que ça ?

Je demandai à Ruth de me rejoindre pour en parler avec elle. La douleur et le désarroi m'anéantissaient.

Ruth écouta en silence, mais je remarquai que ses mains tremblaient sur ses genoux. Puis, elle me dit :

– Victoria, si tu repars maintenant, je te gifle, et je suis sérieuse.

Aussi cruel que cela paraisse, si elle ne m'avait pas dit ça, j'aurais pu rentrer chez moi. *J'aurais pu rentrer.* Cela m'arrêta parce que je ne voulais pas être frappée, plus jamais. Je savais ce que cela faisait. Et puis, en voyant Ruth autant en colère, je compris : *C'est mal, ce que maman a fait. C'est très mal.*

Rien d'étonnant à ce que la police fût prête à l'arrêter.

29

J'étais allongée sur un lit d'hôpital et j'avais une douleur au ventre. Les chirurgiens m'avaient enfin admise pour opérer Colin. On ne pouvait pas l'inverser, pas pour le moment du moins, mais ils l'avaient repositionné de manière à être plus facilement accessible, au lieu du positionnement d'urgence avec lequel je vivais depuis ces quatre dernières années. J'avais des agrafes sur toute la hauteur de mon estomac, et une perfusion de morphine dans le bras. La morphine me donnait la nausée et envie de dormir, mais j'étais contente de l'avoir : elle chassait la douleur.

Mon portable vibra sur la table d'hôpital devant moi, et je l'attrapai pour répondre, mon estomac protestant contre ce geste. C'était Victoria Martell.

– Victoria, dit-elle, nous avons arrêté votre mère.

Je n'oublierai jamais ces mots. Ils étaient si effrayants. *Elle va le savoir maintenant*, me dis-je. *Elle va savoir ce que je lui ai fait.*

L'inspecteur Martell n'en avait pas encore fini.

– La police s'est rendue sur place ce matin, et on a retiré vos deux frères, mais aucun ne dit quoi que ce soit sur la maltraitance. S'ils se taisent, ils pourront rentrer chez eux. Notre dernière option est de vous les amener.

Aucune pression, tiens.

Deux heures plus tard, la chambre individuelle de l'hôpital dans laquelle j'avais été mise pour ma sécurité était envahie par les assistantes sociales et les agents de police, attendant tous de consigner le déroulement de ma rencontre avec mes frères. J'entendis Adam arriver d'abord, cette voix forte et impérieuse portant à travers le service. Christopher ne fit pas un bruit. Comme moi, il avait été conditionné pour être silencieux.

On était début février 2005 : je n'avais pas vu Adam depuis un peu plus d'un mois. Je voulais qu'il sache que je l'aimais et qu'il me manquait, que j'étais là pour lui quoi qu'il arrive. Il riait quand il entra, ce rire vraiment aigu et suffisant. Je voyais bien que c'était un rire nerveux. J'appris plus tard que la police avait fait une brusque descente à l'aube à la maison de George Dowty ce matin-là. Il avait dû être terriblement effrayé en voyant maman se faire arrêter, et on avait l'impression qu'il était encore sous le choc. Il était toujours en pyjama, ce pyjama en pilou bleu crasseux, de la saleté autour des poignets, et ses cheveux noirs étaient gras. Je voyais la crasse maintenant que mes œillères avaient été ôtées. Adam était un enfant adoré, mais ma mère ne s'était jamais occupée de lui.

Contrairement à l'exubérance d'Adam, Chris était très silencieux, anxieux et hésitant. Je voulais plus que tout qu'il admette ce qui se passait. Pas pour moi, parce que je savais que je n'y retournerais jamais. Mais pour lui, pour qu'il puisse voir que la vie pouvait être meilleure et que des choix s'offraient à nous.

– On a appris que tu marchais, me dit-il avant toute autre chose.

J'opinai.

– Ouais, je marche. C'est maman qui m'empêchait de marcher.

Des douzaines de crayons gribouillèrent nos paroles. J'étais fortement intimidée par les témoins officiels. Nous étions là pour parler de ces secrets, de ces choses dont Chris et moi n'avions même jamais vraiment discuté ensemble, des choses extrêmement intimes, mais il y avait là tous ces étrangers qui notaient le moindre de nos mots.

Adam finit par partir jouer dans l'aile des enfants ; il ne voulait rien savoir. Mais ce n'était pas grave. Ce n'était pas vraiment à lui que nous avions besoin de parler. Il n'avait jamais été maltraité ; pas de cette façon, du moins. C'était à Christopher qu'il fallait absolument que je parle.

Il s'approcha de mon lit, et je le regardai dans les yeux. J'étais sa grande sœur, et je lui dis d'une voix calme :

– Je ne reviendrai pas.

Je le laissai assimiler cette information. Je savais que je devais faire passer mon message très rapidement, que je devais d'une manière ou d'une autre briser tout ce que mère nous avait répété inlassablement pendant des années. Ce n'était en aucun cas une mince affaire ; même moi, qui étais libre depuis un mois, j'entendais encore sa voix dans ma tête, jour et nuit. Je passai outre aux commentaires incessants de ma mère, occupée à me dire combien j'étais nulle, et dis à mon frère :

– S'il te plaît, regarde-moi. Cela fait des semaines que je suis partie, et je marche, et je viens de subir l'opération qu'elle refusait que j'aie. Je n'ai jamais été aussi heureuse, Chris. Je ne reviendrai pas.

On se regarda par-dessus le lit. Je connaissais si bien ces yeux. Je les avais vus s'écarquiller sous le choc ; se plisser sous la douleur ; être doux et serviables, solennels et tristes. Ces yeux avaient regardé le poulet rôti de mamie avec moi, quand nous étions tous deux enfermés à clé dans cette chambre, nus et glacés. Ces yeux m'avaient regardée me faire battre. J'avais regardé ces yeux quand il se faisait taper dessus.

Christopher voyait bien que je ne plaisantais pas. La coupe était pleine. Il lui fallut un moment, mais, progressivement, il fondit. C'est l'impression que cela donna. Il lâcha un soupir et dit doucement :

– J'étais en mode « protéger maman ».

J'opinai ; je comprenais. Puis, il se mit à raconter les bâtons dans la gorge aux personnes rassemblées. Dès qu'il en parla, elles l'emmenèrent dans une autre pièce et l'interrogèrent de son côté.

J'étais contente qu'il ait dit la vérité, mais je n'aimais pas être celle qui l'avait obligé à le faire, devoir agir en adulte alors que je me sentais toujours aussi gamine. Cette rencontre laissa des marques.

Tout comme la carte de prompt rétablissement que m'envoya ma mère. Ah oui, elle avait été remise en liberté provisoire après avoir versé une caution, et elle vint directement à l'hôpital. Heureusement, elle ne put trouver ma chambre individuelle, bien qu'elle eût arpenté les couloirs à sa recherche, ses cheveux noirs et gris caractéristiques noués dans un bandana. À la fin, contrariée, elle donna la carte à une autre mère dans le service, et cette mère la donna à une infirmière, qui me la remit. Je l'ouvris en toute innocence. Il y était écrit :

Je t'aime,
Maman

Je me figeai. Parce que je connaissais la véritable signification de ces mots. Ils signifiaient : *Je sais où tu es. Je sais ce que tu as fait. Et je t'aurai.*

Tu peux remporter la bataille, mais je gagnerai la guerre.

La police continua à monter son dossier pendant que ma mère était en liberté provisoire. Elle fouilla les deux maisons à la recherche de preuves pour étayer notre histoire. Nos voisins signalèrent que maman avait cherché à faire le ménage après mon départ (la police trouva des traces de grands feux de choses qu'elle avait tenté de brûler), mais c'était une entasseuse compulsive qui nous avait battus pendant des décennies, et il était impossible à une vieille femme seule de se débarrasser de tout, surtout maintenant qu'elle n'avait plus son armée de petits esclaves à sa disposition. Ainsi, ils trouvèrent mes dents arrachées à force de coups : elle les conservait dans une boîte. Ils trouvèrent les pieds de chaise et les cales pour les portes et ces longs bâtons hérissés d'épines, tous portant les demi-cercles caractéristiques de dents d'enfants, avec du sang et de la salive sur toute la longueur qu'elle nous avait enfoncée dans la gorge. Ils trouvèrent mes cartes, datant de mes cinq ans, sur lesquelles j'avais écrit *Veux-tu être ma nouvelle maman ?*

Ils obtinrent des preuves auprès de nous également. Nous trois, les enfants diaboliques, fûmes auditionnés pendant des heures. Je leur parlais presque à contrecœur, parce que dire la vérité sur ce qui s'était passé allait à l'encontre de ce que me disait mon instinct naturel. J'avais passé ma vie entière à essayer de le cacher aux autres. Je ne pouvais pas regarder Victoria Martell dans les yeux, même si c'était en partie parce que j'y voyais de la peine et que cette peine m'attristait, comme si j'avais amené l'horreur à sa porte et j'étais personnellement responsable de sa douleur. Je lui parlai de l'oncle Phil, aussi, mais on convint toutes les deux que ma mère était la priorité et qu'il fallait d'abord instruire l'affaire contre elle.

Victoria n'écrivait pas tout. Les auditions avaient lieu dans une maison spéciale, où des caméras étaient encastrées dans les murs, comme dans *Big Brother,* une maison dans laquelle la police entendait les enfants traumatisés dans un environnement aussi normal que possible. Je devinais cependant les parties qu'elle trouvait particulièrement pertinentes ou importantes, et c'était d'ailleurs étrange : quand on révélait enfin notre histoire, personne ne s'intéressait à la même chose. Les gens accordaient plus ou moins d'importance à différentes tortures. Par exemple, tout le monde, agents compris, s'intéressait spécifiquement à la fois où Christopher et moi avions été enfermés dans la chambre et affamés. Mais pour moi, ce n'était qu'un fait minime. Je ne comprenais pas pourquoi les gens insistaient et insistaient là-dessus. Oui, c'était horrible, mais il y avait des choses bien pires : les noyades, les bâtons, les centaines de coups sur mes pauvres pieds nus. La chambre ne représentait que deux mois sur près de vingt années de torture.

Ils prélevèrent des preuves sur notre corps et même dans notre bouche. Je dus aller au poste de police de Cheltenham et ôter mes vêtements pendant qu'une femme photographiait mes cicatrices. C'était très froid et clinique, et j'avais l'impression d'être un morceau de viande dans une usine. Je me rappelle m'être dit : *Pourquoi dois-je faire ça ? Pourquoi dois-je continuer à subir des choses horribles en permanence ?*

La réponse était simple : bien sûr, cela prouverait que ce que j'avançais était vrai. L'unique point positif de ces photos était que je savais que chaque cicatrice, que chaque dent manquante et que chaque bout de chair ravagé révélait la vérité.

Je dus aussi retourner au Frenchay Hospital pour que l'arrière de ma gorge soit pris en photo, pour fournir à la police des preuves à l'appui de nos déclarations selon lesquelles mère nous enfonçait des bâtons dans la bouche. Christopher et Alloma étaient déjà présents dans la salle d'attente à mon arrivée, également venus pour les photos. Ils étaient avec leurs parents biologiques, une famille heureuse, enfin réunie. Après l'arrestation de mère, les services sociaux avaient informé leurs parents du « changement de circonstances » de leurs enfants, et leurs parents avaient demandé à les voir. Une première réunion qui s'était transformée en visites régulières et, finalement, en une relation aimante. Je me jugeais égoïste d'être triste en les voyant ensemble : *C'est leur maman et leur papa, et tu dois être heureuse pour eux.* Mais j'avais l'impression de ne plus savoir où je me situais. Ils avaient été ma famille, on avait vécu tant d'épreuves ensemble, mais ils passaient désormais à autre chose. Je devais rester positive pour eux. *Ce n'est pas parce que tu n'as pas de parents que tu ne peux pas être contente pour eux maintenant qu'ils sont avec les leurs.*

Je fus appelée pour mes photos. Ce fut une expérience atroce : je dus m'asseoir et m'allonger dans ce fauteuil de dentiste pendant qu'ils plaçaient un bâton de sucette dans ma bouche pour abaisser ma langue et empêcher qu'elle gêne la vue. Ce bâton de sucette me rappelait beaucoup les autres bâtons pressant sans relâche sur ma langue. J'étais si effrayée que je faisais de l'hyperventilation. J'essayai de rationaliser : personne ne me voulait de mal, je devais le faire pour les preuves. C'était ce qu'on m'avait dit :

– Vous devez le faire parce qu'il y a là beaucoup de preuves. Vous en avez besoin.

Je pensais à maman pendant toute la procédure. Je me rappelle avoir ensuite demandé à l'inspectrice Martell :

– Avez-vous vu des cicatrices ?

– Oui. On en a vu, Victoria, on en a vu, avait-elle répondu.

Ils avaient obtenu ce qu'il leur fallait.

Je quittai l'appartement de Ruth au cours de l'enquête de police. Un logement social se libéra, et je m'y rendis avec Jill, la mère de Ruth, qui habitait à quelques portes de là. Il ressemblait à une coquille vide quand j'y pénétrai pour la première fois, et j'ignorais comment j'allais en faire un foyer, et encore moins comment j'allais payer mes factures. Mais les Témoins de la Salle du Royaume m'épaulèrent : ils me donnèrent des tapis pour revêtir le sol nu, et mes nouveaux amis m'aidèrent à le peindre.

J'avais à présent une très bonne amie parmi les Témoins qui s'appelait Jo. C'était chez elle qu'avait eu lieu la fête au cours de laquelle sa maman m'avait remis un cadeau à travers la vitre de la voiture (et mère avait piqué une crise). Jo et moi étions devenues très proches maintenant que j'étais libre de me faire des amis. Elle avait le cœur sur la main et me serrait toujours dans ses bras. C'était une artiste, et elle décora au pochoir de brillantes tulipes violettes à tiges vertes sur les murs de ma nouvelle cuisine crème, m'aida à peindre ma salle de bains en turquoise, mon salon en rose et ma chambre d'une douce teinte lilas. Ruth me donna une télé d'occasion avec un lecteur vidéo comme cadeau de bienvenue, afin que je puisse regarder des cassettes : des comédies romantiques comme *Coup de foudre à Notting Hill*, où tout est bien qui finit bien.

En dépit de tous les efforts de mes amis, je n'avais pas l'impression que tout était pour le mieux dans ce nouvel appartement. Tout d'abord, j'avais vraiment beaucoup de mal à m'occuper de moi, de moi uniquement. Après des années à courir partout après maman, Adam et les animaux, je trouvais très difficile de ne pas pouvoir m'occuper de quelqu'un d'autre. Je me trouvais égoïste et je détestais être seule. Je ne savais pas quoi faire de moi. Je ne savais même pas qui j'étais en tant que personne et, soudain, je devais trouver ce que je voulais faire dans la vie. Mais avec un avenir aussi incertain, et les poursuites contre maman toujours en cours, je ne pouvais rien décider, quand bien même j'aurais su ce que je voulais.

Je ne me sentais pas non plus en sécurité. Je parlais aux policiers de la carte que ma mère avait laissée pour moi à l'hôpital, et les prévins qu'elle me chercherait.

– Mais non, voyons, mais non, répondirent-ils. Elle ne ferait pas une chose aussi stupide.

Ce qu'elle fit, bien sûr. Elle se mit à déposer devant mon appartement des photos de Jet couvertes de taches de sang, marquant d'un rouge vif sa gueule de chien noire. Je rentrais à la maison et trouvais des bouquets de fleurs fanées sur le seuil de ma porte : les restes profanés de freesias jaunes et de roses roses. Elle savait que personne d'autre que moi ne comprendrait : les fleurs fanées des tombes de mes sœurs, des fleurs fanées pour les morts.

Puis, un mardi, alors que je sortais de chez moi pour me rendre à une réunion à la Salle du Royaume, le jour que je redoutais arriva.

La Volvo blanche de maman était garée devant mon immeuble.

30

La voiture était vide. Elle pouvait être n'importe où, à m'attendre, à m'observer et m'attendre. Je la pris en photo par la fenêtre de ma cuisine, parce que la police avait besoin de preuves de son harcèlement continuel, et j'appelai Jill à l'aide. Ce fut un soulagement quand elle dit qu'elle avait également reconnu la voiture : une confirmation que ce n'était pas mon imagination qui me jouait des tours.

La police arrêta maman, puis la relâcha. Elle s'en prit alors à mon frère. Je reçus pourtant une lettre plus tard cette année-là, disant qu'ils n'allaient pas la poursuivre pour intimidation de témoins. Je ne me sentais vraiment pas en sécurité.

Je me mis à avoir des cauchemars violents, effrayants, où ma mère venait me trouver, où je revivais les maltraitances anciennes. Son chantonnement, ses décomptes, et le claquement du bâton sur mes pieds, sans pouvoir crier parce que ma bouche était bourrée d'un bois dur qui me poignardait, appuyait sur ma langue. Je me réveillais en pleine nuit, dans ma nouvelle chambre lilas, avec la sensation familière d'une moiteur froide sur mes cuisses. Au moins, ma mère n'était plus là pour me frapper parce que je mouillais le lit.

J'allai voir mon médecin, qui me prescrivit des antidépresseurs. J'essayai également d'obtenir une aide psychologique et fus aiguillée vers un groupe d'aide aux survivants de maltraitance aux enfants, mais on me dit que je ne pourrais bénéficier de cette aide qu'une fois le procès terminé, parce que je devais avoir l'air d'une victime au tribunal. Je vous l'avoue aujourd'hui, je ne vis pas que des personnes compétentes. Mon cas de maltraitance était si sévère, il avait duré si longtemps et n'avait pas été détecté par tant d'organismes différents, que quantité de professionnels, au lieu de m'aider à assumer les faits, sautèrent sur cette occasion pour me demander comment elle avait pu s'en tirer pendant autant d'années, leurs yeux brillant d'une simple curiosité.

Heureusement, je pouvais encore voir Adam, mais j'éprouvais des sentiments mélangés. C'était en général lors des réunions des Témoins de Jéhovah, et également en présence de ma mamie. Elle s'asseyait d'un côté de la salle et moi de l'autre, et cela m'embrouillait l'esprit. On ne se parlait pas, et l'indifférence étudiée de mamie était particulièrement douloureuse. Je savais, dans mon cœur, que ce n'était pas sa faute et qu'elle m'aimait, vraiment ; ma mère avait simplement dû la manipuler. Non seulement sur ces deux dernières décennies, mais même après mon départ : elle avait dit à ma grand-mère que j'avais volé cette carte bancaire et dérobé tout son argent. Même si c'était mon compte et même si je n'avais pris la carte que pour prouver mon identité, et non pour l'argent, maman jugeait que c'était *son* argent et qu'elle avait réellement été volée. Ainsi, quand la police s'était rendue chez mamie pour retirer Christopher et le placer en famille d'accueil, et avait dit à mamie que maman avait été arrêtée, elle avait hurlé :

– C'est la faute de cette crétine d'autiste ! Elle a volé tout l'argent d'Eunice et l'a rendue folle !

Elle m'en voulait toujours.

Personne ne pouvait résister aux manipulations de maman, encore moins sa propre mère.

La pression commença à peser sur moi. Je ne voulais plus aller aux réunions, c'était trop dur, mais mes amis me disaient :

– Crois en Dieu. Il t'aidera à traverser cette épreuve.

Ma vie semblait en suspens dans l'attente du procès. Je ne dormais plus, je ne mangeais plus, je maigrissais. Je me sentais coupable d'avoir trahi ma maman, parce que je l'aimais toujours malgré ce qu'elle avait fait. On ne peut pas fermer l'amour comme un robinet. Et donc, mon amour s'écoulait toujours comme de l'eau sale, m'aspergeant de ma déloyauté jour après jour.

J'avais la sensation de ne pas mériter ma nouvelle liberté : les nouvelles dents qui finirent par boucher les trous dans ma bouche ; ma nouvelle coupe de cheveux, quand le coiffeur m'avait demandé si c'était un petit ami bourré qui me les avait coupés à cause des touffes manquantes sur mon crâne ; le nouvel appartement ; les nouveaux vêtements ; le nouveau moi. Qui étais-je, de toute façon ? Je n'en avais aucune idée.

Je ne connaissais qu'une seule chose qui pourrait me redonner l'impression d'être moi, pensais-je. Tard un soir, seule dans l'appartement, je brisai un verre dans ma jolie cuisine décorée de tulipes. Je relevai mon haut et passai l'éclat de verre transparent le long de mon ventre.

Du sang suivit la ligne du verre, pur, simple : mon vieil ami.

Me voici. Torrie était là.

Je regardai le sang briller de rouge sous les lampes de la cuisine.

L'automutilation me libéra : me libéra de la confusion. Même si j'aimais que les gens soient gentils avec moi, cela me semblait extrêmement bizarre et immérité. Car je pensais mériter qu'on me fasse du mal. Si personne d'autre n'allait le faire, pourquoi ne m'en chargerais-je pas ?

Je cachais mes nouvelles cicatrices sous mon pull. Après tout, je savais faire ; cela m'était aussi naturel que cligner des yeux. J'essayais de vivre ma vie. Les choses les plus simples étaient des défis. Je me rappelle mes premières courses au Superdrug : je ne pris pas de panier, mais mis ouvertement mes articles de toilette dans mon propre sac avant d'aller à la caisse. Je ne savais tout simplement pas comment on faisait ; je devais apprendre au fur et à mesure.

Je m'inscrivis à un cours élémentaire de maths et d'anglais, mais je ne prenais aucun plaisir à apprendre. Je n'avais peut-être pas retenu grand-chose des « leçons » de maman, mais une chose était marquée au fer rouge dans mon esprit, à savoir que des coups m'attendaient si je me trompais. J'avais donc beaucoup de mal à dégeler la partie de mon cerveau qui devait comprendre. Je paniquais et me disais : *Le prof va péter un câble si je me trompe.* De plus, pendant un long moment après avoir quitté maman, je croyais toujours que j'étais autiste. Après tout, j'avais été officiellement diagnostiquée ainsi à Great Portland Street, et c'était ce qu'on m'avait répété pendant dix-neuf ans.

En septembre 2005, je réussis à m'inscrire à une formation élémentaire de coiffure. J'optai pour la coiffure parce que j'aimais beaucoup brosser les cheveux de maman quand j'étais petite et qu'on passait ensemble ces soirées étrangement paisibles où j'étais son esthéticienne miniature. Le plaisir venait peut-être en partie du fait qu'elle ne pouvait pas se lever pour me frapper, un plaisir émanant d'un sentiment de *sécurité*, mais un plaisir néanmoins, et je ne voyais rien d'autre que j'aimais. Mais ce fut un vrai cirque pour m'inscrire à cette formation.

– Quels sont vos diplômes ? demanda la directrice de l'école, jetant un regard interrogateur à cette femme de dix-neuf ans devant elle.

– Je n'en ai pas.

– Vous devez bien avoir quelque chose, insista-t-elle, même de mauvaises notes.

– Rien, désolée, m'excusai-je, baissant les yeux de honte.

– Où étiez-vous passée ? demanda-t-elle avec une curiosité évidente.

Si seulement vous saviez...

Finalement, l'école me permit d'intégrer un cours de préparation destiné aux jeunes qui n'avaient pas été très assidus à l'école. Ce fut une expérience effrayante : partager une pièce avec des tas d'étudiants sûrs d'eux qui juraient et se montraient insolents, sans aucun respect pour l'enseignement ni désir d'apprendre. Ils se plaignaient tellement des cours que cela m'irritait d'être en leur présence. *Vous ne savez pas combien c'est facile pour vous*, me disais-je. *Ne rejetez pas cette formation à la figure des autres. Vous ne connaissez pas votre chance.* Je n'avais jamais rencontré d'adolescents aussi culottés de toute mon existence protégée. Je gardais mes distances et demeurais seule.

Je me rappelle clairement la première fois que je réussis à maîtriser une tresse française. Nous avions une prof très stricte et, sous sa tutelle, je n'arrivais pas à apprendre ce style. Je me souviens de m'être dit : *Maman avait raison : je suis stupide.* Mais une autre professeure arriva, avec une méthode différente, et, en deux essais, je réussis : la tresse était jolie, et je me sentais très fière de moi.

Après six mois de formation, les professeurs me firent venir dans leur bureau. Je crus aussitôt que j'avais des ennuis (chaque fois qu'on criait mon nom, je croyais avoir fait une grosse bourde), mais ils me firent asseoir et me dirent :

– Nous pensons que vous êtes très douée et nous aimerions vous faire passer au cours de niveau deux.

J'éprouvai un étrange sentiment de fierté. Je me rappelle être rentrée à la maison et avoir dit à Jo :

– Il faut des notes pour intégrer cette formation !

Toute ma vie, j'avais cru être la fille la plus stupide au monde, et voilà que des gens éduqués me disaient que j'étais capable de passer au cours supérieur. J'osais à peine y croire. *Pas mal pour une crétine d'autiste.*

Pendant toute cette période, je faisais de fréquents séjours à l'hôpital : les chirurgiens faisaient des réglages sur Colin ou examinaient l'impact des broches dans mes hanches, insérées pour m'aider à marcher, ou procédaient à différentes autres opérations et examens. Pendant quatre ans, après un accident de voiture dans lequel j'avais failli mourir, ma mère avait restreint mon accès aux soins dont j'avais tant besoin, et il me faudrait très longtemps pour aller bien. Chaque nouveau développement menait à de nouvelles complications. Je pouvais remarcher, mais mes hanches étaient trop faibles. Colin était ajusté, mais la cicatrice opératoire de ma dernière intervention s'infecta. Je prenais toujours mon cocktail quotidien de médicaments, aussi : des antidépresseurs pour la douleur psychologique et de la morphine pour la douleur physique. C'était dur de poursuivre la formation avec tout ce qui se passait, mais je m'accrochais et j'y arrivais.

Puis, dans ce meilleur des mondes qu'était le mien, avec ses plaques tectoniques mouvantes de dégoût de soi et d'estime de soi, surgit un tout nouveau type de séisme.

31

Victoria Martell me fit asseoir et me dit :

– Victoria, vous devez savoir que, quand votre affaire ira au tribunal, elle fera les gros titres des informations nationales. Vous devez être préparée.

J'ignorais même la signification du mot « national ». Elle m'expliqua que l'affaire serait dans tous les journaux et me dit aussi, lors d'une de nos conversations, que mes parents biologiques habitaient dans le coin. Soudain, je pensai : *Mes vrais parents vont voir cette histoire.* Je me demandais quel effet cela pourrait leur faire : Spry étant un nom peu courant, il était fort probable qu'ils sachent que j'étais la fille en question. *S'ils découvrent qu'ils ont donné leur fille à quelqu'un comme ça, ça va leur briser le cœur.*

J'étais curieuse à propos de mes parents. Pendant vingt ans, je n'avais pas été autorisée à rêver ni même à penser à eux. Mais, depuis que j'étais partie, j'avais découvert que ce que maman m'avait dit (que c'étaient des assassins et des drogués) était totalement faux. Je découvris même bien plus : ils avaient tenté de garder le contact quand j'étais bébé. Maman les avait chassés à maintes reprises sur le seuil de George Dowty, leur disant fermement :

– C'est mon enfant, maintenant.

Sans la menace de la couverture médiatique imminente, je doute que j'aurais eu le courage de les retrouver, pas si tôt après avoir quitté maman, du moins, mais le compte à rebours jusqu'au procès m'aiguillonna.

J'allai voir les services sociaux, et ils acceptèrent de m'aider à les retrouver. La médiatrice s'appelait Carol : une femme belle et gentille aux cheveux courts à reflets cuivrés. Je l'appréciai aussitôt. Puisqu'elle avait été adoptée, elle comprenait. En plus, elle avait des chiens, deux labradors, Sam et Ellie, et cela créa un lien immédiat entre nous.

Le plus difficile fut de lancer la recherche. Carol me demanda de lui donner mon dossier d'adoption, afin qu'elle puisse se mettre au travail pour moi, mais maman ne m'avait jamais rien donné de tel. Je n'en avais même jamais vu dans les tas de trucs empilés à la maison de George Dowty. Peut-être l'avait-elle jeté ou brûlé, tout comme elle s'était débarrassée de toutes les photos de bébé de Christopher et d'Alloma pour qu'ils ne se souviennent pas de leurs origines.

Carol était énervée par l'absence du dossier – énervée pour moi.

– Vous avez le droit de connaître ces informations.

Le dossier était censé indiquer d'où je venais, et en général il contenait des photos et quantité d'autres détails. Elle essaya gentiment de m'en créer un, bien que tardivement, bricolé à partir d'informations qu'elle réussissait à trouver, mais elle ne débusqua qu'une unique feuille de papier. Quoi qu'il en soit, c'était mieux que rien. C'étaient plus d'informations que je n'en avais jamais eues.

Plus encore que mes parents, cependant, je voulais retrouver mon frère. Sachant que mes parents m'avaient abandonnée, je me disais qu'ils ne voudraient peut-être pas me rencontrer. Je voulais les contacter pour les avertir du procès, car j'estimais que c'était la chose à faire. Mais j'avais des espoirs pour mon frère, ce garçon aux cheveux blonds qui avait écrit et envoyé ses photos si assidûment pendant quelques années. J'avais l'espoir qu'il veuille être mon ami.

Trouver ma vraie famille demandait beaucoup de patience. Carol devait les retrouver, puis s'assurer qu'ils avaient envie que je les contacte, puis jeter le cocktail Molotov de mon enfance dans leur salon. Il m'était très dur de savoir qu'ils devaient être mis au courant : je me vis aussitôt comme une déception, une nuisance reliée à cette affaire horrible qui serait étalée dans tous les journaux à la manière de tous les secrets sordides. J'avais l'impression d'entrer dans leur vie ensoleillée et de leur marcher dessus avec mes chaussures pleines de boue et de crasse.

Quoi qu'il en soit, mon frère accepta de me voir. On s'envoya tout d'abord cartes et photos. Je lui dis que j'adorais les chiens et fus enchantée de le voir sur un cliché avec un tee-shirt LE CHIEN ROI écrit dessus. C'était mon grand frère. Cela me semblait totalement irréel d'écrire *Avec l'amour de ta sœur* en bas des lettres. Il m'envoya un souvenir de vacances, un collier avec un petit cœur en pierre bleue, que j'adorais, et je lui envoyai une plaquette de chocolat de Thornton accompagnée d'une carte sur laquelle j'avais écrit *À mon cher frère*.

Notre première rencontre eut lieu dans un Pizza Hut de Cheltenham, six semaines environ après avoir échangé nos premiers courriers. Je l'attendais, assise là avec Carol. Et voilà qu'entra ce beau jeune homme aux yeux bleus perçants. Il était vraiment grand et beau. *Waouh !* me dis-je. Cela me semblait un tel contraste avec ma mocheté.

Il était avec ses parents, proches de la cinquantaine : une jolie famille de la classe moyenne. Sa maman était extrêmement perturbée par toute cette affaire. Elle tendit la main vers moi par-dessus la table quand elle arriva et me dit gravement :

– On voulait aussi t'adopter, Victoria.

Je n'y vis qu'un commentaire dit en passant, le genre de parole d'une femme bien élevée. Je ne compris pas qu'ils avaient réellement cherché à m'adopter ; je ne l'appris que bien plus tard quand je lus mon dossier médical. Maman avait dit à l'époque qu'elle ne voulait pas que j'aille dans une nouvelle famille, car cela m'aurait perturbée. Elle avait fait croire à tout le monde qu'il était préférable que je reste avec elle. C'est révoltant, oui, mais peut-être vaut-il mieux ne pas s'appesantir sur ce qui aurait pu être.

Je me levai et serrai mon frère dans mes bras. On se sentait un peu gênés, mais cette gêne était en grande partie due à mon sentiment étrange d'avoir enfin trouvé ma place ; il était à moi. À moi, comme Adam ne l'avait jamais été ; à moi, comme Christopher et Alloma l'avaient tous deux été, mais je n'en avais jamais rien su. Quand j'étais avec maman, je m'étais toujours dit en grandissant : *Torrie n'a sa place nulle part ; Torrie ne mérite pas de famille.* Mais face à Tom, je me disais : *Waouh, c'est donc ça ! J'ai finalement ma place quelque part.*

Carol avait parlé des maltraitances à Tom et à ses parents. Mais je gardais encore beaucoup de choses pour moi ; ce n'est pas le genre de discussion qu'on peut avoir devant une pizza. En fait, pendant notre repas, je pris de plus en plus conscience que Tom avait eu une vie normale : une vie stable et aimante, avec des Noëls et des anniversaires. Je devins de plus en plus silencieuse. Comment pouvais-je participer à cette conversation ? Je ne voulais pas les faire fuir.

Mon silence nécessaire était très dur et très perturbant. J'avais l'impression de ne pas pouvoir être moi-même, de devoir le protéger. Même s'il était mon grand frère, je me devais d'être l'adulte et de veiller à sa sécurité. J'avais du mal à parler de choses « normales », parce que je n'étais pas moi. « Normal », pour moi, c'étaient les coups de poing, de pied, les noyades dans la baignoire. J'étais complètement perdue. Cette rencontre se déroula bien mieux que celle avec mes parents, cependant. J'avais beaucoup de compassion pour eux, au début. J'étais la fille qui avait passé des années à planifier son propre suicide, qui était même sous antidépresseurs et se lacérait secrètement son propre ventre. Je ne savais que trop bien ce qu'était la dépression. Je ne leur en voulais pas le moins du monde de m'avoir abandonnée ; rien de tout cela n'était leur faute.

Carol les retrouva, et mon père m'écrivit une lettre. Quelle sensation étrange de tenir une simple feuille de papier blanc portant l'écriture de mon père. Je ne l'avais jamais vue avant ; je n'avais même jamais vu de photo d'eux.

Carol leur avait parlé du procès à venir – et peut-être était-ce là l'explication à la maladresse de cette lettre. Elle ne contenait rien de précis. Pas de « Nous t'aimons du fond du cœur » ou « Nous sommes fiers de toi », ou « On n'en revient pas que tu sois une adulte ». Il n'y avait pas grand-chose, en fait, que des mots sur une feuille, rien d'émotionnel.

Carol se rendit chez eux et les prit en photo pour moi. J'éprouvai une sensation extrêmement bizarre à les regarder. Ma maman et mon papa, assis sur un canapé, aussi quelconques qu'une tourte à la viande, et pourtant aussi magiques que l'étaient autrefois les fées pour moi. C'étaient là les personnes qui m'avaient faite et mise sur cette terre. C'était de là que je venais.

Ma maman avait la petite cinquantaine. Elle avait d'épais cheveux bruns courts, des yeux bleus et une peau absolument magnifique. Papa était corpulent, avait les cheveux sombres et les yeux marron. Le plus étrange était que je voyais un peu de moi en eux, surtout dans ma maman, dans ces yeux bleus. Carol me dit qu'ils avaient eu deux autres garçons, après Tom et moi, et les avaient gardés ; ils ne les avaient pas abandonnés.

On organisa une rencontre au Butler's Cafe de Cheltenham. Cela faisait vraiment bizarre d'attendre leur arrivée. C'était si anormal de m'apprêter à faire la connaissance de mes parents à vingt ans. Mon estomac était un vrai sac de nœuds et j'avais peur : peur qu'ils soient rebutés par le procès, qu'ils ne veuillent pas me connaître. Carol tenta de me rassurer. L'heure passa. Ils étaient en retard de dix minutes, puis vingt, quarante-cinq... Alors, je sus qu'ils ne viendraient pas. Ils m'avaient posé un lapin.

– Je leur pardonne de m'avoir abandonnée, dis-je à Carol. Tout ça, je leur pardonne. Mais je leur en veux de me faire ça, alors qu'ils savent que je suis assise là à les attendre, à compter les secondes.

Carol les appela et ils murmurèrent, sans vraiment chercher à s'excuser :

– On n'y arrivait pas, désolé. C'est un peu trop pour nous.

Elle organisa une autre rencontre, puis une autre, et ils firent chaque fois le même coup. Je comprenais que cela leur était difficile, mais ça l'était aussi pour moi.

Carol réussit finalement à leur faire accepter une quatrième rencontre, cette fois-ci dans un lieu près de chez eux. C'était dans une sorte de foyer municipal, dans une pièce que Carol avait réservée.

J'étais déjà assise dans le coin quand ils arrivèrent. J'aimais toujours autant me mettre dans les coins, là où personne ne pouvait me frapper en passant. Pour cette même raison, j'étais toujours habillée de sweats à capuche, la capuche tirée sur mes cheveux blonds, offrant une fine protection de coton si d'aventure quelqu'un décidait de me cogner la tête. Certaines habitudes ont la vie dure.

Mes parents entrèrent dans la pièce, suivis du benjamin de mes frères biologiques. Carol m'avait dit que l'aîné ne voulait rien avoir à faire avec moi. Je ne faisais pas partie de sa famille. Je pris cela en pleine figure et tentai d'être compréhensive, mais cela n'en était pas moins extrêmement douloureux. Mon petit frère ne fit pas vraiment attention à moi ; il alla directement jouer avec les jouets disposés dans la pièce. Il n'avait que sept ans, et je ne lui en tiens pas rigueur. C'était formidable de le voir ici. Lui aussi avait les cheveux blonds. Il me ressemblait.

Je me levai quand maman et papa vinrent vers moi. Ils se figèrent sur le seuil en me voyant. Maman me regarda, hocha une fois la tête, brièvement, puis alla s'asseoir dans le coin. Mon père la suivit. Ni câlins, ni baisers, ni larmes de joie. Pas la moindre émotion. Ils se contentèrent de rester assis. Ma mère articula à peine deux mots pendant tout le temps qu'on passa ensemble. C'était dur, car c'était elle que je voulais vraiment entendre parler. Elle ne m'avait pas écrit une seule lettre, et je n'avais aucune idée de la personne qu'elle était.

Ils ne me demandèrent rien, et je ne fus pas non plus bavarde. Je voulais savoir tant de choses, mais l'occasion de leur poser des questions ne se présentait jamais. Je n'avais pas l'impression de pouvoir les prévenir pour le procès, ou même de leur dire que je comprenais pourquoi ils m'avaient abandonnée et que je ne les blâmais pas. Mon père parlait de tout et de rien, et ma mère restait assise là en silence. On ne renouvela pas cette expérience. Je n'eus droit à aucunes retrouvailles familiales heureuses avec mes vrais parents.

Ce qui ne fut pas le cas des retrouvailles avec la mère de ma mère – ma grand-mère. Elle m'avait écrit une lettre avant qu'on se rencontre, d'une belle écriture sur un beau papier à lettres crème épais. J'en avais été impressionnée. On se vit chez Butler, et elle arriva à l'heure pile. Elle portait un manteau sombre avec une écharpe rouge, et je me rappelle que, quand elle m'embrassa, sa joue était très froide parce qu'il gelait dehors. Elle me serra dans ses bras, et ce fut une sensation des plus étranges : *C'est ma vraie grand-mère qui m'enlace.*

Elle me raconta tout un tas de choses de l'époque où j'étais bébé. C'est ce qui me permet de savoir que je restais toute la journée dans mon berceau sans que quiconque s'occupe de moi. C'était elle qui me changeait ou me mettait une grenouillère propre quand elle venait. Cela la perturbait énormément de me voir délaissée ainsi, et elle fut carrément furieuse quand elle apprit que mes parents avaient autorisé mon adoption. Je crois qu'elle estimait qu'ils ne s'étaient pas donné assez de mal, qu'ils faisaient juste ce qu'ils voulaient sans penser à l'avenir.

Elle me parla aussi du reste de notre famille : j'avais des parents en Écosse. C'était fascinant. J'étais si habituée à ne pas appartenir à une famille et à ne pas avoir ma place, que c'était complètement surréaliste de penser que quelque part, sur une carte généalogique, des lignées d'ancêtres reliaient ma pauvre petite personne à des parents au nord de la frontière.

Je ne voyais pas très souvent ma grand-mère, mais elle m'écrivait beaucoup. Je chérissais ces lettres sur leur épais papier crème caractéristique, ainsi que les cartes hâtivement gribouillées de mon frère qui me parvenaient de temps à autre. Ma famille..., une notion vraiment étrange.

Nos retrouvailles arrivèrent à un moment particulièrement propice parce que, au cours de ce printemps 2006, je cessai de voir régulièrement Adam et Christopher. Ils ne venaient plus aux réunions des Témoins. Je crois que leurs nouveaux parents adoptifs avaient décidé que ce n'était pas sain, ou peut-être que les garçons eux-mêmes avaient décidé de ne plus s'y rendre. Pour moi, un autre lien était coupé.

Le procès n'arrivait toujours pas. Maman le repoussait autant que possible, bien entendu : elle virait ou changeait des membres de son équipe juridique et usait d'autres tactiques pour que les dates soient repoussées, encore et encore. Je me préparais psychologiquement au procès, puis Victoria Martell appelait pour dire qu'il avait encore été retardé. C'était si dur. Je vivais ma vie dans un état d'angoisse permanente pendant qu'on attendait que l'affaire passe devant le tribunal, comme si un gros nuage noir était suspendu au-dessus de ma tête – parce que c'était moi qui prenais des risques. Maman avait manipulé tant de personnes, et pas une ne l'avait arrêtée, pas jusqu'à ce que je parle. Je savais parfaitement pour qui cela allait barder si elle s'en tirait. C'était terrifiant. Rien d'étonnant à ce que je fasse toujours des cauchemars terribles et que je mouille mon lit presque chaque nuit. L'unique bonne nouvelle était qu'enfin, elle avait été arrêtée pour intimidation de témoins et remise en détention préventive jusqu'au procès. J'éprouvai un énorme soulagement à l'idée que je ne verrais plus sa voiture devant mon immeuble, que je ne retrouverais plus d'autres messages codés sur le seuil de ma porte. Je pouvais enfin respirer.

Un peu plus tard courant 2006, je dus arrêter ma formation de coiffeuse. Je devais rester debout pendant de longues périodes d'affilée, et mes hanches ne le supportaient pas, broches ou pas broches. En septembre, j'entamai une formation en soins de l'enfance, niveau deux à nouveau, et je me débrouillai très bien. J'eus même des félicitations pour certains de mes devoirs, ce qui ne cesse de m'étonner.

J'aimais cette formation. On me disait que j'étais très douée avec les enfants. Toutes ces années à surveiller Adam et à aimer mes poupées finissaient par payer. J'étais toujours heureuse en présence des enfants ; je me sentais plus en sécurité avec eux qu'avec des adultes. J'aimais m'occuper d'eux et les faire rire. Dans le cadre de la formation, je leur présentai même un spectacle de marionnettes, que j'avais faites de mes propres mains : trois boucs[1], un pont et un troll.

Puis, cet automne-là, Victoria Martell m'appela à nouveau. Cette fois-ci, le juge avait tapé du pied : maman ne pouvait plus déplacer la date du procès. Au printemps 2007, plus de deux ans après que je m'étais échappée de ses griffes, Eunice Spry serait sur le banc des accusés, que cela lui plaise ou non.

Un frisson courut le long de mon dos.

– Qui trotte et sabote sur mon pont de bois ? rugit le troll à travers ma voix.

Trois petits boucs diaboliques étaient en passe de vivre leur heure au tribunal.

---

1. Il s'agit ici d'un conte norvégien, mettant en scène trois boucs et un troll, lequel garde un pont et les empêche de traverser une rivière pour aller trouver de nouveaux pâturages. Il est traduit en français chez Didier Jeunesse, sous le titre *Les Trois Boucs*, par Jean-Louis Le Craver. (NDT)

32

– Je passe vous prendre demain matin, si vous êtes d'accord, Victoria ? me dit l'inspectrice Martell au téléphone.

Je la remerciai et raccrochai. Plus qu'une nuit et je ferais face à ma mère au tribunal.

J'étais un paquet de nerfs. Déjà, le procès n'avait pas bien démarré. Il avait commencé depuis deux jours à peine, en mars 2007, quand la police m'appela pour me dire :

– Il vaut mieux que vous vous asseyiez. Votre grand-père est mort.

Ma pauvre mamie, pensai-je. Puis : *La pression du procès l'a tué.* Vous pouvez vous imaginer mourir ainsi, avec votre fille au tribunal ? Maman me l'avait assez répété : j'avais détruit cette famille. Mais ensuite, que Dieu me pardonne, je pensai : *Maman va s'en sortir maintenant, parce que son avocat s'en servira pour la tirer d'affaire, une vraie histoire à faire pleurer dans les chaumières.* Et je me sentis coupable d'avoir osé penser cela.

Plus on approchait du procès, plus j'étais persuadée que maman allait s'en tirer.

– Faites-moi confiance, Victoria, me disait l'inspectrice Martell.

– J'essaie, mais je suis désolée, je ne peux pas. Je le veux, oui, mais maman s'en est toujours tirée avant. Qu'y a-t-il de différent aujourd'hui ?

Ma déposition avait été repoussée, et c'était également perturbant. Elle avait été retardée parce qu'un autre témoin s'était présenté : une femme appelée Sandy, qui se souvenait de moi quand j'étais jeune. Je ne m'en souvins pas vraiment, et c'était troublant en soi. *Qu'a-t-elle dit ?* me demandais-je. *Qu'a-t-elle vu ?*

C'était un mardi soir, et, donc, après l'appel de Victoria, je me préparai à aller à ma réunion d'étude de la Bible à la Salle du Royaume. Je regrette mille fois d'y être allée. Maintenant que le procès était lancé, tout le monde voulait savoir ce que j'allais dire et connaître exactement mes preuves contre ma mère. J'avais du mal à les tenir à distance, notamment une femme, une bonne amie de ma mère et une vraie fouineuse. Son intérêt me glaçait.

Mes amis s'assirent avec moi au fond après la réunion, cherchant à me rassurer pour ma déposition, me disant que j'avais raison de faire ce que je faisais. Même si l'inspectrice Martell m'avait expliqué le système judiciaire, je ne le comprenais pas. J'étais convaincue – totalement convaincue – que si maman n'était pas jugée coupable, j'irais en prison. Parce que si le jury ne croyait pas à mes preuves, cela signifiait que je mentais ; et les menteurs devaient être punis, je ne le savais que trop bien. J'étais tétanisée.

Jo et son mari Stuart me ramenèrent et me déposèrent à la maison. Je me souviens très clairement que je ne fermai pas l'œil de la nuit. Je fus très malade, jusqu'au petit matin, vomissant jusqu'à ce que les remontées acides me brûlent l'estomac, posant mes mains moites sur les murs turquoise vif pour m'ancrer dans la réalité. Bien trop vite, l'aube filtra à travers les rideaux. À peine capable de me regarder dans la glace, je me lavai le visage. Je choisis soigneusement ma tenue. J'avais intensément réfléchi à ce que j'allais mettre, parce que maman ne m'avait jamais vue comme une jeune femme. Et puis, je voulais impressionner le jury ; ils devaient voir que je disais la vérité.

J'enfilai la longue jupe noire que j'avais choisie et glissai mes pieds dans mes escarpins noirs Clarks à talons hauts. Je passai par ma tête un maillot de corps blanc par-dessus le soutien-gorge Marks & Spencer que Ruth m'avait aidé à acheter quand j'étais partie, puis je laçai un haut portefeuille rouge par-dessus le maillot, ses longs liens croisés autour de ma taille fluette. Cette tenue n'était pas neuve ; je l'avais déjà portée. Comme on m'avait dit qu'elle m'allait bien, j'avais décidé de la porter au tribunal. Je me sentais presque en confiance dans ces vêtements. Le rouge était une couleur apte à me remonter le moral.

Le téléphone sonna, déchirant l'air immobile de l'appartement. C'était Jo, qui appelait pour me dire qu'ils me verraient au tribunal.

– Tu seras parfaite, me dit-elle.

Elle me demanda si elle pouvait me regarder déposer depuis la galerie, quand le moment serait venu.

– Non, je te remercie, mais je préférerais que tu ne le fasses pas, répondis-je, même si c'était dur pour moi.

Je m'en voulais de lui répondre ainsi. C'était d'ailleurs le cas dès que j'exprimais ma volonté. Mais une petite partie de moi pensait : *Si tu fais ça, tu dois le faire pour toi.* Je ne voulais pas que quelqu'un d'autre me donne la force d'aller jusqu'au bout ; je voulais que cette force vienne de moi.

J'entendis le klaxon de l'inspectrice devant mon appartement et je descendis, le cœur lourd.

– Bonjour, Victoria, comment allez-vous ? demanda-t-elle gaiement quand je me glissai sur la banquette arrière de sa voiture de police banalisée.

Ses paroles optimistes juraient avec mon état d'esprit. *Par pitié, cessez de tout enjoliver*, me disais-je. *C'est vraiment terrifiant.* Mais je savais qu'elle était simplement polie et essayait de me mettre à l'aise.

Il y avait quarante-cinq minutes de route jusqu'au palais de justice de Bristol. Bristol, encore : là où maman et moi avions abandonné Alloma ; où j'avais fait ma convalescence après l'accident de voiture ; où j'avais vu le chauffeur du poids lourd être condamné. On retournait même précisément dans ce tribunal : le même bâtiment moderne et spacieux dans lequel je m'étais rendue quand j'avais quinze ans, quand le chauffeur avait été envoyé en prison pour avoir tué mes sœurs, et j'avais pensé que j'aurais dû être présente dans le box des accusés. Comme les choses étaient différentes, à présent !

J'étais complètement plongée dans mes pensées. *Elle va s'en tirer, elle va s'en tirer*, résonnait dans mon crâne à chaque battement de cœur. Plus on approchait, plus c'était terrifiant. Cela me rappelait quand on partait à la ferme.

L'inspectrice Martell avait obtenu l'autorisation de pénétrer par l'entrée de service afin d'éviter la cohue médiatique devant le tribunal. Même si elle m'avait prévenue que mon affaire attirerait les médias, je fus frappée par la foule de journalistes de la presse écrite, radio et télé, qui tous s'agitaient sur les marches, comme des fourmis progressant vers une douceur sucrée particulièrement délectable. J'étais contente de ne pas avoir à passer entre eux, mais même cet attroupement de journalistes de la presse nationale n'était pas aussi intimidant que l'expérience que je m'apprêtais à vivre.

L'agent qui accompagnait l'inspectrice Martell vérifia que la voie était libre avant de me faire sortir de la voiture dans le parking souterrain, puis entrer dans le bâtiment. Mon estomac était une volière de papillons qui faisaient des allers-retours jusqu'à ma gorge. La police m'escorta dans une petite pièce et me dit que j'attendrais là que la cour soit prête à m'entendre. Sandy était toujours à la barre.

J'étais heureuse de pouvoir être avec mes amies ici. Jo et Jackie me rejoignirent pour la longue attente, ainsi que Carol, la médiatrice pour l'adoption dont j'étais devenue proche. Elles m'avaient apporté des cadeaux en ce jour étrange et déroutant. Jo m'offrit une pochette cadeau fleurie bourrée de présents et me dit :

– Chaque objet me fait penser à toi.

Je sortis un aimant de frigidaire portant le message LE PLUS BEAU SOURIRE QUE J'AIE JAMAIS VU. Jo dit que je souriais tout le temps, quelles que soient les circonstances.

Elle me donna un coussin brodé : Je peux tout faire si j'ai les bonnes chaussures. C'était une blague entre nous, parce que j'avais vraiment du mal à me chausser : mes pieds avaient été si déformés par les coups de maman et par les années à courir pieds nus sur le gravier de la ferme, que cela m'était parfois même difficile de mettre des chaussures. Je sortis également un flacon de parfum, appelé Beautiful, et il y avait encore des tas d'objets, chacun renfermant un message personnel et gentil. Submergée par sa générosité, je l'enlaçai longuement. C'était une si bonne amie.

Carol m'avait apporté une girafe en peluche.

– Je voulais te prendre un lion, dit-elle, parce que les lions sont très, très courageux, comme toi. Mais il n'était pas assez mignon ; alors, j'ai pris la girafe.

– Il est vrai que j'ai beaucoup tendu le cou, dis-je, déridant tout le monde.

On se mit à rire toutes les quatre.

Et Jackie ? Ah ! Jackie. Cette femme adorable, qui avait si courageusement interrogé maman sur les bleus quand personne d'autre ne l'osait ; qui m'avait tant aidée et fait si souvent rire aux larmes..., eh bien, elle ne faisait jamais ce à quoi on s'attendait. Raison pour laquelle c'était si amusant d'être avec elle. Elle avait apporté des sandwiches aux œufs, préparés avec les œufs de ses propres poules. Une vraie mère, comme toujours. Mais je me rendis compte que j'étais incapable de manger quoi que ce soit.

Les auxiliaires de justice entrèrent pour me demander si je voulais revoir ma déposition.

– Non, merci, répondis-je, presque offensée.

Je n'avais pas besoin de passer en revue ma déposition : je connaissais la vérité.

Après deux heures dans cette pièce annexe exiguë et dépourvue de fenêtres, on vint me chercher pour rejoindre la salle d'audience. Jo, Jackie et Carol m'embrassèrent, puis je les laissai et suivis l'auxiliaire de justice dans les couloirs et en haut de l'escalier. Il me laissa devant la salle d'audience dans un long couloir vitré pendant qu'il allait vérifier qu'on était prêt à m'entendre. J'étais fière de ne pas boiter.

Je ne pensais pas vraiment à marcher, cependant. J'avais plutôt envie de courir le plus loin possible. Parce que j'étais le premier enfant à avoir parlé, j'étais l'enfant A : la première à déposer. Cela me terrifiait littéralement : à nouveau en première ligne. Mais finalement, ce fut la pensée de mon frère et de ma sœur, des enfants B et C, Alloma et Christopher, qui me poussa de l'avant.

Tu as une responsabilité, me dis-je. *Tu as un frère et une sœur qui ont besoin de toi. Tu dois entrer et leur montrer que tout va bien, même si c'est faux. C'est ta famille : tu dois le faire pour eux. Sois forte pour eux.*

Il m'était toujours plus facile d'agir pour les autres que pour moi.

La porte s'ouvrit et on me fit entrer. Mon regard fouilla la salle à la recherche de maman. Cela me terrorisait de me retrouver dans la même pièce qu'elle. On m'avait dit qu'elle ne pourrait pas me faire de mal, mais personne ne comprenait. Je n'avais pas peur qu'elle me saute dessus pour me frapper. J'avais peur du contrôle mental ; de revoir ces yeux et de ce qu'ils pourraient me faire faire ou ressentir.

Mais je ne la vis pas. Je me rappelai alors que Victoria Martell m'avait informée que maman resterait derrière un écran afin qu'on ne puisse pas la voir, et inversement, et qu'on la ferait sortir de la salle d'audience à mon entrée et à ma sortie. Cela me rassura. Je me revois chercher à paraître forte et pleine d'assurance dans ma jupe noire et mon haut rouge tout en traversant la salle d'audience. Même si je ne me sentais pas sûre de moi, je savais qu'il était essentiel de faire bonne impression sur le jury. Les jurés *devaient* croire que je disais la vérité. Alors, je grimpai sans vaciller les deux marches pour pénétrer dans un petit box moquetté : la barre. On me fit prêter serment et mon procès, mon épreuve, commença.

33

– Je vais vous poser des questions sur votre enfance. Vous le voulez bien ?

Notre avocat, celui qui travaillait pour l'accusation, se leva en premier. Il me posa des questions, les mêmes que la police, que Mark et Duncan quand j'avais rompu le silence. Je fixai le jury et dis la vérité. Pendant toute la durée de ma déposition, je me concentrai sur un homme et une femme du jury. Ils avaient l'air gentils et normaux, contrairement aux excentricités que je voyais ailleurs dans la salle d'audience : les perruques grises et les toges rouges des principaux acteurs du tribunal. La femme avait des cheveux bruns aux épaules et une écharpe turquoise ; l'homme était assez mince et grand, et il avait des cheveux grisonnants courts. Ils étaient assis côte à côte, et je regardais surtout la femme pendant que je parlais. Elle avait l'air furieuse, choquée ; elle se sentait concernée. Hum, hum, hum ! C'était ma mère, qui toussait derrière son écran, faisant remarquer sa présence pendant que je déposais. À la fin, le juge lui dit que, si elle ne se taisait pas, il devrait la faire sortir du tribunal. Elle resta alors silencieuse ; toute la salle l'était. Pendant que je parlais – que je racontais –, on aurait pu entendre une mouche voler.

Je déposai pendant deux jours. Si parler à notre avocat était supportable, ce fut une tout autre paire de manches quand l'avocat de maman intervint pour m'interroger. Il était plus petit que notre avocat, avait des cheveux noirs, et c'était un drôle de zigoto. Je ne comprenais pas comment il pouvait se tenir là et la défendre ; comment il pouvait rester là et chercher à faire croire que je mentais. Le plus épuisant (et humiliant), dans ce procès, était que je devais faire mes preuves, prouver que ce que j'avançais était la vérité. Non seulement j'avais dû subir les violences, mais voilà que je devais aussi traverser cette épreuve. C'était horrible.

L'avocat de maman essayait toujours de me piéger.

– Votre mère vous aime, n'est-ce pas, Victoria ? disait-il.

J'hésitai.

– En fait, je ne sais pas si elle m'aime ou non. Mais si elle m'aime, elle a une drôle de façon de le montrer.

– Elle vous aime, puisqu'elle vous a emmenée à Disneyland.

Je répondis à cette question d'un ton de défi :

– J'aurais préféré un câlin qu'aller en Amérique !

Son axe de questionnement m'avait fait voir rouge, à balancer cette assertion comme pour dire : « Eh bien, si vous avez vu Mickey, vous avez eu une enfance parfaite. » Ne savait-il pas qui était ma mère, comment elle avait tout fait pour paraître si parfaite, mais uniquement de l'extérieur ?

– Vous n'avez pas eu à rester debout toute la nuit dans la remise de la maison de George Dowty, n'est-ce pas ? demanda-t-il à un autre moment.

– Si, répondis-je, j'ai dû le faire. Je l'ai fait.

– Ah ! mais il y avait beaucoup trop de bazar dans la remise pour cela.

Plus tard, quand il brossait un tableau de la maisonnée insouciante de maman, il me dit qu'on jouait dans la remise. Je ne pus m'en empêcher : je répondis avec insolence. Cela me contrariait tellement qu'on ne nous écoute pas après tout ce qu'on avait vécu. Toute ma frustration enfla en moi :

– Alors, s'il y avait trop de bazar, *maître,* comment pouvais-je y jouer ?

Le juge m'interrompit à ce stade et me rabroua, quoique gentiment.

– Ne soyez pas insolente, vous voulez bien ? Nous devons poser ces questions.

Une seule fois, pendant ces deux jours de déposition, je craquai. Je parlais d'un incident avec Alloma, peu avant qu'elle soit abandonnée, quand maman l'avait frappée sur le sol de la cuisine. Si je m'en souviens bien, je me mis à pleurer, car rien n'est pire que regarder se faire battre un être qu'on ne peut pas aider. Je venais de me rappeler ses cris désespérés, et cela fit monter des torrents de larmes à mes yeux et entrecoupa de hoquets ma voix tremblante. Le juge me fit sortir le temps que je me calme, mais je n'eus pas le droit de retrouver mes amies. Je me rappelle un autre échange avec l'avocat de ma mère, vers la fin de son contre-interrogatoire. Il tentait à nouveau de décrire maman comme une mère parfaite.

– Votre maman vous aimait tant, me dit-il, qu'après l'accident de voiture, elle vous a acheté une péniche, n'est-ce pas ? Parce qu'elle pensait que vous étiez invalide et ne pouviez pas marcher.

– Non, répondis-je brièvement, obéissant au conseil du juge.

– C'était une péniche pour personnes handicapées, me dit-il sans me quitter des yeux.

– Ce n'était absolument pas pour moi.

– Elle l'a achetée pour vous.

– Non, c'était pour mon grand-père. Parce qu'il était invalide.

– Tut, tut, tut, fit-il d'un ton incrédule. Allons, comment votre grand-père allait-il en profiter ? Il était vieux. Cette péniche était pour vous.

Je le fusillai du regard.

– L'unique raison pour laquelle elle a acheté cette péniche, dis-je, était parce qu'elle s'appelait *Charlotte*.

Elle ne lui avait pas mentionné ce nom, je le voyais bien ; il secoua la tête et s'interrompit brusquement.

– Plus de questions, dit-il soudain.

Notre avocat se leva à nouveau, pour la dernière question avant que je sois renvoyée.

– Victoria, dit-il, je ne vous ai jamais connue si en colère et résolue. Voulez-vous bien m'expliquer à nouveau pourquoi vous ressentez une telle colère.

Je réfléchis, les pensées virevoltant dans ma tête, essayant d'en choisir une pour expliquer ce fouillis d'émotions.

– Parce qu'elle est là-bas, dis-je enfin, avec un signe de tête vers l'écran derrière lequel se trouvait ma mère. Elle est là-bas et elle sait ce qu'elle a fait. Je l'aime toujours, mais elle a besoin d'aide, ajoutai-je après un temps d'arrêt.

Le procès continua, mais pour moi, c'était fini. Je n'eus pas le droit d'assister à la déposition de mon frère et de ma sœur. Je n'avais entendu que la version de ma mère, et je pense que cela m'aurait aidée d'entendre d'autres côtés de l'histoire. Je le voulais pour moi et pour mon avenir, mais on ne m'y autorisa pas, alors, comme toujours, je fis ce qu'on me dit. Une fois descendue de la barre, j'allai aux toilettes du tribunal pour m'asperger le visage d'eau. Une femme me suivit jusque-là, dans les toilettes, et me tendit sa carte de visite.

– Je sais qu'on n'est pas censés faire ça, dit-elle, mais je travaille pour le…

Elle cita un grand journal hautement respectable qui aurait mieux fait de s'abstenir.

– Nous vous paierons pour vous entendre ; nous vous paierons pour que vous laissiez tomber votre anonymat : nous voulons l'exclusivité sur cette affaire.

C'en était trop. Je voulais simplement rentrer chez moi. L'inspectrice Martell me fit monter dans la voiture, et on se faufila par l'arrière pour éviter les médias. Je vis les photographes et les reporters agglutinés près des marches du palais de justice, un océan de silhouettes agitées et de flashs d'appareils photo, et on me dit qu'ils étaient tous là à m'attendre, ce qui était incroyablement stressant. Je ne me rappelle pas mon arrivée à la maison ce soir-là, mais bien de m'être réveillée le lendemain, couchée sur le canapé dans ma tenue d'intérieur rose pâle. Un bruit m'avait réveillée. Un bruit étrange, comme si le volet de la boîte aux lettres ne cessait de claquer au passage d'enveloppes par la porte, mais j'avais rarement du courrier, et le facteur ne passait qu'une fois par jour.

Je m'aventurai dans le couloir et n'en crus pas mes yeux. On avait passé des piles de lettres par la boîte, et il en tombait encore d'autres alors que je regardais, horrifiée, le tas croissant. Elles provenaient toutes de reporters me disant qu'ils me paieraient plus que n'importe quel journal, et que je devais vraiment vendre mon histoire. Quand je jetai un œil par la fenêtre de la cuisine, je vis le parking bondé de journalistes. Mon téléphone sonna. C'était Victoria Martell, qui me passa la responsable des relations publiques de la police. Elle recevait des demandes de la radio et de la télé et me demanda si je voulais passer à la télévision nationale quand le verdict serait rendu. Non, je n'en avais aucune envie. Je souffrais trop. J'étais submergée, j'étais déroutée par mon fouillis d'émotions, et, s'il était une chose que je ne voulais *pas*, c'était raconter au monde entier ce qui s'était passé. Cela avait déjà été assez difficile d'en parler à l'avocat au tribunal ; je ne voulais absolument pas revivre tout cela, ou que mon visage soit étalé dans les journaux. Je me sentais traumatisée, et non triomphante ; meurtrie, et non courageuse.

Je collai un message écrit à la main, formant les lettres de mon écriture toujours enfantine : *Je suis très perturbée pour l'instant. Laissez-moi tranquille, s'il vous plaît.*

Mais cela ne les arrêta pas.

Le procès continua. Maman donna sa défense.

– J'ai sué sang et eau pour ces enfants, dit-elle pendant le procès. J'ai travaillé non-stop. Je les aime ; je les aime encore. Quiconque a rencontré ces trois enfants dira que ce sont à présent des adultes bien élevés et respectables. C'était mon but, et je pense avoir réussi.

Les seuls châtiments physiques qu'elle ait jamais appliqués étaient, selon ses dires, « une tape sur les fesses ».

Quant à sa défense pour la myriade de cicatrices sur nos corps..., nous étions des enfants adoptifs pervers et nous nous étions enfoncés nous-mêmes des bâtons dans la gorge les uns des autres ; cela n'avait rien à voir avec elle. L'inspectrice Martell me dit plus tard que sa défense était devenue presque risible à la fin, tant ses réponses étaient invraisemblables.

Puisque ma présence au tribunal n'était pas autorisée, je ne voyais pas les preuves qui s'amoncelaient : pas simplement les nôtres à tous les trois, et celles de Sandy, mais aussi de nos nombreuses consultations chez le dentiste et le médecin au fil des ans, des bâtons truffés d'ADN qu'ils avaient récupérés à la ferme – et même de ma sœur Becky. Elle témoigna de ce qu'elle avait vu dans la chambre quand elle m'était tombée dessus, et je crois que ce fut là la preuve la plus accablante. Car il ne s'agissait pas d'un « enfant adoptif pervers racontant des mensonges », c'était la propre fille biologique de maman, et elle confirmait que tout était vrai.

Mais j'ignorais tout cela, à l'époque. Je pensais que cela se résumait à ma parole contre celle de maman, et je savais ce qu'il en avait été dans le passé. Je fis des cauchemars où elle sortait libre comme l'air. Chaque nuit, je mouillais mon lit sous le coup d'une peur abjecte. La peur de maman, la peur d'aller moi-même en prison, la peur de ce qu'il adviendrait ensuite. Je me mis à penser qu'il vaudrait mieux que je meure. Mes amies essayaient de m'attirer vers le positif. Jo était adorable comme toujours. Un vendredi après-midi de mi-mars, elle m'invita pour un thé. J'aimais aller chez Jo. Elle habitait une petite maison de caractère, avec de grandes poutres et une atmosphère rustique, et elle mettait toujours des fleurs partout. C'était un lieu paisible. Et j'avais justement besoin de paix en cet instant : le procès était fini, et le jury s'était retiré pour délibérer. On m'avait dit qu'on ne saurait probablement rien avant le début de la semaine. J'avais envie de grimper aux murs garnis de poutres.

Mon portable se mit alors à sonner. C'était Victoria Martell, et elle n'avait que cinq mots à me dire :

– Elle a été reconnue coupable.

34

Je me sentis accablée de douleur. Je m'écroulai par terre, à genoux ; et c'est ainsi que Jo me trouva, des larmes ruisselant sur mon visage.

Je viens d'envoyer ma maman en prison.

Jo me releva et me serra très fort dans ses bras.

– Bravo, je suis si fière de toi, dit-elle en m'embrassant.

Elle m'accompagna jusqu'au canapé, et on resta là, essayant d'assimiler la nouvelle, pleurant toutes les deux, pendant que de folles pensées virevoltaient dans mon crâne.

Je me sentais coupable pour tant de raisons : parce que je l'aimais ; parce que je l'avais trahie. Parce qu'elle m'avait dit, il y a si longtemps, que c'était à cause de moi qu'elle était ainsi, et donc, en fait, tout cela, toute cette affaire, était ma faute.

Cela faisait beaucoup de raisons de se sentir coupable.

Quand je disais que je l'aimais, les gens me faisaient taire.

– Loyauté déplacée, disaient-ils.

Mais j'avais l'impression qu'ils faisaient fi de mes sentiments, me disant que j'avais tort, et en plus que j'étais stupide avec ça. *Crétine d'autiste.* Je ne pouvais rien faire contre mes sentiments (je l'avais aimée pendant des décennies, pendant vingt et un ans maintenant) et, pour le meilleur ou pour le pire, je n'avais pas eu d'autres mamans.

Les paroles de Victoria Martell résonnaient dans mes oreilles, comme des glas sinistres qui tintaient dans la fraîcheur de l'air printanier : « Elle a été reconnue coupable. »

Je n'arrivais pas à y croire. Pas un seul instant je n'avais cru que cela pouvait arriver. Je n'avais jamais osé le rêver. Je pensai à l'inspectrice Martell, au fait que quelqu'un m'avait dit un jour qu'il fallait se lever tôt pour avoir le dessus sur elle, et je fus soudain ravie qu'elle ait été responsable de notre affaire. Je doute qu'on aurait aussi bien progressé avec un autre inspecteur. Ce regard réservé avait vu dans le jeu de maman, avait porté un jugement comme personne d'autre n'avait pu le faire avant.

Je n'appelai pas mon frère et ma sœur après le verdict. On avait gardé nos distances pendant le procès, ne voulant pas compromettre les preuves, et je n'éprouvais pas le besoin de le communiquer avec eux en cet instant. Cela semblait si intime. On avait tous suivi notre propre chemin pour en arriver là, et maman m'avait eue bébé. Cela faisait beaucoup de choses à m'entrer dans le crâne.

Je n'avais toujours pas pris la mesure du verdict quand je retournai à l'école pour ma formation aux soins de l'enfance le mardi matin. Je me revois entrer dans notre classe, des journaux partout sur les tables, chacun exhibant la photo de ma mère. À l'intérieur des journaux étalés, il y avait des pages et des pages sur l'affaire. Même si Victoria Martell m'avait dit que le procès aurait une couverture médiatique nationale, je n'aurais jamais pu m'imaginer qu'elle aurait une telle ampleur.

Chaque photo était comme un coup de poignard de culpabilité dans le ventre. C'était si étrange de voir notre histoire étalée au grand jour. On m'avait demandé de ne rien dire là-dessus tant que le procès n'était pas fini afin de ne pas compromettre l'affaire. Pas de problème : c'était le genre de chose que maman m'avait toujours dit, de toute façon, qu'on ne devait parler à personne de ce qui se passait chez nous. Mais là..., ses secrets étaient à présent dévoilés au vu et au su de tous. C'était un tel contraste avec notre famille isolée, avec la manière dont on avait été éduqués. Mon cerveau n'arrivait pas à se dépatouiller avec ça.

Ma professeure arriva et dit aux élèves de ranger les journaux. Elle me fit venir dans son bureau.

– Vous allez bien, Victoria ? me demanda-t-elle.

Sur ce, je fondis en larmes. J'étais totalement sous le choc et incrédule ; je n'éprouvais pas la moindre fierté, uniquement ce mélange bizarre et épuisant de culpabilité et de stupéfaction muette.

– Ma chérie, me dit-elle gentiment. Rentrez chez vous. Avez-vous bénéficié d'un soutien psychologique ?

Je secouai la tête. Non, je n'avais reçu aucun soutien. Aucun soutien quand j'étais partie. D'ailleurs, on ne m'en proposait pas plus maintenant pour m'aider à surmonter tout cela.

– Il y a une psychologue ici, dit-elle. Si vous alliez discuter un peu avec elle avant de rentrer chez vous ? Allez lui parler et voyez si elle peut vous aider.

Je me rendis donc chez la psychologue, qui était assise à son bureau. Elle devait croire que j'allais lui annoncer que j'étais enceinte, ou que j'avais été surprise à voler à l'étalage, ou un autre dilemme propre aux adolescentes.

Je commençai à lui raconter, et, bien sûr, elle sut aussitôt de quoi je parlais.

– Je suis désolée, me dit-elle gentiment, mais je ne peux pas vous aider. C'est trop gros. C'est si grave que je ne peux rien faire. Peut-être votre médecin peut-il vous aider.

Je rentrai chez moi dans une bulle de choc, pourchassée tout au long par des journalistes. Ils s'étaient faufilés dans l'école, ils avaient rôdé dans les toilettes et les ascenseurs, et, à présent, ils m'attendaient à tous les coins de rue, tendant dans ma direction contrats, cartes de visite, messages de supplication gribouillés.

– Qu'est-ce que ça vous fait d'avoir gagné ? criaient-ils.

Gagné ? me dis-je. Comment ça, « gagné » ? Je me sens simplement en sécurité.

– Pourquoi êtes-vous restée si longtemps avec elle ? hurlaient-ils.

Une raison de plus de me sentir coupable, comme si j'avais été vraiment stupide de la supporter pendant toutes ces années.

Ils ne semblaient pas comprendre que j'étais terrifiée.

Je devais me terrer dans mon appartement, parce que je ne pouvais pas faire un pas dans la rue sans être harcelée. Il ne fallut pas longtemps pour que je sois obligée d'arrêter ma formation. J'acceptai une conférence de presse. J'avais été encouragée par l'équipe de relations publiques de la police selon laquelle, si je ne la faisais pas, la presse ne me laisserait jamais tranquille. Christopher et moi nous trouvâmes devant une salle grouillante de reporters avec tout un tas de microphones sous le nez (Alloma était repartie à Bristol et n'était donc pas présente). Comme je ne renonçai pas à mon anonymat, les médias n'eurent pas le droit de me photographier, mais l'environnement n'en était pas moins affreusement intimidant. Je découvris bien vite que, même si j'avais accepté la conférence, ils ne me laissaient absolument pas tranquille, sous quelque forme que ce soit. Donnez-leur la main, ils veulent le bras. Quoi qu'il en soit, je repoussai toutes les offres des médias. Je ne me sentais pas prête à partager mon histoire plus que je ne l'avais déjà fait.

Mais mon frère et ma sœur n'en étaient pas au même stade. Ils parlèrent à la presse : ils firent ce choix, et cela ne me gênait pas. Je les avais vus être torturés, obligés de faire tant de choses horribles contre leur gré que de les voir choisir de prendre leurs propres décisions, de raconter leur histoire avec courage était un acte qui, à maints égards, me rendait fière.

Dans un monde parfait, le jour où chacun de nous quitta maman, on aurait dû pouvoir faire ce qu'on devait faire pour guérir, indépendamment des autres. Mais on ne vit pas dans un monde parfait. Malheureusement, le courage de mon frère et de ma sœur poussa les médias acharnés à rendre ma position dix fois plus inconfortable.

– Vous devez rester unie avec votre frère et votre sœur ! criaient les reporters à travers ma boîte aux lettres. Vous les laissez tomber. Vous ne voulez pas les laisser tomber, dites ?

Puis :

– Oh ! vous pensez que vous valez mieux qu'eux, hein ? Espèce de snob !

Puis :

– C'est vous qui avez révélé l'affaire. On veut vous entendre la raconter !

Puis :

– Vous pouvez aider d'autres personnes avec votre histoire. Vous ne voulez pas aider d'autres personnes ?

Quand la peine de ma mère fut prononcée le 16 avril 2007, la pression augmenta. Je voulais être présente lorsqu'elle recevrait sa sentence, mais une fois de plus, on me le déconseilla. Je ne l'avais pas revue depuis le jour où j'avais quitté la maison de George Dowty Drive, et je pense que la revoir et la voir partir en prison m'aurait aidée. J'aurais peut-être même pu trouver la force de la regarder en face.

On raconta que le juge, Simon Darwall-Smith, dit à maman dans son résumé qu'il n'avait jamais connu pire affaire en ses quarante ans au service de la justice.

– Il est difficile pour quiconque, dit-il, de comprendre comment un être humain quel qu'il soit peut même avoir imaginé ce que vous avez fait, et encore moins avec la régularité et la préméditation dont vous avez fait preuve. Je n'ai pu manquer de remarquer que, pendant les cinq semaines et demie qu'a duré le procès, vous n'avez montré aucune émotion, pas même quand le jury est revenu avec son verdict de culpabilité.

Maman fut reconnue coupable pour vingt-six chefs d'accusation au total, dont coups et blessures volontaires, cruauté envers une personne de moins de seize ans, atteinte à l'intégrité physique, entrave à la justice et intimidation de témoins. Cela sonne si sec dit ainsi. Cela n'évoque pas la terrible agonie des coups sur vos pieds nus, ou la saveur caustique du liquide vaisselle dans votre gorge, ou la terreur absolue d'être maintenue sous l'eau du bain.

Elle fut condamnée à quatorze ans de prison.

Mes amis réagirent à la sentence par la joie. Ruth et Jo ne cessaient de me dire :

– Tu seras vieille quand elle sortira, Torrie. Elle ne sera plus rien pour toi à ce moment-là.

Et je croyais qu'elles avaient raison ; je pensais être en sécurité pendant quatorze ans. Je m'imaginais le juge comme un de ces appareils de foire, ceux qui attrapent des jouets bon marché avec des pinces métalliques : enfin, enfin quelqu'un l'avait attrapée et écartée – et je pouvais vivre ma vie.

Quelques semaines après le verdict, Duncan et Jackie m'accompagnèrent à la Salle du Royaume de Gloucester – celle où maman allait enfant. J'y étais pour être interrogée par un collège d'anciens : une occasion formelle. Parce que même si maman avait été reconnue coupable par un tribunal, Dieu était au-dessus de tout cela. Maman ne serait pas coupable à cent pour cent dans les yeux de nombreux Témoins de Jéhovah à moins d'être excommuniée. Et c'était la raison pour laquelle je subissais un nouveau contre-interrogatoire.

Je répondis à toutes leurs questions pendant deux heures. Ils prenaient leur mission très au sérieux. Il y avait comme une impression de « Tu pourrais ne pas dire la vérité ; alors, revoyons cela une dernière fois et voyons ce que Dieu a à dire sur tout ça ». Puis, on repartit tous à Tewkesbury attendre ce deuxième verdict.

Une fois le procès terminé, j'étais dans une drôle de position à la Salle du Royaume locale. Si de nombreux Témoins m'avaient apporté leur soutien au procès, ce n'était pas le cas de tous. Je le comprenais, dans une certaine mesure : ils ne voulaient pas penser que tout cela s'était déroulé sous leur nez, pendant toutes ces années, et il était donc plus facile de me traiter de menteuse que d'interroger leur cœur pour savoir s'ils auraient pu nous aider. Il était plus facile de me cracher dessus dans la rue, de me dire qu'ils ne me croyaient pas et qu'ils ne le feraient pas à moins qu'elle ne soit jugée coupable...

Je peux vous dire qu'à la Salle du Royaume, tous ceux qui mangèrent leur chapeau durent avaler beaucoup de café pour le faire passer, c'est sûr.

Un jeudi soir, quelques semaines après m'être rendue à Gloucester, les anciens se levèrent pour les annonces, qui se faisaient toujours en milieu de soirée. Et ils dirent à la congrégation rassemblée :

– Nous devons vous annoncer qu'Eunice Spry est à présent excommuniée des Témoins de Jéhovah.

Ils n'en firent pas toute une histoire ; il y en avait déjà eu assez. Mais dans la Salle du Royaume, là même où elle m'avait littéralement étiquetée comme enfant maléfique, où elle avait tenu tant de personnes sous son emprise, les intimidant jusqu'à ce qu'elles détournent le regard et ne viennent pas une seule fois à notre secours, entendre cela était si intense.

Liberté. Justice. Vérité.

Et je me dis : *C'est fini. C'est fait.*

Troisième partie

UN SAUT DANS L'INCONNU

35

Je parie que vous êtes surpris de me voir encore là. Mais oui, il y a une troisième partie à mon histoire. Je sais que la plupart des livres s'achèvent après une phrase pareille, non ? Ding dong ! La sorcière est, sinon morte, du moins à l'ombre, pour qu'on puisse tous vivre heureux et avoir beaucoup d'enfants.

Mais la vraie vie ne fonctionne pas ainsi ; elle n'est pas aussi carrée. Tous ces titres que vous voyez dans les journaux, proclamant que justice a été rendue pour les victimes, de sorte que maintenant on peut tous dormir tranquilles dans nos lits, eh bien, vous n'entendez jamais ce qui se passe après, après que le cirque médiatique a remballé ses affaires, est rentré chez lui, que le système judiciaire a suivi son chemin, que ceux qui sont au cœur de l'histoire doivent reprendre le cours de leur existence et aller de l'avant. Vous n'entendez jamais ce qui leur arrive après.

Voici ce qui m'est arrivé.

Quand je pense à ma vie immédiatement après la sentence et l'excommunication, ce qui la résume le mieux c'est un museau doré duveteux et une truffe noire humide : Ollie, mon chien à moi. Ollie arriva avec moi à mon appartement par un après-midi magique de fin de printemps. Des amis de Hereford, Témoins également, étaient allés le choisir pour moi. L'association d'aide au logement avait accepté de me reloger dans un appartement de rez-de-chaussée pour que je puisse avoir un chien. Il me restait une semaine avant de déménager quand mon Ollie fit irruption dans ma vie.

Au début, je voulais une chienne que j'appellerais Belle, d'après mon héroïne de *La Belle et la Bête,* mais ce fut un mâle qui bondit dans mon appartement, un petit mâle dodu qui avait été sauvé d'une ferme d'élevage de chiots au pays de Galles : un labrador jaune de cinq mois que je trouvai adorable au premier regard.

Quel bonheur de pouvoir à nouveau m'occuper de quelqu'un ! Je lui donnai un bain ce tout premier soir. Il était dans un état déplorable : des puces sautaient de son pelage dans l'eau pendant que je le nettoyais. Le lendemain matin, je l'emmenai chez le véto. Il pesait son poids, mais je le portai moi-même, étroitement serré dans mes bras, pendant tout le trajet jusqu'à la clinique.

Avant sa venue, je me demandais souvent : *Pourquoi suis-je là ? Que suis-je censée faire de moi ?* À présent, je le savais : j'étais là pour aimer Ollie. C'est ce qu'il m'apprit : comment aimer, sans aucune des complications que j'avais ressenties envers ma grand-mère ou ma fratrie ou ma maman. Il m'apprit à aimer, c'est aussi simple que cela.

Chaque nuit, il dormait en travers de ma poitrine, sa tête sur l'oreiller. Il était bête comme ses pieds, et c'était mon meilleur ami. À peine une semaine après son arrivée, je déménageai dans mon nouvel appartement en rez-de-chaussée, un endroit aux murs crème, où je fis poser de nouvelles moquettes. J'achetai même quelques meubles. J'achetai mon tout premier cadre de lit, joli, fait de bois blond, pour y mettre mon matelas, j'accrochai un tulle de princesse au-dessus que je garnis de guirlandes électriques et de papillons amovibles. Et je commandai une toute nouvelle armoire chez IKEA. Oh ! c'était quelque chose que cette armoire ! Elle avait des compartiments pour tous mes types de vêtements différents, et elle était à des années-lumière des sacs-poubelle crasseux sur le sol de la cuisine. J'espérais que tout irait bien maintenant. Tout le monde me disait :

– C'est fini. C'est terminé. Va de l'avant et sois heureuse.

Je voulais tant être heureuse, alors même que je ne savais pas réellement qui j'étais ni, en fait, ce qui pourrait me rendre heureuse. Cela m'était très difficile de n'avoir aucun soutien professionnel. C'était comme si on m'avait laissée tomber comme une vieille chaussette après le procès sans m'avoir proposé ni soutien ni aide. En ce qui concernait les autorités, j'étais adulte : vingt et un ans, après tout, et certainement capable de subvenir à mes besoins et de vivre ma vie. De quelle aide pourrais-je donc avoir besoin maintenant que ma maman était derrière les barreaux ? Pendant des décennies, peut-être me disait-elle que j'étais stupide, inutile et maléfique ; peut-être me mettait-elle devant le miroir pour me le faire dire, jusqu'à ce que je sache que c'était vrai. Mais à présent, les gens me disaient :

– Ne sois pas bête. Bien sûr que ce n'est pas vrai ! Oublie tout ça et va de l'avant.

Je savais que ce qu'ils disaient était vrai, mais le message ne m'atteignait pas réellement au fond de moi, dans mon cœur et mon esprit. Je n'avais pas de mère, pas de famille, pas de psychologue pour m'aider. Je devais trouver mon propre chemin. Dans mon enfance, j'étais devenue un caméléon, m'adaptant pour survivre. Je devais recommencer aujourd'hui. Que faisaient les autres ? Ils avaient des maisons ; ils achetaient des armoires. J'en faisais autant. Et je disais :

– Ouais, ouais. Je vais être heureuse. Je vais faire du mieux possible. En réponse à la demande générale, c'est ce que je dois faire. Tout va baigner, maintenant.

En réalité, Ollie m'aida énormément sur ce point. J'aimais avoir un compagnon et l'emmener pour des promenades. Il me donnait une raison de sortir de l'appartement chaque jour et, parce qu'il avait un drôle de caractère, il me donnait aussi une raison de sourire. Cela faisait si longtemps que je n'avais pas souri. Pendant tout le procès, et les deux années qui l'avaient précédé, j'avais eu du mal à apprécier quoi que ce soit : nourriture, livre, comédie romantique… Je ne vivais pas, j'existais, c'est tout. On m'avait diagnostiqué un syndrome de stress post-traumatique, de l'anxiété et une dépression ; je me battais toujours avec divers problèmes de santé et j'avalais mon cocktail de médicaments. Pourtant, Ollie m'aida réellement pour la dépression : son odeur, ses câlins, sa douceur, ses grandes oreilles veloutées tombantes. Je l'aimais tant. Et c'est cet amour qui, au bout du compte, m'amena à arrêter de me mutiler et me donna un peu de foi en moi. S'il avait foi en moi, peut-être le pouvais-je aussi.

J'essayais de ne plus penser à maman. Je devais penser à l'avenir, ce qui pourrait expliquer, peut-être, pourquoi je ne poursuivis pas oncle Phil pour ses abus sexuels. Cela, et le fait que je ne pensais pas avoir la force émotionnelle de survivre à un autre procès : faire à nouveau une déposition, subir un autre contre-interrogatoire d'avocats insensibles et intrusifs. La police m'appela et me donna le choix de le poursuivre ou non, parce que je leur avais raconté ce qu'il m'avait fait quand je leur avais parlé de maman, et j'avais répondu que non, je ne le pouvais pas. Non, merci. Je ne pouvais pas revivre tout cela.

Le vendredi 20 juillet 2007, il se mit à pleuvoir. Une pluie forte, incessante. Je me réveillai à trois heures du matin en entendant des cris venir du campement de caravanes de l'autre côté de la route. L'eau montait, et on évacuait d'urgence les résidents. Un hélicoptère survolait mon immeuble, ses pales battant l'air ; il était à la recherche d'un jeune homme qui avait disparu dans la rivière dont le niveau grimpait en flèche (il mourut par la suite). Cette nuit de vendredi marqua le début des crues du Gloucestershire, la plus importante urgence du comté en temps de paix, un véritable désastre naturel. Ce fut aussi une catastrophe pour mon nouvel appartement. L'eau se mit à s'infiltrer par le sol, pendant qu'Ollie et moi étions sur le lit, alors que j'agrippais son doux pelage blond. Toutes les lumières s'étaient éteintes ; il n'y avait plus d'électricité. Cela ressemblait aux histoires de l'Apocalypse que maman me hurlait au visage, son nez couvert de points noirs gras, quand elle me décrivait la fin du monde et comme j'allais souffrir. Et pour souffrir, oh oui ! je souffris. L'appartement était inondé : de l'eau sale des égouts recouvrant mes nouvelles moquettes, mon joli lit et mon armoire magique. C'était si traumatisant de se créer un nouveau foyer, puis de le voir quelques mois plus tard littéralement emporté. Je fus relogée à Gloucester, presque dans l'ombre de l'ancienne Salle du Royaume de maman. Gloucester était le dernier endroit où je voulais aller : c'était si loin de mes amis, dont le soutien m'était toujours si nécessaire. J'étais profondément gênée de m'installer dans l'ancien turf de maman, où les gens refuseraient probablement de croire ce qui était arrivé, où je trouverais peut-être mes critiques les plus acerbes. Mais nécessité fait loi, et l'inondation avait rendu nécessiteuses quantité de personnes.

J'emménageai dans mon nouvel appartement un vendredi soir, à la tombée de la nuit. De la musique branchée braillait à plein volume des bars de la rue, pendant que de jeunes gens se pressaient, agrippant des bouteilles d'alcool dont l'odeur avait le malheur de me rappeler oncle Phil. Ils se hurlaient après, juraient et criaient. Quel choc de cultures ! J'avais grandi dans une ferme et dans les limites de George Dowty Drive ; mes appartements après mon échappée s'étaient trouvés dans le petit bourg de Tewkesbury (population : 10 704 habitants), à quelques minutes de chez mes amis. Maintenant, j'étais dans la grande ville, avec tout le bruit, la crasse et les voisins anonymes que cela impliquait.

Je me revois assise dans mon appartement ce soir-là, les quelques biens que j'avais réussi à sauver éparpillés autour de moi dans le salon, et pleurer, non pas à cause de ce qui m'était arrivé, mais parce que j'avais été relogée dans un appartement sans jardin pour Ollie, et je me sentais comme une mère inutile, car il n'avait nulle part où aller pour faire ses besoins. Mais Ollie s'en moquait. Il me suivait, ses grands yeux marron emplis d'amour, de confiance et de bonne humeur, et il n'aboya même pas quand nos voisins du dessus se mirent à se disputer violemment, nous laissant entendre chaque mot tant les murs de notre immeuble étaient fins comme du papier à musique. Quand les pubs mirent leurs clients dehors, des ivrognes déambulèrent et frappèrent à mes fenêtres. Toc-toc-toc !

– On sait que vous êtes là !

Je m'endormis en pleurant cette première semaine. Je ne reçus aucune aide. La municipalité était noyée sous les demandes, à cette époque, et je n'étais pas prioritaire, puisque j'avais un toit au-dessus de ma tête. Mes amis, si loin, ne pouvaient me soutenir ; ils me disaient d'aller à la Salle du Royaume de Gloucester et de prendre de nouveaux contacts.

– Aie foi en Dieu, disaient-ils d'une voix sereine.

Finalement, je compris que seule une personne pouvait m'aider... et que j'étais cette personne. Je devais m'aider. *Tu dois trouver un travail, tu dois économiser et tu dois réussir à retourner à Tewkesbury dans un appartement que tu auras toi-même loué*, me dis-je fermement.

Je me rappelais un endroit à Cheltenham où j'avais fait un stage pendant ma formation aux soins de l'enfance : une crèche de jour où j'avais été très heureuse. J'appelai la directrice et elle me fit venir pour un entretien.

– Vous êtes très douée avec les enfants, et les parents vous estiment beaucoup, me dit-elle. Vous avez le poste.

Donc, en tant que puéricultrice, je m'occupais d'enfants de trois ans dans ce que la crèche appelait l'« étage jongleur » (chaque étage, chacun avec son groupe d'âge, avait reçu le nom d'un numéro de cirque différent).

J'aimais mon travail. Si je voyais qu'un enfant était plus effacé que les autres, je m'efforçais de passer plus de temps avec lui pour m'assurer qu'il sache qu'il était quelqu'un de spécial. Mais j'étais parvenue à un équilibre et ne m'inquiétais pas outre mesure. Je savais que tous les parents n'étaient pas comme ma mère, et ce n'était pas parce que j'étais battue à la maison que le moindre genou éraflé que je voyais était une preuve de maltraitance. J'avais appris cet équilibre toute seule et je faisais confiance à mon instinct. À dire vrai, j'avais plus de difficultés dans la salle du personnel. Les conversations informelles pendant les pauses me rappelaient un peu ce repas avec mon frère Tom dans un Pizza Hut : une sorte d'étrange test d'endurance ou une pantomime dans laquelle je devais faire semblant d'être quelqu'un d'autre, juste parce que je ne savais tenir une conversation « normale » avec les gens. Une si grande partie de ma normalité était forcée.

Mes contacts avec Tom s'étaient malheureusement tassés ces derniers mois. Je crois que la couverture médiatique du procès avait pesé dans la balance, quand tout était sorti, et pas juste la version expurgée que Carol lui avait présentée. C'en était un peu trop, je crois, et nos courriers s'étaient interrompus. Ce fut une période épuisante pour moi. J'étais debout à cinq heures chaque jour pour sortir Ollie et le déposer chez la personne qui le gardait, j'attrapais le bus de six heures trente pour Cheltenham et travaillais toute la journée à la crèche. Je n'étais pas de retour chez moi avant huit heures du soir. Pendant ce temps-là, je mettais de côté le moindre penny dès que possible : mes seules dépenses étaient la nourriture et la garde d'Ollie. Pendant ces quelques mois intenses, faisant tout mon possible pour quitter cet abominable appartement, dans cette rue effrayante, je reçus également une petite somme de la Criminal Injuries Compensation Authority, le bureau d'indemnisation des victimes de violence, que je pus utiliser comme acompte pour une location d'appartement. En six mois, je m'extirpai de la décharge dans laquelle j'avais l'impression d'avoir été jetée et pus retourner à Tewkesbury par mes propres moyens. J'étais très fière de moi.

Avec le reste de l'indemnisation, je versai un an de loyer d'avance, de sorte que, quand j'emménageai, au printemps 2008, je me sentais libre de dettes et prête à tout.

Mais il s'avéra finalement que je n'étais pas vraiment prête à tout. Tant s'en faut.

36

Cela commença merveilleusement bien. J'emménageai par une journée ensoleillée de printemps dans une maison mitoyenne d'un joli lotissement à Tewkesbury, à deux pas de champs et de collines ondoyantes. Il y avait deux chambres et un jardin, un authentique escalier, et même une véranda. C'était une vraie maison de famille, et je décidai de fêter ça en agrandissant ma famille. Ollie et moi accueillîmes Milly le rouleau compresseur dans notre bande de soldats, un gros labrador chocolat aux grands yeux marron en forme de dragées. C'était un sacré caractère : un vrai clown, une chienne très effrontée. Il était même parfois difficile de lui faire des câlins tant elle vous faisait rire. C'était l'amour fou entre Ollie et elle, et ils se pourchassaient sans fin dans le jardin.

Les chiens m'apportaient une grande joie. Ma poche de stomie, ce vieux et fidèle Colin, me causait beaucoup de problèmes, à l'époque, et je n'étais vraiment pas bien. Je vomissais beaucoup et devais accroître la dose de mes antalgiques. Les blessures dues à l'accident, notamment lorsque la ceinture s'était enfoncée en travers de ma poitrine, avaient fait des ravages dans mes intestins et provoqué une hernie dans la paroi stomacale, qui provoquait des afflux constants d'acide dans ma gorge et me rendait malade. Je travaillais encore à la crèche, mais je souffrais en permanence. Je me traînais néanmoins au travail, car je ne voulais pas qu'on me prenne en pitié et surtout pas abandonner cette vie « normale » pour laquelle j'avais tant œuvré et que j'avais réussi à me créer.

Je ne pouvais pas manger certains jours, tant la pression sur mon estomac était forte. Je maigrissais à vue d'œil. Ollie était comme une ombre ; il me suivait partout et dormait devant la salle de bains pendant que je gisais sur le sol et cherchais à récupérer. Je sortais en clopinant dans les champs avec mes deux chiens et m'asseyais sur cette vieille machine agricole pendant qu'ils se dépensaient. Les regarder me faisait un bien fou. Pendant qu'Ollie gambadait, Milly s'asseyait dos à moi et montait la garde, comme s'ils s'étaient alliés pour être « de service » auprès de moi : Milly s'occupait des services à l'extérieur de la maison, et Ollie me collait aux basques à l'intérieur.

J'ignore ce que j'aurais fait sans eux. Bizarrement, maintenant que j'avais « réussi », que je l'avais fait (je marchais, j'avais gagné mes batailles, mis maman en prison et vivais dans une jolie maison avec mes adorables chiens), ce fut alors que je me mis soudain à réfléchir à ce qui m'était arrivé. Comme si je n'avais pas eu le temps d'y penser avant. Il y avait toujours eu un autre obstacle à franchir : remarcher, mes opérations à l'estomac, puis le procès, la sentence, quitter Gloucester... Mais maintenant que tout était réglé, maintenant que j'*avais* la possibilité de vivre heureuse, ce fut alors que la vérité de ce qui m'était arrivé me frappa en plein visage comme une des vieilles conserves de ma mère.

Je me mis à faire des cauchemars où ma mère venait me chercher. J'entendais en permanence sa voix dans ma tête, me disant que je ne valais rien. Je me remis à mouiller mon lit, chaque soir. Alors que j'essayais désespérément de m'intégrer dans la société, mon esprit refusait de coopérer. Comme si mon crâne était une machine à laver, bourrée du linge sale de mes souvenirs, si pleine à craquer, en fait, qu'elle ne pouvait plus tourner et se coinçait. Regarder dans les yeux transparents et compréhensifs de mes chiens était la seule chose qui allégeait ma douleur. Mais je ne pouvais pas le faire toute la sainte journée, surtout quand je travaillais.

J'allai chercher de l'aide auprès de mon médecin (j'avais un nouveau et excellent généraliste appelé Jeremy), qui m'orienta vers un service psychiatrique. Je suivis à de multiples reprises le processus compliqué pour être reçue par un spécialiste. C'était un vrai cirque, mais je n'obtenais jamais aucune aide au bout du compte. Je savais que mes petits frères (que je ne voyais plus, malheureusement, même si on restait en contact par SMS de manière sporadique) avaient bénéficié d'un suivi quand maman avait été arrêtée, parce qu'ils étaient mineurs, mais pendant toute cette période, je n'avais jamais eu de véritable soutien professionnel. C'était trop dur d'essayer de m'en sortir seule. Mon passé était comme une écharde enfoncée en moi. Pendant de nombreuses années, manquant de conseils pour me l'extirper de la peau, elle était restée sous la surface, et voilà qu'elle montrait à nouveau son horrible tête, pleine de pus et infectée.

Maintenant que j'étais de retour à Tewkesbury, mes amis se mobilisèrent pour m'apporter leur soutien. Inquiètes par mon amaigrissement, les femmes de la Salle du Royaume organisèrent un roulement pour déposer des repas sur le seuil de ma porte. J'évoquai mon sentiment de dépression avec Jo et Jackie, et leur en racontai davantage sur ce que j'avais vécu dans mon enfance. Puis, un soir, je me mis à leur parler d'oncle Phil sans pouvoir m'arrêter.

Je n'en avais jamais réellement parlé avant, et cela créa un tout nouvel océan de douleurs en moi. Je le haïssais peut-être encore plus que je haïssais maman.

Le monde des Témoins de Jéhovah est petit. Je suis sûre que Jo et Jackie n'auraient jamais trahi ma confiance. Ainsi, Phil, peut-être poussé par sa conscience coupable, se mit à assister à nos réunions hebdomadaires. Je crois qu'ayant peur de ce que j'avais dit ou pourrais dire, il avait décidé de tenir ses ennemis à l'œil.

Je détestais le voir, assis non loin de moi dans la salle, séparé de moi par l'allée centrale. Ce visage... Il avait fait un AVC depuis notre dernière rencontre, mais quand je le voyais assis là, la peur ne me quittait pas. Pas la peur de ce qu'il pourrait faire, mais de voir ce visage et de savoir ce qu'il m'avait fait. Je pleurais et disais aux autres Témoins que je ne pouvais plus venir aux réunions, que c'était trop dur, mais ils me répondaient :

– Non, tu dois venir, Victoria. Laisse Dieu s'en occuper. Il s'en chargera ; aie foi en Dieu.

Pourtant, j'avais de plus en plus de mal à croire en Dieu, notamment parce que, ce même printemps, maman gagna son appel. On lui ôta deux ans à sa peine ; elle ne ferait que douze ans pour deux décennies de torture. À ce que j'ai compris, elle avait basé son appel sur le fait que d'autres parents, également condamnés pour maltraitance dans des affaires se soldant par la mort de leurs enfants, avaient écopé de peines moindres. Son avocat avait prétendu qu'elle méritait une diminution de peine parce que nous n'étions pas morts. Ainsi, puisqu'elle avait toujours su trouver ce moment exquis dans les punitions par noyade avant qu'il ne soit plus possible de nous ranimer, puisqu'elle nous avait toujours jeté un quignon de pain moisi avant qu'on meure de faim, puisqu'elle était trop foutrement sadique pour nous laisser mourir, c'était du genre : « Oh ! d'accord. Alors, ce n'est pas si grave. » Et sa peine fut réduite.

J'avais de plus en plus de mal à supporter la pression. Par un après-midi ensoleillé, je passais devant la librairie Alison's Bookshop de Tewkesbury et vis mon propre visage me regarder par la vitre. Mon frère et ma sœur avaient raconté leurs expériences avec mère dans des livres, et une photo de mon visage passé au papier de verre apparaissait sur une des couvertures. Mes joues étaient couvertes de croûtes de sang douloureusement étirées dans un sourire pour la photo, de cet étrange sourire « normal » ; ce même sourire que j'avais fait aux infirmières du Frenchay Hospital, quand j'essayais d'être une gentille fille toujours désireuse de faire plaisir. Mes yeux avaient été noircis sur la photo pour masquer mon identité, et je gardais mon anonymat dans les médias, mais bien sûr, je savais, *moi*, que c'était moi. J'éclatai en sanglots en pleine rue. Mon frère et ma sœur n'étaient pas venus me voir pour me dire « J'écris un livre, tu es d'accord ? » Personne ne m'avait prévenue que les livres sortaient, ni n'avait demandé l'autorisation d'utiliser cette photo. J'en eus le cœur brisé.

Puis Phil passa à la vitesse supérieure : il se mit à faire le pied de grue devant chez moi. Il venait quand j'emmenais les chiens en promenade. Il m'avait certainement observée et avait noté mes habitudes. Cela me fit froid dans le dos. Il ne me parlait pas. C'était de l'intimidation pure et simple : *Je sais où tu habites. Ne t'avise pas de parler, Torrie...* Il restait dans sa voiture et me fixait.

Les gens se mirent à me raconter des histoires sur lui. C'était toujours un alcoolique, bien sûr, et ils me disaient qu'ils l'avaient vu entrer au Morrisons et s'acheter une pleine bouteille d'alcool, la vider dans sa voiture, puis rentrer chez lui. Il lorgnait les vendeuses d'un regard concupiscent et les harcelait tant qu'on leur interdit de le servir.

Ces histoires me bouleversaient profondément. Sa conduite en état d'ivresse me dégoûtait. Dans mes cauchemars, je le voyais tuer des gens, tout comme l'avaient été mes sœurs. Mais ce qui me répugnait plus que tout, c'était que cet être gluant à l'haleine chargée de whisky s'était arrogé le droit de pouvoir baver sur n'importe quelle femme ou fille. Quand j'entendais ces histoires, je rentrais chez moi pour pleurer, me considérant comme une moins que rien parce que j'aurais dû dire quelque chose, j'aurais dû le traîner devant la justice. D'autres souffraient parce que j'avais été trop lâche pour m'en prendre à lui. J'étais furieuse contre moi et pourtant, je savais quel chemin horrible et épuisant cela avait été de faire un procès à maman, et je ne pouvais tout simplement pas recommencer. La douleur me rongeait de l'intérieur... jusqu'à ce qu'il ne reste plus rien.

En 2008, j'essayai de me tuer.

Pas une fois. Pas deux. Mais bien trop souvent pour en parler.

Je pris des médicaments. Je n'en manquais pas, pas vrai ? Je ne me contentai pas de ceux que je prenais pour mon estomac, mes hanches, ma douleur ; j'y ajoutai des classiques comme le paracétamol et le Nurofen pour faire passer les ingrédients plus exotiques de ma vaste armoire à pharmacie. Je fis de fréquents séjours à l'hôpital pendant tout cet été, j'appelai en pleurant Jeremy, mon généraliste, cherchant un moyen de m'en sortir.

La seule lueur à l'horizon était que les médecins avaient finalement annoncé qu'il était temps d'inverser ma colostomie. L'opération était prévue pour janvier 2009, huit ans après qu'elle aurait dû être faite si mère n'avait pas refusé. J'avais du mal à imaginer un monde sans Colin.

Mais avant, je devais affronter un monde très différent. Un monde que je n'avais encore jamais connu.

Un monde sans Dieu.

37

– Mais je ne suis pas sûre qu'il soit ici, avais-je dit à un ancien à la Salle du Royaume pendant l'automne 2008.

Je voulais désespérément croire ce qu'ils me disaient : croire en un Dieu tout-puissant et clément qui résoudrait tous les problèmes. Moi, plus que quiconque, j'avais besoin qu'un dieu agite sa baguette magique et me rende mon âme. J'avais vraiment, *vraiment*, envie de croire.

– Tu dois prier pour qu'il puisse te dire qu'il est là, me dirent-ils.

Mais j'étais déroutée parce que, selon les écritures, si je priais sans croire en Dieu, il ne me répondrait pas.

Il m'était déjà suffisamment difficile de venir aux réunions et de voir Phil de l'autre côté de l'allée, mais qu'on me dise que je devais l'ignorer et « avoir foi en Dieu »... *Eh bien, Dieu ne m'aide pas la nuit quand je me réveille en hurlant d'un de mes multiples cauchemars, les jambes trempées par ma propre urine*, me disais-je avec colère.

Je me mis aussi à éprouver de la colère envers les Témoins, de la colère envers mes amis. J'avais l'impression que mes sentiments étaient minimisés et rabaissés, simplement parce qu'ils croyaient que tout cela, toute l'horreur que j'avais vécue, faisait en quelque sorte partie des desseins de Dieu. *Comment peut-on mettre autant de pression sur une personne qui a traversé tant d'épreuves ?* me demandai-je. *Cet homme assis là-bas m'a touchée de ses mains crasseuses et sèches ; il m'a rendue malade et je dois me contenter de l'ignorer ?*

Je me sentais coupable ensuite, comme si je comprenais de travers. *Crétine d'autiste.* Je regardai mes amis dans la file de fidèles – Jo, Jackie, Ruth qui chantaient de tout leur cœur, Duncan et Mark qui lisaient la Bible – et je voyais bien qu'ils la sentaient tous, la grâce de Dieu ou je ne sais quoi, mais pas moi. Non seulement je ne croyais pas, mais je ne *sentais* rien. Et je me mis à penser que j'étais déloyale envers eux, parce que je faisais semblant de croire, faisant mine de chanter d'une seule voix, alors que mon cœur n'y était pas. Des pensées virevoltaient dans ma tête : *Est-ce que je reste dans la Vérité parce que j'y crois, à cent pour cent, et c'est ainsi que je veux vivre mon avenir ? Ou est-ce que je le fais parce que c'est plus facile de rester, parce que tous mes amis sont là ?*

Finalement, j'aimais tant mes amis que je voulus être honnête avec eux.

J'aurais aimé pouvoir leur faire mes adieux en personne, mais je me connaissais suffisamment bien pour savoir que je serais incapable de supporter leurs tentatives aimantes pour me persuader de rester. Au lieu de cela, je leur écrivis. Par une froide journée d'automne, je m'assis pour leur écrire une lettre à tous et les remercier pour tout ce qu'ils avaient fait pour moi, disant que je les défendrais jusqu'à ma mort, que ce n'était pas parce que je partais que je ne leur étais pas extrêmement reconnaissante de leur aide..., mais je *partais*. C'était une lettre très déprimante à écrire parce que, chez les Témoins de Jéhovah, quand on renonce à cette foi, on renonce également à toute personne qui la partage. Si on se sépare, on ne peut plus avoir aucun contact les uns avec les autres.

Tous mes amis étaient des Témoins. À mes yeux, les quitter fut un de mes actes les plus courageux. Je savais que, si je partais, je n'aurais aucun ami, aucune aide, aucun soutien humain. *Tu dois être en accord avec toi-même*, me disais-je pourtant. Pendant si longtemps, maman m'avait fait faire des choses contre mon gré. Elle m'avait contrôlée comme une marionnette ou une poupée de chiffon toute molle. Elle m'avait fait tout ce qu'elle voulait. Mais à présent, je savais : *J'ai le choix.* Et je choisissais de partir.

Partir était un crève-cœur. J'aimais tant mes amis – je les aime toujours, en fait ; j'en aimerai certains toute ma vie –, mais je devais le faire pour moi. Je n'avais plus la foi et j'avais passé trop de temps dans ma vie à vivre un mensonge. Je refusais de le faire encore un jour de plus.

Je fermai l'enveloppe et mis ma longue lettre dans la boîte de la Salle du Royaume. Puis, je rentrai chez moi et attendis qu'on frappe à ma porte. Cela arriva, bien évidemment. Des anciens que je ne connaissais même pas vinrent me proposer d'étudier la Bible avec moi, de m'aider à surmonter la perte de ma foi. Des amis vinrent me persuader de revenir. Des Témoins de toutes sortes frappèrent à ma porte, encore et encore jusqu'à ce que je finisse par ne plus répondre ni même sortir. La force mentale nécessaire pour leur résister était épuisante. Mais je tins bon.

Les chiens m'aidèrent énormément. Ollie, Milly... et Alfie, qui vint enrichir ma nouvelle vie. C'était un chien rescapé, comme Ollie – comme moi dans une certaine mesure. Au début, Alfie fut difficile : il n'aimait pas les hommes et aboyait dès que quelqu'un approchait de la porte. Il se méfia des caresses pendant longtemps, jusqu'à ce qu'il apprenne à faire confiance. C'était un magnifique labrador noir (j'en avais à présent un de chaque couleur), un beau mâle d'environ cinq mois à son arrivée chez nous. Ollie et Milly l'accueillirent et ne bronchèrent pas le moins du monde devant leur nouveau frère. Je n'avais peut-être pas de famille à proprement parler (ma vraie grand-mère cessa aussi de m'écrire à peu près à cette époque, et je n'avais aucun contact avec mes frères et sœur), mais *mes chiens* étaient ma famille. Ils étaient tout ce dont j'avais besoin. Plus que tout être humain l'avait fait avant, ils m'acceptaient telle que j'étais, et cet amour apportait bien plus la guérison que n'importe quel médicament au monde.

Cela fit bizarre de passer mon premier Noël sur terre en n'étant plus Témoin de Jéhovah. J'avais une voisine absolument adorable, Emma, elle-même assez malade, mais quand elle entendit mon histoire, elle m'invita pour fêter Noël quelques jours avant qu'elle parte en vacances. Je pris grand plaisir à préparer un cadeau pour elle, faisant boucler le ruban autour ; à tel point qu'elle me dit, quand je le lui donnai :

– Comment puis-je ouvrir un tel cadeau ? C'est une œuvre d'art !

Elle me donna également des présents : un joli bracelet à breloques en argent niché dans un écrin de velours noir et un petit Bourriquet, de la taille de mon pouce. En les recevant, je me sentais vraiment très vilaine et cela faisait une sensation bizarre, comme accepter un fruit interdit. Je lui étais extrêmement reconnaissante de ces cadeaux.

Je passai mon premier jour de Noël toute seule, à déambuler dans les rues comme la petite fille aux allumettes, humant les repas de Noël des autres et regardant les enfants avec leurs tout nouveaux vélos, heureux et tout bourdonnants. Je me sentais seule, mais Emma ne tarda pas à rentrer et, pour l'année nouvelle, elle avait prévu une surprise encore plus spéciale pour moi.

Le dimanche 4 janvier 2009, je fêtai mon tout premier anniversaire à l'âge de vingt-trois ans.

Emma m'invita à dîner ce soir-là. Son compagnon était sorti et nous n'étions que toutes les deux. J'étais très excitée, parce que je savais que les anniversaires étaient des jours particuliers, consacrés à fêter une personne : ainsi, c'était le jour de Torrie, et Torrie n'avait jamais, jamais eu de jour à elle. Emma fit des steaks de thon et des frites. Elle prépara des gâteaux roses individuels et planta une bougie pour moi dans l'un d'eux. C'était la toute première fois que j'avais un gâteau avec une bougie et je fis un vœu.

J'étais si enthousiaste, que je ne me rappelle même pas ce que je souhaitai.

Quatre jours plus tard, j'allai à l'hôpital pour la fermeture de ma colostomie. C'était au revoir, Colin, et bonjour un moi tout neuf. C'était une intervention lourde. Parce que j'avais eu huit années de tissu cicatriciel dans mon abdomen, ainsi que d'autres complications de l'accident et différentes opérations, ils ne pouvaient pas pratiquer une chirurgie endoscopique, et je fus ouverte de haut en bas. Je me rappelle m'être réveillée en souffrant beaucoup, même avec les fortes doses de morphine que je prenais.

Personne ne vint me voir à l'hôpital. Emma était clouée chez elle, et nous n'étions pas suffisamment proches pour que je puisse le lui demander, de toute façon. Sans la présence des Témoins dans ma vie, je n'avais personne. Lors des heures de visite, tous les autres retrouvaient leurs êtres chers, et je restais seule dans mon coin. C'était dur. Je me sentais terriblement seule.

Mes chiens m'attendaient quand je rentrai à la maison, mais, comme je n'étais pas assez en forme pour m'en occuper, c'était la dame qui les gardait qui s'en chargeait, et ils n'étaient pas abandonnés. Elle en laissa un derrière, Alfie, afin que je ne sois pas trop seule. Mais elle venait le sortir chaque jour. Il filait toujours droit vers la maison, dès qu'elle lui ôtait sa laisse, parce qu'il voulait être avec moi. J'aimais ces chiens, et c'était réciproque. Ils prirent encore plus d'importance pour moi après l'opération, car je dus cesser de travailler, et ils devinrent littéralement mon univers.

Le temps passa. Je me souviens parfaitement de m'être regardée dans la glace peu après l'opération, une fois que mes cicatrices avaient guéri. J'étais dans la chambre d'amis, en soutien-gorge et culotte, et c'était la première fois que je voyais mon corps d'adulte sans la poche à stomie attachée. Je n'avais encore jamais perçu mon corps comme tel et je fus donc presque prise par surprise. J'étais en train de m'habiller, mais je me figeai et me dis : *Je suis une jeune femme. Comment est-ce arrivé ?*

Automatiquement, mon esprit fila vers maman, ses ciseaux de couture claquant dans sa main pendant qu'elle disait : « Tu ne ressembles à rien, Victoria. Tu ne seras vraiment pas jolie quand tu seras grande. Tu ne seras jamais capable de porter de beaux vêtements comme Charlotte. Tu ne seras jamais une vraie femme. »

Eh bien, eh bien, me dis-je en regardant mon reflet, *mère avait tort.*

Je voyais aussi mes cicatrices dans le miroir. On ne pouvait pas les louper ; j'en avais tant. Des lignes argentées quadrillant ma peau : mon ventre et mes pieds ravagés, et tous ces autres endroits où maman m'avait frappée. J'avais honte de mes cicatrices autrefois ; je me disais que j'étais nulle et que je n'avais ma place nulle part. Mais en les observant, je me dis : *Elles font partie de moi.* D'une certaine façon, je n'avais pas eu de diplôme ou de titre à accoler à mon nom, mais ces cicatrices étaient mes qualifications.

Quand les médecins en parleront, me dis-je, *à partir de maintenant je dirai, ma langue fermement placée dans ma joue : « Vous pourriez ne pas critiquer mes cicatrices ? J'ai travaillé dur pour les obtenir, vous savez. »*

Malheureusement, l'opération ne réussit pas. J'entends par là qu'il devint vite évident que je souffrais le martyre la plupart du temps. Je ne pouvais pas manger correctement et devais littéralement extraire mes selles de mon corps avec mes mains. On augmenta la dose de morphine pour m'aider à supporter la douleur, même si, paradoxalement, j'appris plus tard que de fortes doses de morphine pouvaient en fait augmenter les chances d'échec de l'opération d'inversion.

Il était évident que ce corps de jeune femme couvert de cicatrices argentées que j'avais vu dans la glace n'était pas celui que je conserverais. Les chirurgiens allaient devoir à nouveau inverser l'opération et rappeler Colin. Mon corps avait subi trop de traumatismes pour le faire tout de suite, cependant, et il fut décidé que l'intervention d'inversion aurait lieu au printemps suivant.

Mon cœur se serra à l'idée d'un nouveau séjour solitaire à l'hôpital, sans aucun visiteur pour me remonter le moral.

J'ignorais alors que j'allais rencontrer quelqu'un qui allait changer tout cela... à jamais.

38

C'était une journée d'automne froide et sèche, et le vent vif fouettait des roses roses sur mes joues. Des roses roses, tout comme celles que j'avais placées sur la tombe de Charlotte quelques semaines plus tôt. J'allais toujours rendre hommage à Charlotte et à Judith, chaque année à la date anniversaire de leur mort. N'ayant pu être présente à leur enterrement, j'avais toujours le sentiment de leur faire mes adieux.

J'étais sortie promener les chiens dans les champs derrière chez moi. Ollie, Milly et Alfie couraient en cercles exubérants autour de moi, agitant furieusement leur queue. L'avantage quand on a un chien, c'est qu'on est entouré par une communauté. Je me baladais avec une autre personne qui promenait son chien, quand un homme grand et bronzé avança vers nous d'un pas lourd. Il portait un pull à capuche en laine verte et je remarquai qu'il avait un regard très doux.

– C'est mon fils, Ant, dit mon compagnon.

– Bonjour, dis-je, mon regard rencontrant à peine celui de l'étranger.

– Bonjour, marmonna-t-il, le regard fermement rivé aux chiens.

Parce que les chiens étaient ma famille, j'observais toujours attentivement la réaction des gens face à eux, et vice versa. *Si vous n'aimez pas mes chiens, je ne vous aime pas.* Ant aimait les chiens. Il s'intéressait plus à eux qu'à moi, je crois – au moins au début. Milly s'approcha de sa main tendue et elle ne mit pas longtemps à se rouler sur le dos pour qu'il puisse lui chatouiller le ventre, ses larges paumes lissant son pelage. *Milly, espèce de petite traînée*, pensai-je. Mais cela me fit sourire.

Ant était très timide, comme moi. Il était aussi plus âgé que moi : vingt-sept ans environ. Il avait de larges épaules et des mains énormes. Ses yeux doux se détachaient sur un visage rasé de près, surmonté d'épais cheveux foncés. Je le trouvai très beau.

Après cette première promenade, on se retrouva pour sortir les chiens, juste nous deux. Sa famille avait à cette époque un épagneul appelé Jack. On se retrouvait pour sortir les chiens et, parlant de tout et de rien, on se baladait dans les champs. Ant était un être très calme. Il ne travaillait pas, pas depuis un bon moment, et je crois que c'était devenu trop simple de ne pas le faire, puisqu'il vivait chez ses parents et n'avait pas à payer de loyer. Il avait donc beaucoup de temps libre à passer avec moi. Quand on apprit à mieux se connaître, on parla assez sérieusement, et c'est une chose que j'appréciais chez lui. Au début, on se retrouvait une fois par semaine, puis ce fut chaque jour. Il me ramenait chez moi ensuite, mais je ne le laissais pas entrer. Si je l'aimais bien, je ne lui faisais pas confiance ; j'étais très prudente.

Un après-midi cependant, quand il me raccompagna jusqu'à ma porte comme d'habitude, il hésita sur le seuil et dit délicatement :

– Ne vous inquiétez pas, s'il vous plaît. Si vous me laissez entrer, je ne ferai rien de fâcheux.

Il entra chez moi prendre un thé et une tranche de cake après notre promenade, pendant que les chiens étaient allongés à nos pieds, espérant qu'une miette tombe par terre.

J'étais très fière de ma maison. Je veillais à ce qu'elle soit propre et rangée, et trouvais agréable de pouvoir la partager. Et j'aimais de plus en plus nos conversations. Au fil du temps, on devint de très bons amis. Je me rappelle la première fois qu'il me prit dans ses bras : il était si grand et avait les épaules si larges que, quand il passa ses bras autour de moi, j'eus l'impression de disparaître, une sensation qui me plut beaucoup. Je l'appelais mon « doux géant » et j'adorais la sensation de ses grandes mains quand il caressait mon dos ou mes cheveux. Il avait des mains attentionnées, en rien comme celles de l'oncle Phil.

Un jour, Ant oublia son pull après notre tasse de thé. Je me rappelle l'avoir pris et senti : son odeur était si rassurante. Par la suite, je dormis chaque soir avec son pull étalé sur mon oreiller afin que je puisse me laisser emporter par le sommeil, mes sens enveloppés par son odeur.

On se connaissait depuis un moment déjà quand je lui racontai ce que maman m'avait fait. Il fut furieux, anéanti, fou de douleur. Je me sentis coupable de l'avoir bouleversé. Dès que je me sentais proche de quelqu'un, mon secret me faisait l'effet d'une grosse bombe prête à exploser : j'allais détruire une vie. J'étais la représentation même de la cruauté extrême que des êtres humains peuvent s'infliger les uns aux autres. Très souvent, les gens me tournaient le dos parce que c'était trop dur à supporter.

Mais Ant ne partit pas.

Je lui parlai aussi de l'oncle Phil. Je savais que notre relation n'était pas très physique, et ce que Phil m'avait fait me rendait très nerveuse.

– Si tu tiens à moi, dis-je à Ant, il va falloir que tu attendes.

Sur ce point, je me respectais.

Et Ant aussi. Il attendit, sans pression ni angoisse.

Il m'aimait. Je le voyais à sa manière de me défendre lors de prises de bec familiales, à sa manière de me prendre très, très souvent dans ses bras, à son ouverture d'esprit, à sa douceur et à ses attentions. C'était mon meilleur ami.

Je passai Noël 2009 chez ses parents. Son italienne de mère, Maria, m'invita gentiment à fêter ce jour avec eux. C'était un geste adorable, mais j'eus l'impression que deux mondes entraient en collision. Il m'était difficile de me sentir bien avec eux, et inversement : cette différence dans la « normalité » de mon enfance laissait toutes sortes d'empreintes.

Ant emménagea avec moi peu après. Il arriva juste à temps pour une occasion très particulière : Milly et Alfie allaient avoir des chiots.

J'étais si fière de ma fifille. Elle eut onze chiots au total, tous chocolat sauf un noir. Alfie était un père attentionné, mais Milly connut une véritable transformation. Du jour au lendemain, ma délicieuse et étourdissante chienne devint une mère féroce qui défendait ses petits quand vous les preniez, ses yeux aux aguets ne vous quittant pas d'une semelle. Assister à la naissance de tous les chiots fut une expérience exceptionnelle. Nous étions complètement gagas.

Deux jours plus tard, j'entrais à l'hôpital pour l'opération de ma stomie. Je souffrais pour Ant. L'infirmière vint lui parler avant l'intervention, et cela aurait pu être très embarrassant pour lui, mais il accepta tout sans sourciller. Il n'avait même pas réagi la première fois qu'il avait vu la poche. Il était en fait perturbé par ce qu'on me faisait : je dus à nouveau être incisée sur toute la hauteur de mon estomac et j'avais de grandes agrafes. J'étais noire et bleue avec de l'iode orange partout. Pas vraiment le look que je cherchais.

Il me rendit visite tous les jours, un magnifique sourire sur le visage. Il me parlait des chiots, qui commençaient à ouvrir les yeux, et il avait l'air heureux. Même anesthésiée, soutenue par la morphine, essayant de garder la nausée à distance, je voyais son bonheur. J'avais hâte de rentrer à la maison pour les retrouver. Ce fut un des plus beaux moments de ma vie quand je rentrai, une des époques les plus heureuses de notre relation. M'occuper des chiots avec Ant, jouer avec ces énergiques masses de fourrure marron et noire, nettoyer leurs saletés, les aimer.

À notre retour du cinéma, un soir, je laissai les chiots sortir dans le jardin comme d'habitude. Après avoir fait ses besoins, une des femelles chocolat me sauta sur les genoux pour un câlin et me lécha frénétiquement de sa petite langue. Son front était barré d'un grand pli de peau et ses oreilles étaient presque trop grandes pour elle. Elle s'appelait Berry : une vraie boule d'amour. C'était extraordinaire, cet élan d'amour pour moi ; je n'avais jamais rien connu de tel. Elle adorait ce qu'elle voyait en moi.

Par la suite, dès que je rentrais, elle faisait tout pour être avec moi. Elle gémissait et poussait des cris plaintifs jusqu'à ce que je la prenne dans mes bras. Elle refusait d'aller avec tout autre que moi. Son immense amour pour moi, et moi seule, comptait énormément pour moi. C'était tellement nouveau : elle me voulait, telle que j'étais. Sa petite queue se mettait à battre et elle me mordillait avec affection.

Au bout de quelques mois, les chiots rejoignirent petit à petit leurs nouveaux foyers. C'était formidable de les voir transformer les familles et les enfants chez qui ils allaient. Je savais combien les chiens m'avaient aidée, et j'étais ravie à l'idée que les petits d'Alfie et de Milly répandent autour d'eux l'amour qu'ils m'avaient apporté.

Ant et moi n'avions pas prévu de garder un chiot. Il me faut être honnête : trois chiens, c'en était déjà un de trop. Mais c'était sans compter l'affection d'une petite très spéciale. Berry s'était tellement attachée à moi, elle me suivait partout à la moindre occasion, sa gueule marron plissée rayonnant d'amour, qu'on décida de la garder.

– Berry m'a choisie, dis-je à Ant.

Au cours de ce Noël 2010, Ant aussi me choisit. C'était un Noël blanc, avec une neige comme je n'en avais jamais vu. On emmena les chiens en promenade le matin de Noël. J'emportai l'appareil photo et pris des photos de ma famille, mes labradors si beaux sur ce fond de neige épaisse. Ensuite, je me rendis avec Ant chez ses parents, où trônait le sapin parfait, émaillé de guirlandes électriques multicolores et de décorations traditionnelles.

Dans un fauteuil devant ce sapin, j'étais assise sur les genoux d'Ant, tout serrée contre lui, quand il sortit une bague de fiançailles ornée d'un diamant.

– Victoria, me dit-il, ses yeux doux que j'aimais tant fermement rivés aux miens, tu es mon amie, ma meilleure amie. La seule personne qui m'ait jamais compris. Veux-tu m'épouser ?

Je répondis aussitôt oui, me sentant toute retournée. Il m'enveloppa pour un câlin à la Ant : ses longs bras, ses grandes mains et ses larges épaules où nicher mon visage.

– Je ne veux pas vivre sans toi, chuchota-t-il à mon oreille.

Je ne pouvais qu'espérer qu'il se rappellerait ces mots, au cours des mois suivants, et qu'il leur demeurerait fidèle.

39

Assis à son bureau, Jeremy, mon médecin, cherchait à comprendre mes derniers problèmes médicaux en date. J'essayais d'arrêter les fortes doses de morphine que je prenais depuis mes diverses opérations, mais les patches qu'ils m'avaient prescrits étaient inefficaces. Ils me faisaient tellement transpirer qu'ils se décollaient. La douleur et le manque me faisaient alors transpirer encore plus. Je me sentais tordue à l'intérieur, déchirée de part en part.

– Je vais vous orienter vers le service de toxicomanie, me dit-il. Je vais être bien clair, Victoria : je ne dis pas que vous êtes une droguée, mais quand quelqu'un a été aussi malade que vous, après un accident de voiture ou un cancer, ou n'importe quel autre problème de santé, eh bien, il y a un risque d'accoutumance aux médicaments, à la morphine. Ce n'est pas votre faute, compris ? On va voir si on peut vous faire arrêter.

Au printemps 2011, peu de temps après, je me trouvais dans le service de toxicomanie de l'hôpital en compagnie d'une foule de patients qui correspondaient davantage à l'image classique du drogué et bataillaient tous contre leurs propres problèmes. C'était effrayant. Je me rappelle avoir pensé : *Je me suis mise dans un sacré pétrin, mais j'ignore comment.*

Le médecin m'appela. C'était une femme adorable et compréhensive.

– Bon, nous devons vous traiter pour votre addiction à l'héroïne.

– Pardon ? répondis-je, choquée.

– La morphine est de l'héroïne, expliqua-t-elle.

Cela me mit sens dessus dessous. Je l'ignorais totalement ! Elle me donna un médicament à laisser fondre sur ma langue, au goût très aigre, puis me dit de rentrer chez moi. En rejoignant l'arrêt de bus, j'avais l'impression de vivre une expérience hors du corps : j'étais moi, mais pas moi. Les voitures klaxonnèrent quand je traversai, mais je n'arrivais pas à m'arrêter de marcher, même quand j'entendis des freins crisser et des voix furieuses me hurler après. Je m'écroulai dans le bus, comme si toute l'énergie avait été aspirée hors de moi. Je me sentais vraiment bizarre.

Je réussis à rentrer chez moi je ne sais comment, et à monter l'escalier. Je m'effondrai sur le lit. Ant vint me voir et me jeta un regard interrogateur.

– Tu vas bien ?

Je n'avais pas la force de lui répondre. Il s'assit sur le lit et me prit dans ses bras, pesant sur moi. Je finis par m'endormir en sentant son poids et sa chaleur.

Je fus horriblement malade cette nuit-là, la première de nombreuses autres. Ce fut la pire, car mon corps réagit très mal. Mon programme de sevrage était excessivement dur. Je devais aller chercher des médicaments à la pharmacie tous les trois jours, et je mourais de honte chaque fois : faire ainsi la queue pour avoir ma dose, cette dose qu'il me fallait absolument. La maman d'Ant m'accompagnait parfois. Elle faisait des efforts pour comprendre ce que je vivais ; elle s'inquiétait pour moi. J'avais des crampes à l'estomac, des nausées, des sueurs et de violents tremblements.

Mais le pire de tout, et de loin, était que, sans la morphine pour me regonfler, une autre douleur apparut, une douleur psychique que les médicaments avaient très longtemps réprimée sans que je n'en sache rien. Le petit comprimé sur la langue visait à combattre les symptômes physiques du sevrage, mais je n'avais rien pour m'aider à gérer tout ce qui était déglingué dans ma tête.

Émotionnellement, j'avais l'impression d'avoir été heurtée par un bus ou un train, ou un camion de 24 tonnes. Croyez-moi, je sais ce que ça fait. Tout d'un coup, je repensais à ma mère, d'une manière horriblement viscérale. J'avais tout le temps envie de pleurer, je faisais des cauchemars saisissants sur les tortures que j'avais subies pendant dix-huit foutues années et sur oncle Phil. Je rêvais des bâtons au fond de ma gorge, peut-être parce que le comprimé que je mettais sur ma langue me les rappelait. À mon grand désarroi, je me remis même à mouiller mon lit. Ant se montrait extrêmement compréhensif, mais je n'en éprouvais pas moins de la honte quand je me réveillais avec cette horrible humidité derrière mes cuisses.

C'était si violent et terrifiant. J'étais submergée sous l'afflux de ces sensations. J'avais l'impression d'avoir vécu jusque-là ma vie derrière une vitre sale sur laquelle la morphine avait déposé couche après couche de poussière, au point de la faire disparaître, mais que maintenant, quelqu'un avait nettoyé cette vitre et dit : *Oh mon Dieu ! Je vois tout. Je vois tout et c'est tout bonnement horrible.*

Le corps de Judith dans l'accident. Le visage hurlant de maman et les bâtons dans sa main. La surface de l'eau du bain tandis qu'elle me plongeait la tête dedans ; la pâtée pour chats luisante dans sa boîte argentée brillante ; les yeux injectés de sang d'oncle Phil, ses grandes mains sèches et sa bite sale, si sale. Cela me frappa à nouveau comme si tout s'était passé *aujourd'hui*.

Oh mon Dieu, mon Dieu, mon Dieu ! Cette douleur.

Je souffrais le martyre.

Je ne savais pas comment me débarrasser de ces sentiments. Je m'imaginais en permanence maman, Phil, les violences. Je cessai de manger, je cessai de me laver, je refusai de quitter ma chambre. Je ne savais pas qui j'étais ou d'où venaient toutes ces choses. J'étais redevenue cette petite fille effrayée et si seule, oh oui, si seule. Comme si on avait approché une allumette de mes souvenirs enfouis dans ma tête et que mon cerveau eût pris feu : un incendie de forêt qui faisait rage et brûlait, qui contractait et consumait tout dans mon esprit, jusqu'à ce que seules ces flammes dévorantes soient visibles. Chacune contenait un souvenir de mon passé que je ne voulais pas voir, mais je n'arrivais pas à éteindre ce feu, et il brûlait, flambait, carbonisait tout.

Puis, un jour, je découvris un liquide frais et transparent qui atténua les flammes. Il ne les éteignit pas, pas totalement, mais il les étouffa.

Il s'appelait vodka : méchante, méchante vodka.

Je ne sais pas vraiment ce qui me poussa à essayer. J'avais toujours été ardemment anti-alcool. Je ne m'étais jamais enivrée, pas même quand de jeunes Témoins m'avaient encouragée à essayer quand j'avais fui ma mère. Les gens ivres que je voyais faire la bringue dans les rues, surtout dans ma rue crasseuse de Gloucester, m'avaient toujours dégoûtée. Et puis, bien sûr, il y avait mon expérience avec oncle Phil. Elle suffirait à rebuter quiconque à jamais.

Mais j'avais vu des gens y recourir de temps à autre pour soulager leur douleur : un mal de dents, voire une mauvaise journée. Et je me disais : *Je me demande...* J'allai donc m'acheter de la vodka. J'essayai juste quelques gouttes dans un verre pour commencer.

Ah !... Ce premier verre. Il me fit le même effet que la morphine. Il bloquait la douleur mentale et les pensées constantes de ma mère et de mon oncle. Je me sentis à nouveau normale. Je commençai par une toute petite quantité..., encore un peu plus..., puis encore un peu plus. Je buvais et grimaçais. C'était âcre, comme boire du vernis à ongles. Je me bouchais le nez et buvais, m'obligeant presque à avaler, mais je me forçais parce que je considérais la vodka comme un médicament. Elle m'aidait à aller mieux.

Au début, je le faisais à l'insu d'Ant. Je cachais des bouteilles dans toute la maison : sous le matelas de la chambre d'amis, dans la salle de bains, derrière le lavabo. J'en cachais dans le garage, ou la remise, ou encore dehors dans les buissons, et j'allais en douce prendre une lampée au goulot quand j'en avais besoin. D'autres fois, je m'enfermais dans la salle de bains et buvais quand il ne pouvait pas me voir. Je mettais négligemment une bouteille dans le panier des courses de la semaine au début, innocente jusqu'à la moelle, et il n'y prêtait pas attention.

Puis cela monta d'un cran. C'est effrayant de voir à quelle vitesse cela prit de l'ampleur et échappa à tout contrôle. J'en arrivai au point où j'essayais d'en avaler la plus grande quantité possible. Je buvais un litre par jour, mais je n'étais pas accro à l'alcool en tant que tel.

J'étais accro à l'absence de douleur. Je devais noyer cette douleur atroce et terrible.

Un après-midi qu'Ant me dit qu'il allait acheter de la nourriture pour les chiens, je lui demandai au passage :

– Dis, tu pourrais acheter de la vodka ?

Il ne dit rien. Il m'en rapporta et il la mit tout en haut du vaisselier gallois du salon, hors de ma portée.

– De quoi s'agit-il, Victoria ?

Je voyais qu'il était en colère. Il avait soudain compris et il fulminait.

– Je vois bien ce que tu fais. Tu es une pocharde, pas vrai ?

Il désigna la bouteille, si haut sur l'étagère.

– Tu n'en auras pas. Tu dois décrocher d'un coup et arrêter.

Il n'existe aucun manuel pour ces situations ; il faisait ce qu'il pouvait. Je ne crois pas que l'un ou l'autre ait saisi la vraie mesure du problème cet après-midi-là. Quand on aime quelqu'un, on ne veut pas penser du mal de lui, et je crois qu'Ant ne voulait pas penser du mal de moi. Ses œillères disparaissaient. Pour ma part, j'étais si loin au fond du trou que je ne savais plus où était la surface. Cet après-midi marqua le moment où je compris que j'étais trop atteinte pour m'en soucier.

J'étais allongée sur le canapé, les cheveux gras et sales, et j'avais des sueurs froides. Les chiens étaient allongés par terre près de moi, levant des regards inquiets vers les voix qui criaient dans leur maison. J'avais besoin d'un verre ; j'avais tant besoin d'un verre.

– Tu n'en auras pas ! me cria férocement Ant.

Je me mis à trembler. Mon corps réclamait de l'alcool. Je tremblais tant que je m'évanouis. Ant m'observait. Je devins bleue et me mordis la langue pendant ma crise. Du sang se mit à couler de ma bouche. Ant appela les secours ; il demanda une ambulance. Les ambulanciers se précipitèrent dans la maison et m'apportèrent les soins médicaux dont mon corps avait besoin : il ne pouvait plus vivre sans alcool.

Quand je revins à moi, toujours allongée sur le canapé, je trouvai le regard d'Ant et m'y accrochai.

– Je suis désolée, dis-je. Si tu savais comme je suis désolée.

Je pris une profonde inspiration, puis fermai mes yeux emplis de larmes tristes et honteuses.

– Je suis une alcoolique. Je le suis, c'est vrai. Je suis si désolée, Ant. Je suis si désolée.

Plus jamais je ne niai ce que j'étais.

Ce ne fut pas pour autant que je pus m'empêcher de boire.

La vie n'est pas si simple.

40

J'entendis la porte claquer depuis mon enfer sur le canapé. La maison était un foutoir, et moi aussi.

– Viens, Victoria, me dit Ant.

Il ôta mes cheveux du tas de vomi dans lequel ils étaient et me fit m'asseoir. Puis il changea ma poche de stomie. Il était attentionné, doux et gentil.

Ce n'était pas toujours le cas. Parfois, il fulminait et me hurlait au visage. Il vidait mes bouteilles de vodka, alors même que le médecin lui avait dit de ne pas le faire, parce que le sevrage pouvait me faire tomber raide morte.

De mon point de vue, à moitié assise là, du vomi plein les cheveux, ce ne serait pas un mal.

Quelle déchéance ! Un souvenir traversa mon ébriété, quand les gens me disaient :

– Tu allais si bien après tout ce que tu as vécu.

Mais je n'arrivais plus à m'en sortir, à essayer de maintenir cette vie parfaite, joviale et heureuse, une vie qui n'était heureuse qu'en surface. C'était trop difficile d'essayer de vivre avec des gens aux vies bien plus normales que la mienne. Tout simplement trop épuisant de me battre pour paraître aussi ordinaire et adaptée qu'eux. Eh bien, je ne faisais plus semblant.

Je cessai progressivement de payer mes factures. La municipalité se chargea de mon loyer, mais uniquement sur une base temporaire, me dit-elle. Comme Ant ne travaillait pas, il ne payait aucune facture. L'argent de l'indemnisation avait depuis longtemps été dépensé, disparu dans le loyer. Cela me pesait qu'Ant ne travaille pas. Il n'avait jamais travaillé depuis que je le connaissais. J'avais l'impression qu'il m'utilisait, qu'il ne payait pas sa part. Emma, ma voisine, essayait de m'aider, mais elle ne savait pas vraiment comment, et ses encouragements, aussi affectueux fussent-ils, ne suffisaient pas à m'atteindre. On ne s'était pas fâchées, mais j'étais tombée si bas que son amitié ne m'atteignait plus. Je me sentais de plus en plus isolée et seule. Au bout du compte, j'en vins à vouloir aussi oublier mes disputes à propos d'argent avec Ant. Encore un problème dont la vodka adoucissait la douleur. Je voulais juste ne plus souffrir, et l'unique moyen d'y parvenir était de prendre une autre bouteille de vodka.

Au cours de l'année qui suivit, mon généraliste tenta de m'aider par tous les moyens, inouïs pour certains (il décommandait tous ses rendez-vous pour venir me voir, et allait même jusqu'à passer prendre de mes nouvelles le week-end), saugrenus pour d'autres. Il dit à Ant qu'il *devait* me donner de l'alcool ; il dit au magasin du coin qu'ils *devaient* m'en vendre. Parce que sinon, je mourrais : mon corps ne pouvait plus s'en passer. Il chercha à m'obtenir de l'aide, mais le service d'aide aux alcooliques répondit que je devais d'abord être prise en charge par le service psychiatrique, lequel, une fois contacté, me renvoya vers le service addiction. Je me sentais comme une saucisse dans une usine, que personne ne comprenait. J'avais l'impression de n'avoir personne vers qui me tourner.

Quand Ant jetait l'alcool, je finissais aux urgences avec des symptômes de sevrage sévères. Il n'était pas le seul à penser que j'étais mieux là qu'ailleurs.

– Quand elle est à l'hôpital, elle est en sécurité.

Mais plus j'y allais, plus le personnel des urgences s'énervait.

– Vous êtes une ivrogne, vous n'avez pas votre place ici, rentrez chez vous.

Telle était leur attitude.

Les gens disaient à Ant de me quitter.

– Garde tes distances avec elle. C'est une minable. Laisse-la tomber.

Mais il refusait de m'abandonner.

– Non, disait-il, ce n'est pas la Torrie que je connais, ce n'est pas elle.

Il me levait et me lavait les cheveux. Et il sortait promener les chiens à ma place, après que j'avais posé leur nourriture sur le sol de la cuisine d'une main tremblante. Je les aimais tant, que j'arrivais encore à leur donner à manger et à boire. Mais hormis cela, ma vie était en vrac.

Pour lui, j'essayai d'arrêter de boire.

– C'est bien, disait-il, c'est bien, Torrie.

Je voulais tant arrêter. Mais, voulant l'impressionner, je dus arrêter trop vite et fis dix mille pas en arrière. Sueurs, tremblements, convulsions dans le salon, morsures de langue, perte de vue parfois, comme si tout disparaissait. C'était absolument terrifiant.

Cela faillit nous séparer. J'étais tout juste présente ; en fait, je me contentais d'exister, la coquille de celle que j'étais autrefois. Mais Ant regardait à l'intérieur de cette coquille. Il me connaissait, oui. Il ne baissait pas les bras.

– Quitte-la, elle n'en vaut pas le coup ! Tu as fait tout ton possible pour elle ; laisse-la partir maintenant ! lui criaient les autres.

Plus ils criaient, plus je buvais.

Finalement, Ant partit au printemps 2012. Je ne lui en veux pas. Il était jeune et il ne pouvait plus supporter de regarder quelqu'un qu'il aimait se tuer à force de boire. Cela se comprend.

Je le regardai partir en pensant (étais-je même encore capable de penser ?) : *Que ça te serve de leçon, Torrie. Tu as laissé tomber tout le monde. Comme ta mère l'a toujours dit : tu es la lie de la terre.*

Je continuai à boire après son départ. C'était prévisible : je devais engourdir la douleur. Chaque jour, je buvais jusqu'à ce que je m'endorme, puis, une fois réveillée, je buvais pour m'endormir à nouveau. Je ne voulais pas être éveillée ; je ne voulais pas être en vie. Maman occupait toutes mes pensées, j'apportais cette méchante bouteille à mes lèvres pour chercher à l'étouffer avec des lampées désespérées de cet alcool âcre et amer.

Je devins une fille maigrichonne assise sur le canapé, mes cheveux blonds filasse si gras qui tombaient sans éclat sur mes épaules. Je ne m'embêtais pas à mettre mes fausses dents. Ma bouche retrouva son état naturel : la vodka pouvait couler librement dans ces espaces noirs sur ma gencive. Et mes mains ? Oh mon Dieu ! Mes mains. Elles étaient sèches, aussi sèches que de la poussière tellement elles étaient déshydratées.

Je ne connaissais qu'une seule autre personne avec des mains aussi sèches que les miennes : Phil. Oncle Phil. Je devenais l'homme que je détestais. C'était une horreur, une atrocité sans nom. Je regardais mes mains, je sentais cette peau jaune et calleuse que je connaissais si bien de l'époque où ses mains d'ivrogne touchaient mon jeune corps blanc et je me disais : *Tu deviens comme lui, tu deviens cet homme que tu détestes.*

Je tendais la main vers la bouteille et buvais.

Un matin de mai 2012, une lettre atterrit sur mon paillasson avec un petit bruit discret. C'était mon propriétaire qui me mettait à la porte : il allait me faire expulser. J'essayai de dessoûler et allai voir les services municipaux pour leur demander de me reloger, de préférence dans un endroit avec un jardin ou un parc à proximité pour le bien-être des chiens.

Mais ils me dirent que je leur devais des loyers et qu'en ce qui les concernait, c'était fini. J'étais bonne pour une place dans la rue : ni plus ni moins.

Et je sus. Oh mon Dieu ! Je sus.

Je sus que j'allais perdre les chiens.

Ollie, Milly, Alfie, Berry : mes bébés, ma famille.

J'étais la pire mère au monde.

– Mademoiselle Spry...

À travers l'épaisse brume qui m'emplissait le crâne, j'entendis une voix à l'accent européen.

– Mademoiselle...

J'ouvris les yeux, plissant les paupières sous l'éclat violent de l'éclairage d'hôpital. J'étais aux urgences... encore. J'étais toujours aux urgences. J'avais dû être ramassée après m'être écroulée dans la rue, ou Ant m'avait trouvée évanouie sur le lit quand il était venu promener les chiens et avait appelé l'ambulance. Peu importe ce que disaient ses amis, ou même les médecins, il venait toujours régulièrement. Il restait mon meilleur ami, mais c'était très difficile à gérer pour lui. Un médecin appelé en urgence lui avait dit un jour qu'il ne comprenait pas pourquoi il s'embêtait.

– Vous pourriez tout aussi bien la laisser mourir dans son trou parce qu'il est certaines personnes qu'on ne peut pas aider.

J'essayai de me concentrer sur le docteur présent. Il avait un accent allemand. J'entendais le bip des appareils et le glouglou occasionnel de perfusions alors que, ravitaillant mon corps meurtri, ils m'injectaient des vitamines dans les bras.

– Mademoiselle Spry, il est temps de rentrer chez vous à présent, oui ? Infirmière, ôtez les perfusions. Si elle veut rentrer et se soûler à mort, autant la laisser faire.

Et on me vira sans cérémonie. Je tremblai si violemment à cause du manque que je faillis tomber dans les marches en sortant.

Quantité d'infirmières et de médecins avaient la même attitude envers moi. Je ne leur en veux pas. J'allai près de quarante fois aux urgences en dix-huit mois. Les infirmières me disaient avec dégoût : « Je ne vous cracherais pas dessus même si vous étiez en flammes » ou « Une vieille dame est morte, là, parce que des gens comme vous occupent les lits ». Je me sentais tellement coupable. D'autres meurtres à ajouter à ma conscience. D'autres raisons de boire à en mourir.

Le problème, c'est que quand on se casse une jambe, on la plâtre, tout le monde la voit et bondit à votre aide : on vous propose un siège ou un verre d'eau. Mais avec une mauvaise santé mentale, notamment dans un cas comme le mien, alors que mon âme avait été rongée par des décennies d'angoisse, c'est une maladie invisible : personne ne la voit, donc, personne ne vous propose de vous aider à vous poser, au sens figuré. Je ne veux pas me faire passer pour une victime parce que, *oui*, c'était entièrement ma faute si je buvais, et je l'admets sincèrement, mais je me sentais terriblement incomprise, à l'époque. Je ne voulais pas causer de problèmes ; je voulais simplement chasser ma douleur. J'avais fini dans ce putain de trou, je ne savais même pas comment j'y étais arrivée... et c'était tout bonnement terrifiant.

Certaines infirmières étaient gentilles, pourtant. Certaines d'entre elles me parlaient d'une voix douce, cherchant à me faire voir l'évidence :

– Vous allez vous tuer si vous continuez ainsi.

Et alors ? Je ne m'aimais pas ; alors, quelle importance ? Je n'arrivais pas à comprendre qu'elles, ou Ant, se fâchent contre moi. Ma réaction était :

– Personne ne s'intéresse à moi. Pourquoi vous fâchez-vous ? Personne ne s'est *jamais* intéressé à moi. Pourquoi le feriez-vous ?

Je ne voyais plus l'amour d'Ant ; il ne me restait que le souvenir de la haine de ma mère.

On me laissait quitter les urgences, encore et encore, et je rentrais chez moi. Je me remettais à vivre comme quand j'étais enfant : rideaux fermés sur le monde, dans la sordidité et la crasse. Mon unique tâche quotidienne consistait à m'occuper des chiens, mes précieux chiens. À la fin, il n'y avait même plus de chauffage ni d'eau courante, impossible de tirer la chasse d'eau. Ma maison était une décharge. Je finis par vivre dans un lieu aussi sale et chaotique que moi.

Mais... je ne pouvais pas rester ici pour toujours. L'horloge égrenait les heures. Tic-tac. Tic-tac. De plus en plus fort, malgré tous mes efforts pour qu'elle s'arrête. Des idées me venaient dans mon cerveau incohérent embrumé par l'alcool : si je dormais toute la journée, devais-je en déduire que cette journée n'avait pas existé ? Et si je buvais assez, que le jour où je devrais dire adieu à mes merveilleux chiens ne viendrait jamais ?

Bien sûr que non. Tic-tac. Tic-tac. Et trop vite, bien trop vite, ce jour affreux et terrible me rattrapa. Et je sus, dans le gouffre sans fin de mon âme, que j'étais condamnée.

41

Il faisait un soleil radieux en cette journée d'été, la pire de ma vie. Ce vendredi 29 juin 2012 débuta par un ciel bleu magnifique et la canicule. Je ne voyais pas le soleil à travers mes rideaux tirés, mais il faisait lourd et étouffant dans ma chambre alors que je prenais la bouteille de vodka sous mon matelas et en avalais une gorgée à contrecœur. Je détestais chaque goutte qui franchissait mes lèvres, mais je savais que mon corps ne pouvait s'en passer – ni mon esprit. Quand bien même je haïssais cette idée, j'étais accro. Après avoir pris mon « médicament », je descendis l'escalier d'un pas lourd.

Les chiens me tournaient autour et cherchaient à lécher mes mains sèches, mais je ne posais pas mes paumes sur eux. Depuis que j'avais reçu la lettre du propriétaire, je tentais de garder mes distances. J'avais l'impression de les avoir laissés tomber, tout comme les adultes de mon enfance l'avaient fait avec moi ; je ne les avais pas protégés. Ils aimaient quelqu'un qui ne le méritait pas ; mieux valait ne pas leur donner de faux espoirs.

Cela ne les arrêtait pas pour autant. Ils dormaient toujours avec moi, là-haut dans mon dépotoir de chambre. Berry se couchait sur moi et me réveillait de mon coma alcoolisé en me léchant le visage. Ollie me regardait de ses grands yeux marron et sages, comme pour dire : « Tout va bien, maman, je suis là. Je serai toujours là pour toi. »

Chose rare, j'eus des visiteurs ce jour-là : une assistante sociale, Ant et une femme que je n'avais jamais rencontrée.

Elle s'appelait Belinda. Elle travaillait pour un groupe local de sauvetage de labradors.

Je la revois entrer dans le salon chaussée de Dubarry en cuir. Grande et sèche, les cheveux coupés court par commodité, elle était très snob et s'exprimait dans un langage soigné. Elle était venue discuter de l'adoption des chiens puisque le propriétaire me mettait à la porte et que j'allais bientôt devoir déménager, même si je cherchais à immobiliser le temps en me noyant au fond d'une bouteille.

Ce fut finalement mon généraliste qui me trouva un autre logement. Il avait réussi à réunir les différents organismes, qui m'avaient trouvé une chambre à Cheltenham dans un lieu appelé Belroyd House. C'était une résidence non médicalisée pour des gens présentant des troubles mentaux. Les animaux étaient interdits.

Jeremy avait plaidé ma cause.

– Ces chiens sont toute sa vie. Vous devez lui laisser un chien.

Ses efforts avaient payé et ils avaient accepté à contrecœur.

– Un chien, dirent-ils.

Je pouvais n'en garder qu'un.

Ce jour-là, Belinda était seulement venue me parler, m'informer de l'aide qu'elle pouvait apporter. Son association proposait un service de secours spécial pour les labradors : elle s'en occupait à vie, même après que les chiens avaient été adoptés. Ainsi, en leur cédant la propriété de mes chiens, je savais que ma famille rejoindrait des foyers aimants et sûrs, qu'on s'occuperait bien d'elle. Si Belinda les emmenait, ils ne seraient pas abandonnés dans une cage d'un quelconque refuge pour animaux, leur bonheur futur laissé au hasard. Je ne pouvais pas la laisser sortir de chez moi et prendre ce risque. Je levai ma voix tremblante par-dessus le brouhaha de la conversation dans la pièce et dis :

– Pouvez-vous les emmener aujourd'hui, s'il vous plaît ?

Ant et l'assistante sociale protestèrent :

– Non, la semaine prochaine. C'est mieux la semaine prochaine.

Mais j'élevai à nouveau la voix :

– Je vous en prie, ça me tue. Je veux qu'ils partent maintenant. S'il vous plaît, laissez-les partir maintenant.

Je ne pouvais pas laisser leur sort en suspens un jour de plus. Belinda me jaugea de son regard pragmatique. Elle fit un bref hochement de tête, puis alla passer quelques coups de fil. J'étais assise sur le canapé quand elle revint, regardant les chiens gambader à mes pieds. Elle se percha sur l'accoudoir du canapé à côté de moi et me serra fort contre elle.

– Je vois, à ce que vous avez dit tout à l'heure, dit-elle, et à votre manière d'avoir pris les commandes, que vous aimez réellement ces chiens.

J'opinai sans rien dire, des larmes coulant sur mes joues. J'étais anéantie à l'idée de les perdre. Mon cœur se brisait devant ses yeux.

– J'ai sauvé beaucoup de chiens, me dit-elle fermement, certains effrayés et apeurés, mais vos chiens n'ont rien de commun avec eux. Vos chiens sont aimés.

Elle me donna alors des formulaires à signer, et je cédai la propriété de mes bébés à son association. Je les signai aveuglée, aveuglée par les larmes, ma main gribouillant une signature tremblante que masquaient les rideaux d'eau salée qui tombaient de mes yeux.

Puis, elle dit six mots qui me glacèrent jusqu'aux os :

– Je suis prête à les emmener.

Je les appelai tous les quatre. Obéissants, ils arrivèrent en courant comme toujours, répondant sagement à l'appel de leur maman. Je n'en fis pas des tonnes, ne voulant pas les perturber. Essuyant les larmes de mon visage mouillé pour tenter de dissimuler ma tristesse, je m'agenouillai. Je les embrassai chacun leur tour sur leur magnifique tête.

– Merci, dis-je, merci pour tout ce que vous avez fait pour moi. Je vous aimerai *toujours*.

– Tu peux en garder un, Torrie, me rappela Ant.

Sa voix tremblait légèrement : il était fâché contre moi. Il était triste de voir les chiens partir si soudainement, parce que lui aussi les avait aimés.

– Tu *dois* en garder un.

– Mais comment choisir l'un d'eux ? pleurai-je. Comment ? *Comment ?*

Il haussa les épaules. C'était une décision que j'étais la seule à pouvoir prendre.

Je finis par choisir Berry, parce qu'en fait, c'était elle qui m'avait choisie. Ce fut très, très dur de leur dire au revoir, à Ollie notamment, parce que ce chien m'avait appris à aimer. Avant de le rencontrer, je n'avais jamais connu d'amour véritable. Il était à moi, et j'étais à lui ; mais Belroyd House était un endroit minuscule avec des règles strictes, et j'avais peur qu'il n'aboie et ne soit mis à la porte. Berry était encore assez jeune pour apprendre de nouveaux trucs.

Ils s'en allèrent. La jeep de Belinda était garée devant la porte. Elle sortit avec eux par la porte de devant, et tous trois bondirent dans la voiture en toute confiance, une confiance que je leur avais apprise. Je ne les regardai pas partir ; je ne le pouvais pas.

Quand ils furent partis, je m'assis en bas des marches et versai toutes les larmes de mon corps. *Je ne mérite pas de chiens,* me dis-je. *Je ne mérite pas Berry. Je suis une ignoble merde. J'ai eu mes bébés et je ne m'en suis pas occupée. Je suis une moins que rien, horrible, nulle, maléfique.*

Je tendis la main vers la bouteille, le fléau de ma vie, et bus, gorgée après gorgée, autant que possible, jusqu'à ce que j'oublie tout.

Bip, bip, bip !

Ah ! je connaissais ce son. Des bêlements d'appareils me rappelant que j'étais, on ne sait comment, toujours en vie, malgré tous mes efforts. J'ouvris les yeux. Bonjour, plafond institutionnel. Bonjour, hôpital.

J'ignorais ce qui s'était passé, mais je pouvais le deviner. On m'avait trouvée devant chez moi, vomissant du sang. Pendant les jours qui avaient suivi le départ des chiens, j'avais bu deux litres de vodka par jour, et mon corps avait finalement lâché.

Je regardai autour de moi. Il y avait une autre patiente dans la pièce, une femme d'une trentaine d'années. Une masse de cheveux foncés encadrait son joli visage, mais ce visage était affreusement triste.

– Vous allez bien, dites ? lui demandai-je à travers la chambre.

Quoi qu'il m'arrive, mon cœur allait toujours vers les personnes dans le besoin.

Elle fit un mince sourire qui n'atteignit pas son regard.

– Oui, dit-elle. Mes filles me manquent, mais elles viendront plus tard.

Elle avait deux petites filles. Elle était admise pour une maladie cardiaque, un problème qu'elle avait depuis qu'elle était enfant. On parla de tout et de rien pour lui changer les idées. Elle s'exprimait bien et avait de l'éducation.

– Pourquoi êtes-vous là ? me demanda-t-elle à un moment de la conversation. Vous avez l'air si jeune.

J'éclatai en sanglots, moi aussi.

– Je suis une alcoolique, confessai-je, et j'ignore totalement comment je suis arrivée là.

Je me retrouvai à lui raconter mon histoire : ma mère, l'accident de voiture, le procès et les chiens. Elle m'écouta avec une grande attention, et on parla pendant des heures, jusqu'à l'heure des visites, quand son mari et ses deux petites filles arrivèrent avec un sac à dos contenant toutes les choses qu'elle avait demandées. C'était génial de voir un sourire sur son visage. Les brancardiers vinrent me déplacer dans un service différent, mais elle les arrêta momentanément, afin de pouvoir clopiner jusqu'à moi et me dire au revoir. Elle serrait quelque chose dans sa main, un objet du sac que son mari avait apporté.

– J'aimerais que vous preniez ceci, me dit-elle. Je l'ai depuis toujours. Il m'a apporté tant d'amour et de bonheur dans ma vie, tant de chance. Et si quelqu'un en mérite un peu, c'est bien vous, ma chérie.

Si son mari a pensé à le lui apporter, me dis-je, *cela doit avoir beaucoup de valeur. Et elle me le donne ?*

Elle l'appuya fermement dans ma paume et serra mes doigts autour.

– Prenez-le, me dit-elle. Vous y arriverez, je vous le promets. Vous êtes une battante, je le vois. Vous vous en sortirez.

Tandis que les brancardiers m'emportaient, j'ouvris les doigts. Une pierre rose reposait dans ma main, une pierre rose brillante de texture rugueuse, aussi grosse qu'une balle de golf. Elle était très solide, très réelle, et elle me donnait quelque chose à quoi me raccrocher.

J'eus moi-même un visiteur à l'hôpital, peu après. C'était Ant, mon loyal Ant : mon meilleur ami. Il ne venait pas très souvent, mais il vint ce jour-là parce que l'infirmière lui avait demandé de m'apporter des vêtements. Il apporta aussi une enveloppe qu'on avait glissée dans ma porte.

Il y avait une carte à l'intérieur : une carte ornée de jolis gâteaux colorés. C'était un message de Belinda, la femme du groupe de sauvetage de labradors. Je n'avais jamais rien lu d'aussi puissant et d'aussi beau.

Elle me disait que les chiens allaient très bien. Que je finirais par aller bien. Que les chiens m'avaient aimée. *J'ai sauvé des chiens dans tant de lieux différents*, écrivait-elle, *et, parfois, ils ne s'en sortent pas comme les vôtres. Certains de nos chiens sont terrifiés, ne font confiance à personne, mais il est évident que les vôtres ont été aimés. Ce sont des chiens très heureux.*

N'écoutez pas ce que tout le monde dit. Vous n'êtes pas maléfique, vous n'êtes pas mauvaise. Ce ne sont que des chiens, au bout du compte, et ils iront bien.

Allez, maintenant, et vivez votre vie. Soyez libre. Aimez Berry. Soyez forte.

Je dormis chaque soir avec cette carte sous mon oreiller. C'était le seul moyen d'être proche de mes bébés.

Je fis une troisième rencontre à l'hôpital, à cette époque. Pas lors de cette visite, oh non ! À mon retour à la maison, incapable de voir les affaires d'Ollie, de Milly et d'Alfie qui traînaient partout, je me remis à picoler et retournai illico aux urgences. Mais au bout du compte, cette rencontre fut une révélation.

Trois récompenses divines : la femme à la pierre rose, Belinda, et mon troisième hôte mystérieux. Si j'avais encore la foi, j'aurais pu y voir les trois mages de la Nativité qui m'apportaient des présents précieux et inestimables. Si je travaillais toujours à la crèche ; alors, il s'agirait des trois boucs. Mais au lieu de gambader gaiement sur le pont, menant avec insouciance leur petit bonhomme de chemin, ils tendirent cette fois-ci une main à cet affreux et malheureux troll, ils le sortirent au soleil et dans les prairies vertes et fraîches, et lui apprirent à courir à nouveau dans l'air propre de la montagne.

– Je m'appelle Lauren, dit la femme dans le lit voisin du mien.

Et Lauren fut celle qui allait me sauver la vie.

42

Lauren avait un labrador, elle aussi. Et voilà : des amies pour la vie. Sans compter qu'elle avait un sens de l'humour désopilant et qu'elle savait écouter. Elle m'écouta raconter mon histoire, et j'entendis la sienne. Et Lauren, eh bien, jamais Lauren ne m'abandonna. Elle refusa catégoriquement de le faire. On a parfois besoin d'un champion pour vous montrer la lumière dans les ténèbres.

On échangea nos numéros de téléphone à l'hôpital. On me laissa encore une fois partir, je retournai à ma maison solitaire et à ma bouteille de vodka, parce que j'attendais toujours que la chambre de Belroyd se libère. On frappa à ma porte un jour, et c'était Lauren. Elle entra et elle nettoya toute la cuisine. Elle rit même devant le foutoir. Elle était si détendue et coulante que je ne me sentis même pas gênée. Lauren était de ces gens qui vous acceptent comme vous êtes. Elle connaissait mes difficultés et elle n'était pas là pour juger : elle voulait uniquement aider.

Quand elle eut fini, elle monta à l'étage où j'engloutissais à contrecœur mon « médicament », grimaçant à chaque lampée, des larmes roulant sur mes joues devant ma dépendance à cette boisson maléfique. Après avoir promené Berry, Ant l'avait fait entrer, et mon gros bébé était là. Je l'appelai et elle sauta sur le lit, gémit et se blottit contre moi. Je souris de mon sourire édenté et béant, et Lauren dit qu'elle était heureuse de me voir heureuse. Elle me persuada d'avaler un peu du Fortisip (une boisson nutritive spéciale), que l'hôpital m'avait prescrit, et échangea patiemment avec moi l'alcool pour les vitamines liquides jusqu'à ce qu'elle estime que j'en avais bu une quantité suffisante. Puis elle partit promener à nouveau Berry avec Ant, et discuter, je pense, car les sujets ne manquaient pas.

Je l'ai déjà dit : la vie n'est pas simple. L'amitié de Lauren n'était pas un pansement qui rendait soudain tout parfait. Je jurai de ne plus jamais boire, mais je déprimais tant que je recommençai à téter le goulot. Combien de fois après notre rencontre me remis-je à picoler, retournant à l'hôpital la queue entre les jambes, tout comme Berry après une quelconque bêtise ? Mais Lauren ne semblait pas y prêter attention. Par le passé, personne ne venait me voir à l'hôpital. Je l'avais accepté, estimant que je ne le méritais pas. Mais Lauren venait chaque fois, m'apportant magazines, nourriture et vêtements. Je me considérais vraiment comme quelqu'un de mauvais, et qu'une personne soit aussi attentionnée envers moi me sciait littéralement. Le plus frappant était qu'on s'était rencontrées alors que j'étais au fond du gouffre ; pourtant, elle voyait quelque chose en moi qu'elle aimait. Cela me touchait. Je me mis à croire en moi, mais parce qu'elle avait d'abord cru en moi.

Vint un jour qui devait être mon ultime jour d'hôpital. Je regardai Lauren, ses cheveux blonds bouclés et son sourire radieux, et je pris une décision. On dit que, quand on arrête de faire quelque chose comme boire, il faut le faire pour soi. Mais pas moi, je le fis pour elle. Parce qu'elle avait été à contre-courant et m'aimait vraiment : elle avait pris des risques pour moi et je m'acharnais à la laisser tomber. Finalement, j'avais atteint un point où je ne voulais absolument plus agir ainsi.

Ma maison vide déclenchait mes envies de boire, et j'eus beaucoup de chance quand les parents d'Ant me proposèrent de vivre chez eux jusqu'à ce que la chambre de Belroyd se libère. Ant et moi parlâmes beaucoup pendant mon séjour là-bas. Il était toujours très irrité qu'on ait perdu les chiens, par toute la situation. Je dois beaucoup à Lauren pour ma guérison, mais Ant était également là pour moi, je ne l'oublie pas. Cela avait été une période incroyablement tendue, c'est le moins qu'on puisse dire, mais j'avais l'impression qu'on pouvait enfin voir tous les deux la lumière au bout du tunnel. Je rejoignais un lieu sûr, où je pourrais obtenir toute l'aide dont j'avais besoin. Il était toujours mon meilleur ami, mon petit ami, mon fiancé, et je l'aimais encore. Heureusement pour moi, lui aussi m'aimait encore.

Deux jours avant d'emménager à Belroyd, je retournai faire mes valises à la maison. J'étais entourée de photos de mes bébés, de leur odeur et de leurs couvertures. Il fut alors si facile de trouver une vodka planquée et de goûter son aigreur. Mais je ne bus pas tout. Je savais que j'avais de l'aide maintenant, si je la demandais. J'appelai Lauren qui vint me chercher. Je tremblais comme une feuille, je me disais que je les avais tous laissés tomber, mais elle m'apaisa, me baigna et m'habilla d'un pyjama rose en polaire avec des singes, de petits primates gris imprimés sur les jambes, et elle me mit au lit. Les murs de sa chambre d'amis étaient tapissés de papier magnolia crème, et un parquet lisse recouvrait le sol. Des couvertures rouges soyeuses et d'épais draps crème ornaient le lit. Quelle chance de pouvoir me glisser entre ces draps, d'avoir des gens qui m'aimaient !

Ant resta avec moi. Il me prit dans ses grands bras merveilleux et me fit un de ces gros câlins dont il avait le secret avant que je m'endorme. Cette nuit-là, j'osai enfin rêver que tout irait bien.

Je ne remis plus jamais les pieds dans ma maison. Lauren, la mère d'Ant et mes assistantes sociales emballèrent tout à ma place. C'était un sacré boulot, parce que je passais d'une maison à une petite chambre ; mais, bon, les biens matériels n'avaient jamais été importants pour moi. Je leur faisais confiance pour agir au mieux, et je leur étais reconnaissante de leur aide.

J'emménageai à Belroyd House en août 2012. Lauren m'y conduisit. C'était un grand bâtiment blanc avec des fenêtres cintrées, des portes vitrées doubles et un bureau sur le devant. Ma chambre était un studio de rez-de-chaussée, avec une minuscule salle de bains sur un côté. Il y avait une moquette crème et une unique bande de lino dans la kitchenette. J'avais un canapé marron, une table, une chaise et un lit à une place.

Faye, mon assistante sociale principale, vint m'accueillir : en venant vivre ici, je devais respecter une condition, voir mon assistante chaque semaine.

– Où est Berry ? me dit-elle.

– Je ne veux pas d'elle, répondis-je.

On m'avait dit que je ne la méritais pas, et j'y avais cru. La famille d'Ant s'occupait d'elle pendant mes fréquents séjours à l'hôpital, et je pensais qu'elle resterait avec eux : elle n'était plus mon chien.

– Comment ? s'étonna Faye. Jeremy s'est battu bec et ongles pour que cette chienne puisse venir ici.

– Mais j'ai été méchante, expliquai-je.

– Vous n'avez pas été méchante, répondit-elle d'une voix douce. Vous avez simplement besoin d'un peu d'aide. Et c'est notre travail, de nous assurer que vous allez bien et qu'on s'occupe de Berry. Donnez-vous une chance, Victoria. Berry est votre chienne. Ne vous inquiétez pas, on va régler ça.

Ce qu'elle fit. Le lendemain, la maman d'Ant m'amenait Berry. Ma fifille entra en bondissant dans la pièce ; Maria dut la lâcher parce qu'elle se précipitait droit sur moi. Ses adorables oreilles tombantes se transformèrent en oreilles heureuses et voletaient sur sa tête lorsqu'elle se précipita vers moi. Sa douce tête de velours me donna des petits coups pour demander un câlin, elle me sauta dessus, me lécha et m'aima, comme elle l'avait toujours fait depuis qu'elle était bébé. À peine capable de croire ma chance, je dis :

– Bienvenue à la maison. Regarde bien autour de toi. C'est ta nouvelle maison.

Une semaine s'était écoulée. Lauren avait passé la première nuit avec moi, et Ant, la suivante. Ils s'étaient relayés, mais j'étais maintenant seule. C'était égoïste, je le sais, mais je me disais : *On vient de me jeter là, et voilà qu'ils sont tous partis.*

Ce nouvel endroit était étouffant. Je n'avais pas le droit de boire. En fait, c'était une condition pour rester ici : être sobre, car ce lieu s'adressait aux personnes souffrant de troubles mentaux et non aux alcooliques. Comme si on pouvait diviser aussi nettement les deux, comme si le monde était noir ou blanc et non d'un gris sale. J'étais effrayée et je manquais totalement de confiance en moi. À mon arrivée, sept jours plus tôt à peine, je croyais prendre un nouveau départ, mais je n'étais plus aussi sûre d'être prête. Maman avait peut-être raison, finalement. Regardez la personne que j'étais, ce que j'étais et où j'étais : une alcoolique dans un centre de réadaptation. *L'enfant du diable, la lie de la terre.* J'étais devenue exactement ce qu'elle avait prédit.

Je sortis sans faire de bruit du magasin et rentrai directement à la maison. Berry était sur le lit, lovée et endormie. Je m'assis près d'elle sur le matelas, veillant à ne pas déranger son sommeil, incapable de la regarder. Je dévissai le bouchon et bus directement au goulot.

On frappa sèchement à ma porte.

– Entrez, dis-je, cachant la vodka sous le couvre-lit.

Faye entra et referma derrière elle. Il y avait un système de caméras à Belroyd House, et elle savait exactement où je m'étais rendue pendant ma petite excursion, ce que j'avais rapporté à la maison.

Faye s'arrêta, regarda Berry, puis moi recroquevillée sur le lit.

– Cette chienne vous admire, dit-elle gentiment.

Je hochai la tête, à court de mots, trop perdue pour parler.

– Allons manger un sandwich, Victoria, dit-elle d'un ton neutre. Et si on en profitait pour promener Berry ? Elle a besoin de marcher. Cela vous ferait du bien à toutes les deux.

Je n'en croyais pas mes oreilles. Pourquoi ne me criait-elle pas après ? Pourquoi ne m'agrippait-elle pas par les cheveux et ne me mettait-elle pas le nez dans mes bourdes ? Mais non, elle était très calme. Comme si elle comprenait, et cela eut à son tour un effet apaisant sur moi.

Je tendis une main, ma main sèche et jaune d'alcoolique, et caressai le doux pelage de Berry. *Faye a raison*, me dis-je. *Cette chienne t'aime.* Cela comptait plus que tout. *Arrête de t'intéresser à ce que les gens pensent de toi alors que tu es tout pour elle. Elle t'a choisie. Arrête de croire que tu ne la mérites pas, juste parce que des gens l'ont dit. Les gens méprisent toujours les autres ; ils auront toujours un avis. Tu dois être fidèle à Berry et être fidèle à toi-même. Ce n'est pas parce que tu as fait des erreurs que tu es quelqu'un de mauvais.*

Ce fut une pensée si stupéfiante, que je me la répétai.

Ce n'est pas parce que tu as fait des erreurs que tu es quelqu'un de mauvais.

Je ravalai et étouffai le sanglot qui me montait dans la gorge. Je voulais prouver à tous ceux qui avaient douté de moi qu'ils avaient tort, que je n'étais pas nulle et que j'avais un cœur.

Que je pouvais m'occuper de Berry.

Mon bébé leva un sourcil quand je le touchai, puis posa sa lourde tête de labrador sur mes genoux en poussant un soupir mouillé. Une langue rose passa ses babines pour me lécher la main, puis Berry se rendormit.

Ça suffit maintenant, me dis-je. *Il faut que cela s'arrête.*

Et ce fut le cas, une fois pour toutes.

Épilogue

Je vécus à Belroyd House pendant un an. Ce ne fut pas une année facile, mais il fallait que j'en passe par là. Dans un sens, il y eut comme un effet libérateur à perdre presque tout : ma maison, mes chiens, ma dignité. Cela me ramena à l'essentiel, mais une deuxième chance m'était offerte.

J'étais une vraie pelote de nerfs chaque fois que je sortais faire des courses et que je voyais les bouteilles colorées alignées sur les étagères, un rappel douloureux de tout ce que j'avais traversé. C'était devenu si normal d'en mettre une dans mon panier avec un claquement sinistre digne d'une porte de prison. J'avais été si enfermée dans ma propre addiction que j'avais l'impression qu'on m'avait coupé un bras quand je ressortais du magasin sans avoir acheté d'alcool. J'appelais Ant et lui disais :

– Je n'ai pas acheté de vodka, je me suis si bien tenue.

Ant était formidable. Il n'habitait pas à proximité de Belroyd ; pourtant, il venait régulièrement rester avec moi, et on devint plus forts ensemble, jour après jour, semaine après semaine. Faye m'apporta aussi énormément de force. Méfiante jusqu'au bout des ongles, je ne lui fis pas tout de suite confiance. Si j'arrivais à lui parler très librement de mon passé, de la réalité brutale de ce qui m'était arrivé quand j'étais enfant, comment lui exprimer ce que je ressentais au plus profond de moi ? C'était difficile. Vingt années à s'entendre dire que votre avis ne compte pas, cela n'aide pas à fournir spontanément ce genre d'informations.

Ce fut Berry qui nous permit de progresser. Cette chienne me sauva littéralement la vie. Faye me laissait venir avec elle dans son bureau pour nos séances hebdomadaires. Assise là à caresser Berry, j'appris à m'ouvrir, et les barrières entre nous cédèrent peu à peu. Je laissai Faye m'aider. Finalement, c'était comme si j'avais une grande sœur au bout du couloir, vers qui je pouvais me tourner si j'avais besoin de discuter, ou qu'on m'aide à trier les billets de train ou à répondre à une lettre officielle. C'était génial. Je n'avais jamais connu cela : quelqu'un qui s'occupe de moi. Faye m'aida à éponger mes dettes ; elle me remit sur les rails.

Je me fis une autre amie, aussi, en Belinda, la femme de l'association de sauvetage de labradors. J'étais frappée qu'elle ait vu du bon en moi alors que j'étais au plus bas. Elle ne savait rien de mon enfance quand on s'était rencontrées ; elle avait simplement vu l'alcoolique qui donnait ses chiens. Pourtant, elle avait perçu quelque chose qui l'avait amenée à écrire ce magnifique message. Cela comptait beaucoup pour moi. Je la retrouvai par le biais de l'association, parce que je voulais la remercier, et elle devint une autre de mes championnes, comme Lauren.

Ce fut Belinda qui me persuada de retourner me faire soigner les dents. J'étais complexée par mon sourire : je masquais les trous dans ma dentition en étirant ma lèvre supérieure sur mes dents, mais cela m'empêchait de sourire normalement. Belinda m'emmena chez le dentiste pour que je puisse offrir un beau sourire tout neuf de toutes mes nouvelles dents.

Ce fut une terrible expérience. Pouvez-vous l'imaginer ? Être abaissée dans le fauteuil du dentiste, totalement à sa merci, pendant qu'il me demandait d'ouvrir grand la bouche et qu'il farfouillait dedans ; ma langue sensible au moindre petit coup ou contact ; mon esprit bouillonnant de tous les souvenirs des bâtons épineux de ma mère. Belinda me tint la main pendant toute la séance, alors que des larmes coulaient librement sur mes joues, mais cela en valait la peine. Je sortis de ce cabinet dentaire avec un magnifique sourire, rayonnant d'une oreille à l'autre comme jamais auparavant.

Et j'avais largement de quoi sourire, ces temps-ci. Surtout grâce à ma chère Berry, ma magnifique fille. Nous allions nous promener tous les jours. C'était vraiment une chienne exceptionnelle. Elle grandit à Belroyd : je la vis passer d'un chiot tout fou à une chienne adulte responsable et protectrice. Elle me surveillait ; elle me gardait saine d'esprit. Pendant nos promenades, Berry ralentissait pour trottiner à mes côtés, alors que j'avançais difficilement et lentement, gênée par les élancements douloureux dans mes hanches. Sa gueule souriante, levant les yeux vers moi, semblait dire : « Tu n'es pas seule, je suis là. » J'emportais mon appareil photo lors de nos balades pour saisir sa joie devant la vie et son adorable gueule de chien, et je pris tant de photos que je finis par créer une page Facebook à son nom, afin de pouvoir mettre les clichés en ligne. Cela m'amena à me faire de nouveaux amis, beaucoup d'amoureux des chiens enthousiastes.

Faye me félicitait pour la qualité de mes photos, si souvent et si chaudement qu'elle finit par me persuader de m'inscrire à une formation de photographie dans une école du coin. J'aimais être derrière l'appareil, révéler la beauté d'autrui tout en créant moi-même quelque chose.

Pour le troisième anniversaire de Berry, au printemps 2013, je fis en sorte qu'un photographe professionnel nous prenne toutes les deux en photo, témoignage du chemin qu'on avait parcouru. Le photographe – comme tous les autres – fut frappé par la bouille de mon magnifique bébé et me demanda s'il pouvait inscrire Berry dans un concours national de portraits canins. J'acceptai, puis n'y pensai plus. Quand j'appris qu'elle avait gagné, les bras m'en tombèrent. Il y avait même un article sur le sujet dans le journal local, que je lus et relus. *C'est ma chienne.* J'étais si fière d'elle.

Je pris un autre chien alors que j'étais encore à Belroyd. Berry s'était épanouie en bénéficiant de toute mon attention. Mais après que j'eus commencé ma formation, je remarquai qu'elle se sentait seule quand je m'absentais toute la journée. Faye obtint la permission pour un deuxième chien. Deux, cela suffisait. Je n'en aurais plus jamais quatre : c'était beaucoup trop, je m'en rends bien compte aujourd'hui.

J'allai dans la Forêt de Dean chercher Noah, un labrador noir qui avait été arraché à un élevage de chiots par la RSPCA, la société protectrice des animaux, lors d'une descente. Quand je le vis pour la première fois, il était assis dans le coin d'une remise sombre, tremblant comme une feuille. L'homme de la RSPCA me le mit dans les bras.

– Je le prends, je le prends, dis-je.

Je voulais un chien rescapé. J'avais été si heureuse quand d'autres gens avaient recueilli Ollie, Milly et Alfie que je voulais donner quelque chose en retour.

Belinda me donnait régulièrement des nouvelles de ma famille perdue, et je lui en savais gré. Ils étaient tous allés dans des maisons différentes, où ils étaient heureux. Alfie alla chez un jardinier, Ollie, chez une vieille dame avec un immense jardin, et Milly, chez un jeune couple, où, écrivirent-ils, elle avait son « entraîneur personnel », ce qui me fit infiniment rire. C'était si caractéristique de Milly – une petite dame. Elle devait adorer.

Je n'ai jamais envisagé de les récupérer. Ils s'étaient adaptés à leur nouvelle vie, et moi aussi. Je ne cesserai pas de les aimer pour autant. Noah mit du temps à s'habituer à son nouveau foyer. Je me rappelle quand, à Belroyd House, je faisais rouler une balle jusqu'à lui. Il reculait dans un coin de la pièce face au jouet qui approchait, effrayé au plus haut point. Il me rappelait moi, dans un sens, quand je me recroquevillais dans mon recoin dans la cuisine de maman, espérant ne pas être frappée. Comme avec toutes les créatures apeurées, patience et amour eurent raison de lui. Berry et moi le convainquîmes lentement qu'il était en sécurité, et il se mit à nous faire confiance.

Berry l'aimait (elle était comme une grande sœur autoritaire qui lui montrait le chemin), et moi, ce que j'aimais, c'était que l'arrivée de Noah annonçait une dynamique différente en elle. Elle délaissa certaines des responsabilités d'adulte qu'elle avait assumées à notre arrivée à Belroyd et prit du bon temps. Ils se coursaient dans les champs et jouaient à s'attraper. Noah me semblait un nom vraiment pertinent. Je m'étais inspirée de Noé qui survit après le déluge, le calme et la normalité revenant autour de lui. Après la tragédie des dernières années, je désirais cette sérénité dans ma propre vie. Il se trouve que je redevins moi-même une grande sœur à cette époque, quand je retrouvai Adam. Ant et moi l'avions rencontré par hasard dans la rue un samedi après-midi que nous sortions les chiens. Adam avait alors une vingtaine d'années. Ses cheveux étaient longs et ébouriffés.

Cela me fit une drôle d'impression de le voir si âgé, mais il était encore très gamin à maints égards : il avait toujours ce rire nerveux et sonore. Il était au chômage quand on se rencontra. Il était allé à l'école après qu'on avait été sauvés, mais quand on commence sa scolarité à treize ans, qu'on ne sait pas faire ses lacets et qu'on vous a appris à penser que vous valiez mieux que tous les autres enfants, eh bien, on n'est pas dans les meilleures conditions, c'est le moins qu'on puisse dire. Il passa un bras autour de moi et me donna un petit coup dans l'épaule.

– Hé ! salut, gamine, dit-il avec une affection authentique.

Il avait conservé ce bon cœur que j'avais toujours perçu en lui. Il s'entendit très bien avec Ant, notamment parce qu'ils partageaient le même sens de l'humour.

Par la suite, il me rendit souvent visite à Belroyd House. Je prenais sa chemise et la lui lavais, lui préparais un repas de temps à autre. J'étais contente qu'on soit à nouveau en contact.

On ne parlait jamais de maman ; c'était trop dur. Mais les paroles étaient inutiles : on connaissait tous les deux la vérité. Je le regardais dans les yeux et j'y lisais sa douleur, sa tristesse, son âme. On savait. Rien au monde ne pourrait m'empêcher de l'aimer.

En juillet 2013, l'heure arriva pour moi de quitter Belroyd. Faye m'aida à trouver un nouveau logement, mais j'organisai le déménagement toute seule. Je la remerciai pour tout ce qu'elle avait fait pour moi.

– Non, merci à *vous*, me dit-elle. Nous n'avons pas tant de réussites que cela, Victoria. Grâce à Berry et à vous, c'était un bonheur de venir travailler.

Belinda et Lauren m'aidèrent à peindre mon nouveau domicile, doté d'un jardin pour les chiens. On peignit le salon d'un joli bleu vert pâle, et ma chambre d'un rose princesse. Belinda m'offrit une nouvelle paire de rideaux pour ma chambre, de magnifiques rideaux rose pâle ornés de grosses roses. C'est dingue quand on y pense : c'est la femme qui m'avait retiré mes chiens qui m'offrait mes rideaux. La vie est drôle parfois.

Ant n'emménagea pas avec moi, pas tout de suite. Je lui dis qu'il devait trouver un travail, et on y mit chacun du sien. On formait une équipe, tous les deux contre l'univers. Un mois plus tard, il s'était repris en main, s'était trouvé un bon travail et je vis, dès le départ, que c'était aussitôt un homme plus heureux. Deux êtres humains heureux fermèrent leur porte de devant, se retranchant dans leur nouveau nid douillet. *La vie commence ici*, me dis-je. *Ici et maintenant.*

La lettre atterrit sur le plancher de bois de notre couloir non pas avec fanfare et trompettes, mais avec le chuchotement soyeux de papier sur du bois. Je la pris avec le reste du courrier et l'emportai dans la cuisine. J'essayai de calmer Noah et Berry qui frétillaient autour de moi, excités et affectueux.

Chère mademoiselle Spry,
Nous vous écrivons pour vous annoncer que votre mère, Eunice Spry, sera prochainement libérée...

On était en février 2014. Ma mère avait été condamnée à douze ans de détention en 2007. Ils la laissaient sortir cinq ans plus tôt. Elle n'avait fait que sept ans pour ce qu'elle m'avait fait, à moi, à Alloma et à Christopher. Sept misérables années pour avoir tenté de détruire la vie de trois enfants.

Elle ne devait pas sa libération anticipée au fait qu'elle avait été réinsérée. En fait, pas une seule fois elle n'avait confessé sa culpabilité, ni assumé ses actes. Mon agent de liaison, Penny, me dit que maman aurait pu, en fait, être libérée plus tôt si elle avait choisi de s'excuser et d'admettre qu'elle avait eu tort. Elle ne l'avait jamais fait. Donc, ce n'était pas pour cela qu'on la libérait « plus tôt ». La triste vérité est que quasiment tous les prisonniers le sont. C'est écrit sur le propre site Web du Sentencing Council (conseil de détermination de la peine) émanant du gouvernement : *Pour les peines d'un an ou plus, un délinquant purgera la moitié de sa sentence en prison et l'autre en liberté conditionnelle.* C'est le protocole standard. Quand un juge donne quatorze ans, cela se traduit en fait par sept ans à l'ombre.

Suite à sa lettre, Penny vint me parler par un vendredi venteux. On s'assit chacune à un bout de mon grand canapé gris. Berry attendit attentivement à mes côtés pendant qu'on regardait toutes les deux Penny sortir ses papiers de son sac, passer ses doigts dans ses courts cheveux gris en se préparant à évoquer le cas de ma mère.

– Comme vous le savez, commença-t-elle, Eunice sera libérée en juillet. Au jour d'aujourd'hui, il est prévu de l'installer dans le Worcestershire.

J'en restai comme deux ronds de flan : le Worcestershire n'était qu'à une courte distance d'ici. Non seulement tout le monde m'avait dit qu'elle resterait pendant douze ans en prison, mais aussi que, quand elle sortirait, je n'aurais plus jamais à la voir ; que jamais, au grand jamais, ils ne laisseraient mère s'approcher de moi. Et voilà qu'elle allait être installée au coin de la rue ! Je caressai le dos marron de Berry et y puisai de la force dans sa douceur.

– Comment ça, Worcester ? demandai-je à Penny en la regardant droit dans les yeux.

– Elle a purgé sa peine, Victoria, me dit-elle d'une voix ferme.

Elle compatissait, mais il était clair qu'elle ne pouvait rien faire de plus.

– Bon, on ne doit pas ébruiter sa libération parce qu'elle pourrait être en danger. Quoi que vous fassiez, n'en parlez pas à votre frère.

– Pourquoi ?

– Parce que, s'il va voir les médias, il pourrait y avoir un problème.

Christopher avait fait des interviews à la télé et dans la presse après le procès, et avait également écrit son autobiographie. Je pense que son assurance en parlant aux médias avait été remarquée par les pouvoirs en place.

– Quel genre de problème ? demandai-je sans cesser de caresser Berry.

– Eh bien, si les gens de son quartier entendent parler de ce qu'elle a fait, ils feront pression sur la municipalité pour qu'elle ne soit pas logée là, et cela rendra les choses vraiment très difficiles.

– Puis-je vous demander quelque chose ? Les gens qui la relogent savent-ils que j'avais un pied dans la tombe il y a deux ans ? Savent-ils que j'ai failli mourir ? Et que je ne suis qu'à deux pas du Worcestershire et que, vous savez, je pourrais très bien ne pas pouvoir supporter le fait qu'elle soit là ?

– Non, je ne crois pas que cela compte, dit-elle avec délicatesse. Les réunions de libération ne s'intéressent qu'à Eunice : à sa sécurité et à sa réinsertion, à veiller à l'empêcher de récidiver et de nuire au public.

Peut-être ne nuira-t-elle pas au public, me dis-je, *mais qu'en est-il de ses victimes ?* Mais Penny n'avait rien d'autre à ajouter ; elle remballa ses papiers et partit.

Pendant des jours et des jours, je me demandai : *C'est donc ça que je dois faire, alors ? Juste me taire, ne rien dire à personne, être une bonne petite fille ?* Cela m'embrouillait le cerveau. *Suis-je en train de laisser maman gagner parce qu'elle me tracasse ? Ou ne suis-je pas en train de prêter le flanc en faisant ce qu'on me dit ?*

J'essayai d'en parler autour de moi : je voulais en parler avec les gens qui étaient chargés de la reloger, les regarder dans les yeux et le leur faire comprendre. J'avais vu ma mère manipuler des gens pendant vingt ans, et je savais avec quelle facilité elle pouvait les convaincre que ce qu'*elle* voulait était ce qu'*ils* voulaient. Je voulais les prévenir de se tenir sur leurs gardes.

Mais personne ne voulait me communiquer de noms. Personne ne m'autorisait à participer aux réunions. Ils me disaient tous la même chose : je devais tourner la page.

– Cela ne concerne qu'Eunice, maintenant. Elle sort de prison, elle a purgé sa peine, disaient-ils.

– Mais vous la laissez sortir alors qu'elle ne regrette même pas !

Plus que tout, c'était cela qui m'inquiétait. Si elle admettait être coupable, je ne l'aurais pas laissée m'encombrer le cerveau. Mais si elle ne regrettait pas, c'est qu'elle estimait toujours avoir raison – et donc, que j'avais tort. Et je savais ce que maman faisait aux autres quand elle pensait qu'ils étaient en tort. Je *devais* prendre mes inquiétudes au sérieux. Comment pouvais-je tourner la page quand elle ne l'avait pas fait ? Mais personne ne voulait m'écouter.

– Elle est interdite de séjour dans le Gloucestershire, me dirent les autorités. Estimez-vous heureuse d'avoir ça. On ne le fait pas en temps normal, même pour les meurtriers. Ce sera une condition de sa libération : elle ne pourra pas mettre un pied dans le Gloucestershire.

– Et vous croyez qu'elle va vous écouter ? Vous pensez qu'elle ne va pas franchir la frontière ? Elle n'a jamais écouté personne d'autre qu'elle.

On me conseilla de suivre des cours de karaté, pour prendre du muscle et être sensibilisée aux arts martiaux.

– Quand je me suis mariée, me dit une des agentes de police qui avaient travaillé sur mon affaire, mon mari m'a dit que je devais arrêter de m'en prendre à mon ex parce qu'il ne payait pas sa pension. Je pense que vous devez arrêter de vous en prendre à Eunice.

Je n'en croyais pas mes oreilles.

– Vous comparez maman à votre ancien petit ami ?

« Tournez la page, tournez la page », tel était leur mantra. Et pendant tout ce temps-là, je me disais : *Mais* j'ai *tourné la page, c'est* exactement *ce que j'ai fait. Or cela pourrait tout compromettre.*

J'obtins la tenue d'une réunion multi-institutionnelle, à laquelle participèrent certains des services qui m'avaient aidée quand je buvais. Mais la réunion traita de moi, de ce qu'ils pouvaient faire pour m'épauler et m'aider à gérer, et non de ma mère. Je vous en propose une, d'idée : éloigner ma mère de moi pour que je n'aie *pas* à « gérer ». *Pourquoi ne puis-je pas juste vivre ma vie, au lieu de devoir juste survivre ?* J'étais fatiguée de devoir me battre en permanence.

– Je ne veux pas la voir, dis-je à cette réunion. La voir me fait peur. Je me bats pour ne plus jamais revoir ses yeux. Et je ne veux plus jamais revoir son visage.

– Vous devez tourner la page. Elle a purgé sa peine, à présent.

– Mais quand aurai-je purgé *ma* peine ? Quand cela s'arrêtera-t-il pour moi ? Je ne demande pas grand-chose, je ne demande pas un million de livres et un manoir. Je vous demande, s'il vous plaît, de dire qu'elle ne peut pas aller dans le Worcestershire, qu'elle soit relogée ailleurs où je ne risque pas de lui tomber dessus. Elle veut venir ici pour une raison spécifique. Je vous en prie, mettez-la à l'autre bout du pays.

– Vous comprenez bien, Victoria, que vous ne pouvez pas obtenir tout ce que vous voulez.

– Je le sais, répondis-je avec une compréhension teintée d'amertume. Je n'ai rien eu de ce qu'il me fallait pendant dix-neuf ans.

Cette réunion n'était d'aucune utilité pour le problème central. Malgré la présence de différents services publics, je ne savais que trop bien que la main droite du corps gouvernemental ne parlait pas à la main gauche.

– Ce n'est pas notre domaine, disaient-ils.

Cela me rappelait mon enfance, quand les dentistes qui me voyaient arriver avec mes dents brisées ne parlaient pas aux médecins qui examinaient ma peau passée au papier de verre, qui, à leur tour, ne parlaient pas aux professeurs qui voyaient ma mère m'humilier, ou aux inspecteurs de l'Éducation qui venaient observer notre instruction à domicile non existante, et personne ne parlait aux assistantes sociales qui avaient fait part de graves préoccupations quant à mon adoption. Personne ne communiquait ; rien n'avait changé.

Mes cauchemars reprirent, comme mes pipis au lit. J'appris par des agents de liaison (des gens qui me dirent plus tard qu'ils n'auraient pas dû m'en parler, que je n'étais pas censée savoir) que maman s'était mise à payer des tiers pour travailler pour elle à l'extérieur. Un bout d'information par-ci, un petit renseignement par-là... J'appris que cela l'intriguait que je n'aie pas raconté mon histoire, alors que c'était le cas de mon frère et de ma sœur. Connaissant maman, elle pensait qu'il y avait là matière à manipulation, qu'elle pouvait se faufiler dans cette brèche. Elle ne regrettait rien ; elle n'avait pas honte ; elle n'avait participé à aucune activité de réinsertion. La prison ne l'avait pas brisée. Elle restait ma bonne vieille mère, jouant ses jeux tordus, une fois encore. Et j'étais terriblement inquiète.

Dans un sens, c'est grâce à mon problème de boisson que je pus agir comme je le fis ensuite. Parce que, au bout du compte, je me dis : *J'ai lutté si dur, si dur pour retomber sur mes pieds. Tu dois te battre pour ça, Torrie. Tu dois te battre pour cette vie que tu t'es créée. Tu ne peux pas reculer, cette fois-ci. Tu n'as pas traversé tout cela juste pour qu'elle te bousille à nouveau la vie. Tu dois mettre un terme à tout cela, une bonne fois pour toutes.*

Je décidai de lancer une pétition contre le relogement de ma mère près de chez moi et pour que son interdiction de présence dans le comté soit étendue de manière à ce qu'elle ne puisse pas m'approcher. C'était une chose très difficile à faire, parce qu'il fallait presque avoir un diplôme de droit pour formuler la pétition comme il le fallait. Même si mon corps était couvert d'innombrables cicatrices à cause des coups que ma mère m'avait donnés, ces qualifications ne m'étaient d'aucune aide en l'espèce. Je fus ravie de trouver une aide en ligne auprès de Chris Wittwer, un homme qui se consacre à aider des victimes d'abus. Il prit les choses en main, et je pleurai quand il m'envoya la pétition. Je devais rédiger une déclaration pour l'accompagner, et j'écrivis ce que tout le monde avait dit à l'époque du procès : ils n'avaient jamais connu d'affaire aussi terrible. Alors, si c'était vrai, argumentais-je, comment pouvaient-ils tous me dire l'instant d'après de simplement tourner la page ?

Alloma et Christopher ajoutèrent leurs noms à la pétition pour me soutenir, pour qu'on oppose un front uni, mais ils ne souhaitaient pas vraiment mener campagne. Alloma me disait, avec sa fougue habituelle :

– Pourquoi la laisses-tu détruire ta vie ? Cette vieille sorcière ne me fait pas peur.

Une fois réglé le problème de la formulation de la pétition, je réfléchis au meilleur moyen d'obtenir un impact réel. Ce n'était pas en lançant une pétition vierge dans le cyberespace que ma mère serait relogée ailleurs. J'avais besoin de gens derrière, associant leurs voix à ma campagne. Je me rappelais ce que Penny m'avait dit sur mon canapé : « Si Christopher va voir les médias, il pourrait y avoir un problème. »

Ses paroles me donnèrent une idée.

Il me fallut deux mois pour parvenir à une décision. J'étais inquiète : faisais-je le bon choix ? Allais-je irriter des gens ? Serais-je punie ? J'avais vraiment peur. Puis, je me dis : *Bon, ferme les yeux, pince-toi le nez, saute... et prie pour que ça marche.*

Quand Lauren avait emballé mes affaires pour moi, avant que j'emménage à Belroyd, elle m'avait mis de côté les tonnes de chemises de lettres que les journalistes m'avaient envoyées, juste après le procès. Je les regardai, en ce mois de mai 2014, et me dis : *Et si je jouais leur propre jeu ?* J'avais été si fière de ne pas communiquer mon nom aux médias malgré la pression, tout de suite après le procès. Mais à présent, je le voulais.

Je voulais faire ce qui était juste, selon moi.

Ant était inquiet pour moi.

– Tu en es sûre ? me demanda-t-il.

Il savait aussi bien que moi que je n'allais pas éprouver de l'amour-propre du jour au lendemain. Aurais-je vraiment assez de confiance en moi pour me dresser et parler en mon nom sans en payer le prix ?

J'étais poussée par mon désir de ne pas perdre tout ce que j'avais bâti, de ne pas perdre le foyer qu'on s'était bâti. J'étais heureuse et je voulais éperdument le rester.

– Pas vraiment, chéri, lui répondis-je, avec une franchise brutale. Mais si je ne franchis pas le pas, je ne le saurai jamais.

Je me rendis dans une agence de presse, qui organisa un entretien avec le *Sun*. Je donnai ensuite des interviews à des magazines. Je passai à l'émission *This Morning*. Souvent, et c'était extrêmement difficile à vivre, on me disait à la dernière minute que je ne pouvais pas évoquer la pétition pour des « raisons légales ». Mais si je racontais mon histoire, c'était justement parce que je voulais la faire connaître au public. C'était très frustrant. D'autant plus que je ne voulais pas donner l'image d'une victime. Les médias se focalisaient sur l'horreur que j'avais vécue, alors que mon véritable message était : « Je me bats, désormais. Aidez-moi à m'aider en signant ma pétition. »

Heureusement, petit à petit, des gens signèrent. On engrangea plus de mille signatures le premier jour. J'étais bouleversée par ce soutien, surtout de mes amis de la communauté canine en ligne, qui partagèrent à de multiples reprises le lien vers la pétition sur les pages de leurs réseaux sociaux. Ils prirent la campagne à cœur, et ce nombre initial augmenta, jusqu'à dépasser allègrement les dix mille noms, le nombre magique que je devais viser. J'étais émerveillée de voir tout ce monde faire front : tant d'êtres humains œuvrant à neutraliser une femme maléfique.

Un espace était prévu pour laisser des commentaires à côté de la signature, et je tirai beaucoup de force de la gentillesse bouleversante que je voyais dans les messages de soutien d'étrangers. Je ne compte plus les fois où je pleurais et voulais serrer dans mes bras les gens à l'autre bout d'Internet... Et plus j'avais de signatures, plus je gagnais en assurance.

Les pouvoirs en place accueillirent mal mon action médiatique. De leur point de vue, en ne faisant pas entendre mes protestations par le biais des « bons canaux », j'avais dépassé les limites. Qu'importe le fait que, quand j'avais demandé à être entendue lors des réunions de relogement de ma mère, on m'avait répondu qu'on ne mélangeait pas les deux parties et que mon unique raison d'aller trouver les médias était mon souci de sécurité. Les représentants officiels cherchaient à me traiter avec condescendance.

– Vous êtes une adulte vulnérable, vous ne devriez pas vous exposer dans les journaux.

Quand je critiquais le manque de communication entre les différents services gouvernementaux et jugeais plusieurs fois leurs efforts gnangnan, ma répétition du terme fut dénigrée :

– Vous aimez ce mot, « gnangnan », n'est-ce pas ? se moqua un collaborateur.

Et quand je dis que j'avais écrit à mon député local pour lui parler de ma campagne, cherchant de l'aide auprès de toutes les personnes possibles, on me dit que j'étais du genre à me vanter de mes relations. Je ne me laissai pas perturber. Je gardai la tête haute, me battis et gagnai.

Car, après mon recours aux médias, je finis par décrocher un rendez-vous avec des responsables de la MAPPA, la Multi-Agency Public Protection Arrangements, ou dispositifs de protection publique par agences multiples. Cet organisme, responsable des délinquants ayant commis des délits graves, rassemble la police, le service pénitentiaire et le service de probation. Enfin, j'allais parler aux gens chargés de reloger maman. C'était mon objectif principal, car je savais parfaitement avant cette victoire que je n'étais pour eux qu'un nom sur un morceau de papier. Ils allaient devoir me parler en face, maintenant.

Tout d'abord, ils essayèrent de me calmer.

– Mademoiselle Spry, vous devez comprendre qu'on ne savait pas ce qui se passait avec votre mère alors. On ne savait pas qui elle était. On le sait, à présent.

– Mais si c'est vrai, fis-je, si vous savez qui elle est, pourquoi diable essayez-vous de la mettre à deux pas de chez moi ? Il ne s'agit pas d'une attaque au couteau isolée dans la rue. Elle a fait ça pendant des années, pendant des décennies. Elle a manipulé tout le monde. Et c'est ce qu'elle fait encore. Les gens me disent, poursuivis-je, qu'ils n'ont jamais connu pire affaire. Si j'étais à votre place – si je faisais votre travail –, je ferais tout en mon pouvoir pour aider les enfants qu'elle a maltraités à aller se coucher sans crainte le soir. Voilà ce que je ferais.

Ils se turent alors. Que pouvaient-ils ajouter à cela ?

Je remportai plusieurs batailles lors de cette réunion, dont le droit d'avoir une alarme chez moi, quand cette idée était jugée stupide jusque-là. Et celui d'écrire une lettre à l'agent de probation de ma mère, que le MAPPA me promit de lire lors de la prochaine réunion multi-institutionnelle.

C'était une lettre très difficile à écrire sur le plan émotionnel. Je devais les supplier, du fond du cœur, de ne pas la reloger dans le comté voisin. *Je viens de reconstruire ma vie*, écrivis-je, *après que cette femme l'a bousillée. Bousillée dès l'instant où je suis née. Et je me bats aujourd'hui non seulement pour ma vie, mais aussi parce que je veux fonder un foyer, je veux avoir des enfants. Je ne me bats pas uniquement pour moi, mais aussi pour mes futurs bébés. Parce que je veux qu'ils grandissent loin du mal. Je ne veux pas avoir l'impression de fuir avec eux, de regarder en permanence par-dessus mon épaule. Je veux simplement* me sentir en sécurité. J'accompagnai la lettre d'une synthèse de la procédure spéciale d'enquête de mon cas, réalisée par le Gloucestershire Safeguarding Children Board après le procès, et énumérai, point par point, comment ma mère avait pu poursuivre ses maltraitances pendant des décennies sans être inquiétée : par la manipulation et l'intimidation des autorités. *Je vous en prie, ne la laissez pas recommencer*, pensai-je en fermant et en envoyant l'enveloppe.

J'appris que, quand la lettre fut lue à voix haute, toute la salle était en pleurs. À ce stade, moi aussi : des larmes de joie. Que ce soit grâce à la pétition, ou aux réunions avec le MAPPA, ou aux apparitions dans les médias (rendant par là le Worcestershire peu sûr pour ma mère), je remplis ma mission : pas question. Elle ne serait pas relogée dans le comté voisin, et restait interdite de présence dans le Gloucestershire.

Comme j'étais fière de moi ! *Tu l'as fait, Torrie, et tu l'as combattue par toi-même. Personne ne peut t'enlever ça. Tu l'as fait. Toi.* Je ressentais une authentique fierté à avoir osé contacter la police toutes ces années plus tôt, peut-être pour la toute première fois. J'étais fière de l'avoir mise derrière les barreaux, fière d'avoir parachevé le boulot, aujourd'hui, en m'assurant qu'elle ne pouvait plus me nuire.

Cela me fit un effet bizarre quand juillet arriva, sachant sa sortie proche. Le plus contrariant était qu'ils refusaient de me dire la date précise. Chaque jour, pendant trente et un jours, je me demandai : *Est-ce aujourd'hui ? Est-ce aujourd'hui qu'elle peut marcher dans la rue, queue de cheval dansante et balayant son cou ?*

Je me suis demandé ce que je ferais si je la revoyais. Ses agents de liaison me parlaient de *sa* sécurité, mais je doute que je lui ferais quoi que ce soit si nos chemins se croisaient ; j'aurais bien trop peur que ce soit elle qui me fasse du mal. Je dis à Ant qu'alors, je devrais filer, les doigts dans les oreilles pour ne pas entendre le poison qu'elle y chuchoterait avec sa langue de vipère et qui me dévorerait. J'avais entendu bien assez de ses mots pour tenir jusqu'à la fin de mes jours.

Elle voulait probablement revenir dans le Worcestershire parce que je crois que, maintenant, ma mamie y habite. Je crois ; je ne sais pas. Je n'ai des nouvelles de cette famille que par le téléphone arabe. J'avais appris ainsi des années plus tôt que mon chien d'alors, Jet, était mort. Cette boule d'amour de Jet : mamie l'avait recueilli quand maman avait été emprisonnée. Au fond de moi, j'avais gardé l'espoir qu'on se retrouve un jour, pour que je puisse le remercier de tout ce qu'il avait fait. Cela ne se fera pas, mais j'espère qu'il sait combien je l'aimais.

C'est par ce même téléphone arabe que j'ai entendu des rumeurs disant que ma mamie serait atteinte de démence, et cela m'attriste. J'aimerais tant la revoir, revoir ces yeux étincelants qui étaient les étoiles de mon enfance, mais je ne le ferai pas. Parce que je sais que, si elle était saine d'esprit, elle ne voudrait probablement pas me voir, et je le respecte.

J'appris pareillement qu'oncle Phil était mort depuis deux ans. D'après un voisin, il est mort chez sa mère. Mamie était si atteinte par la démence qu'il est resté trois jours dans cet état sur le canapé avant qu'elle s'en rende compte. Il ne répondra alors jamais devant la justice de ce qu'il m'a fait. Mais, ayant moi-même connu l'enfer d'une vie d'alcoolique, j'aime à penser que peut-être, oui, peut-être, il a souffert à sa manière avant de mourir. Au bout du compte, je me suis révélée beaucoup plus solide que lui, et cela m'apporte une force supplémentaire. Je me suis extirpée de mon enfer ; il est mort empêtré dans le sien.

La force que j'ai aujourd'hui, je la dois en grande partie à ma campagne. Elle m'a permis de faire de ce qui aurait pu être une des pires années de ma vie une des meilleures. Parce qu'aujourd'hui, je communique avec les services sociaux, je transmets mon histoire pour essayer d'aider d'autres enfants, pour améliorer la compréhension que les fonctionnaires ont de la psychologie des enfants maltraités. J'ai rencontré le directeur du service social local, Duncan, et étudié la procédure spéciale d'enquête de mon cas. Je lui ai montré ce qui devait encore être changé, d'après moi, les enseignements qu'on pouvait encore tirer. Il est tellement agréable de penser que mon passé ne se résume pas à une enfance gâchée, mais que je peux l'utiliser pour aider autrui. Car je me rappelle si nettement quand, assise année après année dans mon fauteuil roulant dans la cuisine de maman, je me disais : *Pourquoi ne veulent-ils pas me sauver ? Où sont-ils tous ? Pourquoi refusent-ils tous de m'aider ?* Et maman qui en tirait profit :

– Personne ne t'aime, Victoria. Ils s'en moquent.

Je refuse que cela arrive de nouveau à un autre enfant.

J'essaie de montrer aux gens, à travers mon cas, comment ils peuvent aider les enfants dans ma situation. Certains travailleurs sociaux croient pouvoir entrer dans une pièce et demander à un enfant s'il est maltraité. L'enfant, des menaces terrifiantes pesant au-dessus de sa tête, répondra non ; et le travailleur social se dira peut-être : *Super, il n'y a pas de problème ici.* On ne cesse de me répéter que le temps manque pour parler aux enfants, mais c'est justement là le cœur du problème pour amener les enfants à s'ouvrir et à demander l'aide dont ils ont si désespérément besoin.

Il s'agit de confiance : de créer la confiance. Désigner une personne-ressource au sein des services sociaux qui apprend à connaître un enfant et développe une relation avec lui. C'est la confiance qui fait la différence. C'est la confiance qui m'a sauvé la vie. La confiance donne le choix à un enfant.

Car il y aura toujours des Eunice dans ce monde. Il n'y a aucune fée sur cette planète (quand bien même j'aimerais à croire que si) capable d'agiter sa baguette magique et de débarrasser le monde de tous ceux qui maltraitent les enfants. Mais grâce à une meilleure formation, une formation dont j'espère à présent qu'elle fera partie de mon avenir, nous pouvons refermer le piège sur eux. Nous pouvons encourager les agences à se parler les unes aux autres, à se bousculer mutuellement, à rassembler les pièces du puzzle et à comprendre ce qui se passe réellement.

Rien de tout cela n'aurait pu être possible si je n'avais pas touché le fond avec mon alcoolisme. Mais parce que j'ai tout perdu, justement, j'ai appris à lutter contre l'adversité. Je suis étrangement reconnaissante d'avoir tout perdu, parce qu'un nouveau moi est né des cendres de cet incendie de forêt qui a brûlé si violemment dans mon cerveau : un phénix qui renaît de ses cendres, un tout nouveau départ.

Le plus beau dans tout cela, cependant, est que le nouveau moi... n'est que moi. C'est Victoria, une petite fille qui a été torturée quand elle était enfant, mais qui a survécu pour raconter son histoire. Et donc, si vous me voyez dans un café aujourd'hui, je suis la blonde assise dans le coin, tirant du réconfort des murs qui protègent mes arrières, un sweat à capuche relevé sur mes cheveux, sa mince protection de coton comme le doudou que je n'arrive pas encore à abandonner. Je suis la fille qui dit à son fiancé au supermarché, quand nous sommes dans l'aile des liquides vaisselles : « Ne prend pas l'arôme citron ! », la fille qui dit toujours « Désolée » par habitude. Je suis la femme qui, en septembre dernier, pour la première fois, n'est pas allée déposer des freesias jaunes sur la tombe de sa sœur Judith. Avec le recul, je ne suis pas sûre qu'elle les mérite.

Ant et moi faisons faire chaque jour à Noah et Berry une promenade, le vent nous fouettant les cheveux alors que nous leur jetons des balles pour qu'ils courent après. Berry revient au pas de course et lâche son cadeau à mes pieds, sa queue s'agitant et ses grands yeux marron me regardant avec tant d'amour. Mes chiens furent les premières créatures à m'accepter telle que j'étais. Ils m'ont fait réfléchir : *S'ils m'aiment, pourquoi ne pourrais-je pas m'aimer ?* Grâce à eux, je me suis enfin acceptée telle que j'étais. J'avais autrefois envie de m'intégrer aux gens, à la société, et j'essayais si désespérément de faire tout ce que je pouvais pour y parvenir. Mais, de plus en plus, je suis fière de me démarquer des autres. J'ai même des espoirs pour l'avenir. L'avenir... Il était une époque où je ne pouvais même pas m'en imaginer un. Aujourd'hui, j'espère qu'Ant et moi pourrons créer une famille. J'ai peur de ne pas le pouvoir (après tout, un camion de 24 tonnes m'a fracassé le bassin), mais c'est ce que je désire, plus que tout au monde. Et si cette chance m'est accordée, j'aimerai mes enfants pour ce qu'ils sont, de la tête aux pieds, jusqu'à leur dernier cheveu.

Je ne veux pas une vie parfaite. Quelqu'un m'a dit l'autre jour qu'il était plutôt perfectionniste. Je suis tout sauf ça : parce qu'on n'est pas parfaits. On ne vit pas dans un monde parfait. Il y a des cahots sur la route et il faut l'accepter et faire de son mieux.

Ce livre est l'histoire de ma route chaotique jusque-là. Je vais poser ce livre sur l'étagère, une couverture cartonnée gardant ses secrets en sécurité, et je vais m'en aller. Et je continuerai à marcher sur ma route, vers mon avenir. Je sais que certains jours seront pluvieux et que d'autres seront baignés d'un soleil radieux. Pourtant, chacun de ces jours, qu'il vente ou qu'il pleuve, m'appartiendra. Je le passerai comme je le souhaite.

Alors, j'aimerais que vous fermiez les yeux et que vous imaginiez. Imaginez-moi en train de promener mes chiens, la queue marron de Berry battant sans cesse. Imaginez Ant et moi en train de nous préparer à dîner dans notre cuisine claire et propre. Imaginez-moi avec un appareil photo devant le visage, prenant une photo de ma famille.

Bienvenue dans mon monde.

Merci d'avoir lu...

Mon histoire. J'aimerais demander quelque chose à chacun d'entre vous. Si vous êtes en colère ou perturbé par ce que m'a fait ma mère, ou par la gestion de mon cas par les autorités, je vous en prie, canalisez cette émotion en aidant d'autres enfants.

Parce qu'il est trop tard pour moi : larmes et vitriol ne peuvent inverser le passé et changer ce qui est arrivé. C'est la vie. Je ne m'apitoie pas sur mon sort. Je veux que mon histoire fasse une différence. Je vous en prie, utilisons tout le pouvoir de nos sentiments pour les canaliser de manière positive et proactive.

Ainsi, si en me lisant, vous avez pensé à un enfant, si vous avez des doutes sur une famille que vous connaissez, alors, je vous en prie, agissez. Ne laissez pas le soin à quelqu'un d'autre de donner l'alerte. Parce que c'est ce qui m'est arrivé : tout le monde pensait que c'était la responsabilité d'un autre. Mais nous sommes tous responsables les uns des autres.

N'attendez pas d'être sûr qu'il y a un problème avant d'alerter les autorités. Si votre instinct vous dit que quelque chose cloche, alors, je vous en prie, dites-le.

Merci.

Remerciements

À Alloma, Christopher et Adam : je vous aime. Merci d'être vous. À l'instar des racines d'un arbre, les nôtres ne changeront pas, même si nos branches poussent dans des directions différentes. Nous étions des êtres très différents dans notre jeunesse, chacun avec son caractère, mais malheureusement, nous ne pourrons pas changer la route que nous avons parcourue ensemble. Vous m'inspirez chacun à votre manière : Alloma, si artiste et si intelligente, Christopher, si généreux, et Adam, si sincère. Adam, tu resteras à jamais mon petit homme, et je serai toujours ta petite maman. Tu auras toujours une place dans mon cœur.

Alloma, Christopher, Adam : ce n'est pas le même sang qui coule dans nos veines, mais par ma loyauté envers vous et les souvenirs que je garde de vous, vous resterez à jamais dans mon cœur et vous ferez toujours partie de ma famille. Quand on se regarde, les paroles sont inutiles : on connaît la douleur, mais aussi la force en chacun de nous, parce qu'on a tous vécu le même enfer. Sachez que je ne vous abandonnerai jamais comme des gens l'ont fait avec vous. Si jamais vous avez besoin de moi, vous savez où me trouver. Je ne vous renverrai jamais. Je vous aimerai toujours, je vous comprendrai, je m'occuperai de vous et enfin, je serai là pour vous, peu importe ce que la vie met en travers de notre chemin. Soyez heureux, soyez libres. Vous pouvez tout faire dans la vie si vous le voulez. Je vous souhaite tout le bonheur et l'amour que vous méritez si justement. Baisers.

À ma chère mamie Katie et à mon papi John. Mamie, je te dois mes seuls vrais souvenirs d'enfance heureux. Tu m'as défendue quand j'étais enfant, ce que tellement de personnes craignaient tant de faire. Je sais que tu étais sous le charme hypnotique d'Eunice, mais je conserve au moins des souvenirs spéciaux avec toi quand j'étais petite. Je vous aimerai toujours, toi et papi. Merci pour les câlins que tu m'as faits quand j'étais petite.

À mes merveilleux et précieux bébés à fourrure, Berry et Noah. Berry, tu es probablement la première âme sur cette planète qui m'a aimée pour ce que j'étais, simplement. Petite, tu m'as choisie et tu as refusé de quitter mes flancs. Plus tard, tu m'as sauvé la vie ; tu m'as donné une raison de me battre. Tu m'as montré tout ce qu'il y avait de beau au monde, et tu m'as tiré d'une dépression très profonde et dangereuse. Merci, ma petite Bambi. Je t'ai vue naître et j'ai vu tes petites pattes en devenir de grosses qui m'ont labouré le cœur et ont parcouru la route de la vie à mes côtés. Noah, mon beau, mon drôle, mon doux garçon, tu es le pote de Berry, le petit homme de maman : merci d'avoir fait de nous des êtres si complets. Je vous aime tous deux plus que je ne pourrais le dire.

À mon cher Anthony, mon vrai meilleur ami. Mon Dieu, quel voyage ! Merci de ne m'avoir jamais abandonnée. Tu n'as jamais baissé les bras avec moi en ces temps affreux. Rester aussi loyal envers une personne si peu aimable par moments demande un genre d'homme particulier. Quand tu m'enveloppes dans tes bras, j'ai l'impression que plus rien d'autre n'a d'importance. Tu m'as défendue et tu n'as jamais laissé quiconque dire du mal de moi. Quoi qu'il arrive dans la vie, je sais que nous resterons les meilleurs amis du monde jusqu'au bout. Je t'aime !

Un grand merci à vous tous de la famille d'Ant : Neil, Maria, Phil, Rich, Jack et Jessica. Merci à tous pour votre aide.

À Lauren : merci pour ton amitié et pour t'être battue à mes côtés. Je ne trouverai jamais assez de mots pour te remercier de tout ce que tu as fait pour moi. Nous étions des inconnues quand on s'est rencontrées, mais nous serons des amies pour la vie. Tu es formidable !

De même, toute ma gratitude va envers la gentille dame que j'ai rencontrée au Cheltenham General Hospital, qui m'a parlé alors que j'étais au plus bas : une magnifique inconnue au bon cœur qui m'a dit de rester forte et m'a donné sa pierre rose. Vous n'avez aucune idée de ce que cela a signifié pour moi. J'ai emporté cette pierre à chaque consultation à l'hôpital pendant l'année qui suivit. J'allais à des réunions pour reconstruire ma vie et je tenais cette pierre fermement dans ma main. Si vous lisez ceci, merci d'avoir cru en moi. Vous aviez raison : j'étais forte et j'ai fini par réussir.

À Belinda Filmer. Merci d'avoir pris soin de mes bébés à fourrure. Comme nous en avons si souvent parlé, il est clair que nous nous sommes rencontrées pour une raison. Tu m'as libérée des chaînes de la condamnation. Tu as vu le bien en moi, tu m'as comprise. Mon amour pour toi ne quittera jamais mon cœur ; tu m'es si précieuse. Une maman de substitution ! Je t'aime et t'admire tant. Merci. Je n'aurais jamais pensé que je pouvais aimer la dame qui m'avait retiré mes chiens autant que je t'aime et te respecte.

Merci à Sandy Young. Vous avez fait ce que tant de personnes avaient peur de faire : vous vous êtes dressée devant Eunice, vous

l'avez défiée et vous avez pris ma défense. Vous vous êtes battue pour moi quand j'étais petite. Vous êtes une femme épatante avant tant de force et d'amour.
J'aimerais aussi remercier les personnes suivantes qui m'ont soutenue. Les médecins et les infirmières qui m'ont aidée, surtout ceux du service pédiatrique Barbara Russell au Bristol Frenchay Hospital, Ian Nelson et Mr. Livingstone. Aux deux agents de police incroyablement courageux qui, alors qu'ils n'étaient pas de service, sont sortis de leurs voitures et se sont approchés de cet abominable accident sur l'autoroute M5 en 2000 ; au service d'ambulance aérienne de Somerset, Dorset ; à JC Woods ; à Rob Lorenzo (l'ambulancier qui m'a maintenue en vie sur le bord de la route pendant quarante-cinq minutes), vous faites partie de mes héros. Merci de m'avoir sauvé la vie et d'avoir sauvé la vie de mon frère. James Wheeler, merci pour tous les efforts que vous avez faits pour recoller physiquement mes morceaux ; vous êtes un incroyable chirurgien. À Jill, mon adorable infirmière, chargée de ma stomie, à Cheltenham, et au Dr Andrew Green, un médecin si dévoué et compréhensif. À Carol Endal, au personnel du cabinet médical de Yorkleigh et à tous ceux du cabinet Jesmond House. Enfin, à Jeremy, un médecin époustouflant qui s'est battu pour moi et m'a soutenue pendant des périodes très sombres. Vous m'avez sortie de tant de situations. Merci – et merci à tous ceux qui ont participé à mes soins médicaux, tant et tant d'entre vous m'ont aidé.
À ces Témoins de Jéhovah qui m'ont sauvé la vie et soutenue : Mark, Ruth (je t'aime tant et ne cesserai jamais de t'aimer), Megan, Dave et Maeve Tyler, Duncan et Jacqueline Costello, Neil Bebbington, Jolene et Stuart Kurtain, Anne Romeo, Bob, Judy, Ben, Alison et Amy Lockwood, Lucy Swift, Nikkie Lewis et Chloe Bone. Bien d'autres parmi vous m'ont aidée ; vous vous reconnaîtrez. J'aurai toujours une dette envers vous. Merci.
Merci aussi à Carol Bull (et à Sam et Ellie). Je suis tellement contente que ce soit toi qui m'aies soutenue sur ce chemin très difficile pour retrouver ma famille biologique. Chaque fois que je regarde ma petite girafe et mon éléphant, je souris avec tendresse, me rappelant notre temps ensemble. Roger, Lesley et mon frère biologique : vous êtes ma « vraie » famille. J'aimerai toujours mon merveilleux frère.
À Sue Wilson, une chef incroyable et aujourd'hui une amie pour la vie. Ce fut une vraie joie de travailler dans votre crèche : merci de m'avoir donné cette chance. J'ai trouvé ma place là-bas. Merci aussi aux dames qui travaillaient à l'étage « jongleur » quand j'y étais. C'était difficile, mais j'adorais. À Lucy, qui m'avez tant encouragée, et dont le soutien indéfectible à l'époque m'a permis

d'apprécier grandement mon travail. À Trina, Emma, Faith, Poppy : j'ai adoré travailler avec une telle équipe.
Ma gratitude éternelle à ma voisine Emma, une personne spéciale dans ma vie qui m'a offert mes tout premiers cadeaux de Noël et d'anniversaire. Je chéris mon minuscule Bourriquet et mon bracelet à breloques. Merci pour tout ce que tu as fait pour moi.
Un merci très particulier à Faye Kelsey. Vous êtes si douée dans votre travail ! Merci d'avoir brisé les barrières de ma confiance et de m'avoir montré que j'étais quelqu'un et que je comptais. Vous m'avez dit que je pouvais faire des erreurs et que je n'étais pas une mauvaise personne. Je détestais l'idée d'aller à Belroyd, mais quand il fut temps d'en partir parce que je n'en avais plus besoin, je ne voulais pas m'en aller. Vous avez fait quelque chose pour moi que personne n'avait encore jamais fait. Vous ne m'avez pas jugée ou imposé de force vos opinions. Vous avez bien écouté ce que je ressentais et respecté mes avis et mes rêves. Berry et moi nous vous aimerons toujours. Un grand et chaleureux merci également à Tammy, Nick Stevenson, Julia, Frankie (d'Isis) et Rita Wood ; et au personnel de mon supermarché local Cost Cutters de Walton Cardiff, à Tewkesbury : merci à tous de m'avoir soutenue pendant cette période très difficile. Votre aide et votre attention pendant mes journées noires (quand tant de gens de notre quartier préféraient regarder ailleurs) ont fait une immense différence pour moi.
À Ken Goodwin, merci d'avoir dépassé le simple appel du devoir en m'aidant à soutenir ma pétition pendant l'été 2014. Et à Chris Wittle : vous m'avez aidée à créer et lancer cette pétition. Vous êtes altruiste et jamais indifférent aux autres. Merci beaucoup, beaucoup, de votre soutien indéfectible. Je n'aurais pas réussi sans vous !
Des remerciements particuliers à Julia Douglous, Louise Goode, Jessica Levy, Marc et Corra Lantham : des gens incroyables et courageux. À Sarah, Duncan, Cathy, Jodie et Isabelle du conseil général : Merci de m'avoir aidée à comprendre mon passé et de m'avoir permis d'avoir une voix pour les enfants dans l'avenir.
À Victoria Martell. Je n'oublierai jamais ce jour quand j'ai finalement trouvé le courage de vous raconter les horreurs de mon enfance. Vous avez été la première personne à qui je me suis réellement confiée. Merci mille fois de m'avoir crue et de m'avoir libérée d'Eunice.
À Christine Morrison Hughes. Je ne vous ai pas encore rencontrée. Vous habitez à l'autre bout de la planète, mais il m'est arrivé de me sentir plus proche de vous que d'une personne assise juste à côté de moi. Merci de votre amour, de votre attention et de votre sagesse maternelle.

Un grand merci à tous nos amis de la page Facebook de Berry et Noah, pour votre amour, votre drôlerie et votre soutien. Vous êtes très nombreux à avoir maintenu sans relâche ma pétition dans les flux d'actualités et à avoir tweeté chaque jour jusqu'à ce que j'atteigne douze mille signatures. Vous m'avez tous soutenue et vous avez été avec moi au cours de si nombreux hauts et bas. Berry, Noah et moi aimerions remercier Linda Jackson, Linda Parker, Kimberley Stonlake, Genevieve Connatty, Michelle Long, Lynn Ede, Becky Blissitt, Herbie Dog, Hugo Huggins, Wizz, Frankie et Wilfy, Tonia et Wiggins (le frère de Noah) King, Victoria Newport, Rose Bridge, Lynda Foster, Anne et Ole Lovell, Wendy Bird, Lesley Bowen, Georgina Apari, Sonya Epperson, Brinton, Valerie Harrison, Myles Harrison, Lauren Henderson, Georgina Toomer, Maggie Pine, Carl Thompson, Sarah Murphy et le magnifique Milo Murphy, Alyson Wonderland et le beau Sage, Alison Clews, Buggerluggs et Jack Clews, Sally Victoria, Fraser Edge, Kate et Teddi Maloney Stelljes, Emma Handley, Annee Shelton-Mathews, Beverley Dickinson, Becky Williams, Kim et Maxi Ware, Joelle Hargreaves, Karen Johnson, Lulu Hilton d'Alastair Hilton, Carolyn Plumb, June Harvey, Jenny Shimmin, Mandi Grech, Tom Rennie, Victoria Oatham, Jenna Kemp, Patricia Kleinbrook, Sarah Kibble, Marsha Crocker-Hazel, Carolyn Silcocks, Eric, Ernie et Bailey, Victoria Filmer, et Hayley Lanciano.

À Sara d'Ebury Press. Merci du fond du cœur de m'avoir donné une possibilité de faire ce livre et d'avoir une voix. Non seulement cela m'a plu, mais cela a aussi été une formidable expérience cathartique. Kate, ma chère plume invisible, je suis si heureuse d'avoir travaillé avec vous pour que ce livre voie le jour. C'était un vrai bonheur, tant vous étiez professionnelle et pleine d'empathie. Merci d'avoir donné vie à mes mots.

Je sais que j'aurai oublié quelqu'un dans ces remerciements. Si c'est le cas, ce n'est pas par manque de reconnaissance de ma part, mais parce que vous êtes si nombreux à nous avoir soutenus, moi et ma petite famille, que je devrais écrire un autre livre juste pour vous citer tous. Le fait est, cependant, que je ne peux tout simplement pas assez vous remercier tous. Vous êtes tous fantastiques. Si vous lisez ceci et m'avez aidée à traverser les périodes difficiles de ma vie : merci. Depuis que j'ai échappé à Eunice, j'ai rencontré des gens merveilleux. Je ne serais pas ici aujourd'hui sans vous.

Victoria Spry, 2015

Chez le même éditeur

Je n'étais qu'un objet...
Collette Elliott

Maman doit t'abandonner...
Casey Watson

Papa, pourquoi m'as-tu fais ça ?
Fiona Doyle

Ils ont volé notre innocence
Toni Maguire

J'étais leur petit jouet
Maria Landon

Ils ont brisé nos vies...
Terrie et Paul Duckett

Pourtant, je leur avais dit...
Cassie Hart

Non papa, non...
Stuart Howarth

Ils ont volé mon enfance
Marie R. avec Annick Pellerin

Si seulement j'en avais parlé...
Esther W.

Pourtant, maman savait...
Lisa James

Ma mère, mon cauchemar
Alexander Sinclair

L'enfant qui n'existait pas
Rosie Lewis

Nous étions ses petits prisonniers
Casey Watson

J'étais sa chose
Nabila Sharma

Pourquoi m'ont-ils fait ça ?
Anya Peters

J'étais leur petite esclave
Megan Stephens

Qui peut me sauver ?
Sophie Young

Ne m'appelle plus jamais maman !
Peter Kilby

Ne dis rien à personne
Marianne Marsh & Toni Maguire

L'enfant que personne n'aimait
Casey Watson

Des récits émouvants d'enfances volées, des histoires pleines d'espoir d'une lutte pour la vie.

www.city-editions.com